科学と心

天仁 真一

南方新社

『科学と心』出版に寄せて

本書は長年中学校教員を務めた桑鶴明人先生が定年退職を機に、教員時代に書いた理科関係の文章を抜粋して一冊の本にしたものです。理科（＝自然科学）を生徒たちの今後の日常生活に生かせるようにするには如何に教育すればよいかという観点で貫かれています。

第一章は理科の話題に関連させて普段の気持ちの持ち方や目の付け所などに言及した軽い文章が季節ごとに集められています。生徒やその保護者向けの文章でしょうが、教師や一般の人が読んでも楽しいものです。

第二章はいくつかの自作教具の紹介文です。熱心な理科の教員なら必ず自分で教具を作っているものですが、ここで紹介されているのは単に目新しいもの、驚きを与えるものというだけではなく、第三章の論文の中で示されているように明確な教育目標のために作られたものです。

第三章は教育論文が集められています。教育論文は、論文と言っても難しいものではなく、誰もが読める平易な言葉で書かれています。教員はどのような問題意識を持ち、その解決のためにどのような実践を行うのかがわかるので、教員を目指す人のみならず、一般の人が読んでも興味深いでしょう。

私が鹿児島大学教育学部の物理教員として着任して間もない頃、桑鶴先生が学生としていました。当時も現在もそうですが、先生はとても大人しく穏やかな性格でありながら、興味を持ったことはコツコツと粘り強く追究するという強さを持っています。桑鶴先生もとうとう定年退職かと感慨深いものがありますが、退職後も変わらない姿勢を持ち続けて活躍されるでしょう。

中学校の教員は教科の教育以外にもさまざまな問題に悩まされるはずですが、本書ではひたすら前向きな思考のみが示されており元気がもらえます。本書が多くの人に読まれるよう願っています。

鹿児島大学名誉教授　三仲　啓

はじめに

「少年は、列車の窓際に座り、ときおり車内を見回しながら、全開にされた上げ下ろしできる窓から車外に広がる野菜畑をじっと眺めていた。その横には、少年の父親らしい中年の男性が、中央公論を広げて読んでいる。突然、少年は、窓下の部分に両手を添え、列車の車体をねじるかのような動作を始めた。まるで、列車の進行方向を変えようとするかのように。しばらくして、少年は、その奇妙な動作を止め、満足げな様子で、また車外の景色に目を移していた。」

この少年とは、実は、4、5歳の頃の私です。この頃、私は、前頭部に色素がなくなり髪が白髪化していく原因不明の皮膚病を患っていました。母が、かかりつけの病院で、自宅のある山川から約50㎞離れた枕崎市に名医がいることを聞きつけ、週に1度、土曜日だったと思いますが、町役場の午前勤務を終えた父に連れられ、旧国鉄のディーゼル列車に乗って通院する時期がしばらく続いていたのです。

車内での私の奇妙な行動は、何回も列車に乗ることを繰り返すうちに、ふいに発見し、やり始めた一人遊びで、今でもはっきり覚えています。父は、私のその行動に気付いていたかどうか定かではありませんが、何をしているのか問うことはありませんでした。周りの乗客は、その様子を不思議そうに首をかしげて見ていたに違いありません。

その一人遊びは、車窓から外を眺めていたある日のこと、枕崎方面に走っていた列車が急に向きを変えて山川方面に走っている錯覚を覚えた不思議な体験から始まりました。この感覚は、「今は帰りではなく行きの列車に乗っている」という事実を思い返すことによって、また元に返っていました。その後、もう一度自分に暗示をかけて帰りの列車を想像してみると、ふとした瞬間にその錯覚がまた体験できることが分かりました。その感覚の転換に面白さを覚え、あの奇妙な行動を起こすに至ったのです。

思い返すと、幼少時のこの体験は、「外界に広がる自然の様子（表象）というものは、言葉では言い表すことのできない人の心（感性）のはたらきで形作られているものである」ことの認識に発展するものだったと思います。自然事象は、外に出して示すこと・比べることのできないその人特有の内面的なもの（感覚や思考様式）をフィルターにして捉えられたものであると考えます。

例えば、「色」という自然事象の一要素を取り上げてみます。青色という自然事象は、誰にとってもたった一つに規定される事象のように思われます。しかし、内面的には決してそうではなく、捉える人の経験や心の状態といった感性によって異なったその人固有のものであると考えます。外面的な判断は、「これは青色」で、誰もが異論なく一致するものの、内面的には、「もしかしたら、Aさんは、自分が赤色を見たときと同じ感覚で、青色を見ているかも知れない」という極端な仮定であっても成り立つのです。内面的な世界を比べる手立ては全くないのですから。（もっとも、比較の手立てがないのですから、このような具体的な仮定をすること自体、無意味なことですが、「想像してみることで、論を理解してもらうための例えばの話」と捉えてください。）

人間は、科学探究の過程で、一見複雑で多様な自然事象の中に、巧妙で美しい法則性や秩序を見いだしてきました。そして、そこに大きな魅力を感じて、未知の自然界の仕組みをさらに探究し続けてきました。

しかし、こうした自然界の姿は、よく考えますと、結局は人間の感覚（五感）を通して捉えられ、人間の思考活動によって浮かび上がってきたものであります。それは、科学の探究以前に、その出発点として、自然界の中に形や色を認識したり、ものを共通性の把握から分類して捉えたり、時間の流れを感じたりと言った、人間に本来備わった意識の活動からすでに始まっていると言えます。従って、自然界の秩序は、人間の認識の特性を通して初めて見いだされたものであり、その姿は人間の存在形態によって大きく左右されると言っても過言ではないと考えます。例えば、人間の身体の構造や感覚器官が今と異なっていたとしたら、また違った自然の姿、自然観が生まれていたかもしれません。

この考えを突き詰めていくと、人間の存在が自然の存在そのものを規定しているのか、という議論に行き着くかもしれません。観念論的な見方をすれば、それも決して否定できない考えです。しかし、そのことを認めれば、そこから先の科学探究の価値は消え失せてしまいます。しかも、人間の存在が自然の姿を規定していると言っても、人間の意識（心）が自然を作り出しているわけでは決してないことは、自然の仕組みを追究する過程で、人間の予想や意図したことを覆したり、それが及ばない結果を自然が返してくる事実からも明らかです。自然は、人間の意識とは無関係に、それを通す以前に、追究に値する客観的なものとして存在していることは間違いないことです。

但し、人間の意識を通す前のその存在は、ランダムに広がった混沌としたものに違いありません。繰り返しになりますが、自然の秩序や普遍性・法則といったものは、そこに美しさや巧妙さを感じ取る人間の意識の作用を通して初めて現れてくるものだからです。と言うより、秩序・普遍性・法則と言った概念の中に、すでに人間の感性的な心の作用が含まれていると言ってもよいと思います。

このようなことを考えますと、一見、生身の人間とは無縁の絶対的なものに思える自然界の法則や秩序の中には、極めて感性的で人間的なものが内包されているとしても決して不思議ではありません。法則や秩序を見いだす思考の枠組みは、人間が与えたものなのですから。一つ例を挙げますと、物理学の世界に、物体が持つ性質として見いだされた「慣性」というものがあります。この用語そのものが極めて人間的な生活感を感じさせるばかりでなく、その概念にも人間が生活を通して悟る教訓的な事柄との共通性が感じ取られるのは、非常に興味をそそられます。ここには決して偶然の一致とは思えない必然性を感じます。それは、人間の存在そのものが科学の対象となる自然界の一要素であることとも関係があると思われます。

ところで、38年間にわたって、小・中学生を対象にした理科教育に携わってきました。そのモチベーションを維持してきたものは、子どもに、自然界の中にひそむ巧妙で美しい秩序や法則性を発見する喜びを感じ取ってほしいという思いでした。いかにして子どもの心を動かすことができるか、そのことを課題にしながら、子どもの心理の探究、主体的な学習活動を促す学習過程や教材・教具の工夫、興味・関心を高める話題の提供に努めてきました。そして今振り返ってみると、その取り組みの中で、終始、意識の根底にあったのは、右に述べてきた「科学と心の深い関係性」への確信であり、このこだわりのテーマを追究し続けてきた38年間であったと思います。

定年退職の節目を迎えるにあたって、このこだわりのあるテーマに基づいた取り組みの記録を、その妥当性を検証する思いから、整理して一つにまとめてみたいという欲求に駆られました。そして、これまで様々な場で書き綴ってきた文を拾い出し、文書データで残っていないものは打ち直して、編集に漕ぎ着けたところです。

ここで、本の構成について触れておきます。第一章では、理科通信、学校便り、卒業文集、PTA新聞等の紙面で、児童・生徒や保護者、同僚の先生方に向けて書いた短文を季節ごとにまとめてみました。第二章では、理科授業や科学の祭典における実験・工作等で取り上げ、子どもの心の揺さぶりをねらって自作した教材・教具についてまとめました。第三章では、「科学と心」に関連して書いてきた教育論文を取り上げました。

発信先（対象者）の違いや論の未熟さ・未完結性ゆえに、取り上げた文章間に統一性・一貫性がない部分が多々あることを十分認識しつつ、あえてその時々の思いを重視し、ありのままを掲載した次第です。多くの読者のご批評を仰ぎたいと思います。

特に、理科教師の方々、または将来志している方々には、疑問を持ちながら批判的な視点からでも構いませんので、目を通していただき、理科教育の在り方について再考する機会にしてもらえれば幸甚です。また、第一章については、好き嫌いに関わらず、理科を学ばなければならない立場の児童・生徒や学生の皆さん、または、そういう子どもさんをお持ちの保護者の方々にも、是非読んでもらいたい。そして、生き方との関わりという意外な視点から理科を学ぶ面白さ・魅力を是非発見してもらいたいと思います。

さらに、科学に関心を持たれている社会人の皆さん、逆に、科学に苦手意識を持たれている方々、または科学に人のぬくもりとは真逆の無機的な冷たさを感じている皆さんにも是非手に取って読んでもらいたい。そして、科学と心との深い関係性にほんの少しでも気を留めていただくとともに、人間が生み出した科学技術が人間の生活を脅かしている（「科学」が「心」を傷つけている）という矛盾した現状に疑念を持ち、科学と人間の適正な関係の持ち方について洞察を深めるきっかけにしていただければ、これ以上の喜びはありません。

最後に、本書の発刊にあたりまして、私の大学在学時代の恩師であります鹿児島大学名誉教授・木下紀正先生には、編集の段階でつぶさに目を通し専門的視点から多くのご指摘をいただき、全編にわたって監修をしていただきました。衷心より感謝申し上げます。

2020（令和2）年11月30日　筆者

科学と心——目次

第一章　児童・生徒・保護者に向けたエッセイ

〈春編〉

〈夏編〉

〈冬編〉

第二章　子どもの心を揺さぶる教材・教具

装　丁　鈴木　巳貴
DTP　山元由貴奈

第一章　児童・生徒・保護者に向けたエッセイ

「自然界のきまりの中には、人の心の特性に関係する何かが必ず隠れています。自然の姿は人の心をフィルターにして初めて捉えられるのですから」

〈春編〉

SP1 「慣性の法則」に学ぶ「継続は力なり、そして継続に力は要らず」

〜学校だより「かのや」3月号より〜
2016(平成28年)・3・14

物体の運動についてのきまりを表した物理の法則に「慣性の法則」というものがあります。これは、「すべての物体は、外から力を受けなければ、止まっているものは止まり続け、運動している物はいつまでも一定の速さで直線上の運動を続けようとする性質―慣性―を持っている」というものです。

この法則を、ちょっと理科の学習から離れて、私たちの生活の中に置き換えて考えてみましょう。1つのことを継続して行おうとするとき、私たちはそれを「習慣」といいますよね。よく考えてみると、この「習慣」と物理法則の「慣性」とは、その特性が非常によく似ていることに驚かされます。どんな小さなことでも1つのことを続けていくことは、努力を要する大変なことです。それは、自分の心の中に「きついからやめとこうかな」というブレーキの力がかかっているからです。しかし、それを乗り越えて、がんばって続けていると、やがて何ら苦痛を感じなくなります。

まさに、「習慣」になったのです。この状態では、自分の行動にブレーキをかける力がなくなっているわけで、したがって継続していくのに何ら力を要しなくなることになります。まさに、「慣性」です。もう１ついえることは、止まっている物はいつまでも止まり続けます。何か、新たに行動を起こそうとするときは、ただ思っているだけでは決して何にも変わりません。自分の心に負荷（力）をかけて、踏ん張らない限り新たな行動は生じないわけです。

【補足】繰り返しになりますが、まず「慣性の法則」について、まとめてみますと、全ての物体は、外から力を受けなければ、いつまでも一定の運動を続けようとする性質を持っている（このことを慣性と言います）。つまり、「運動している場合は一定の速さで直線上の運動を、静止している場合は静止を、いつまでも続けようとする」となります。このことを逆に考えますと、「静止している物を動かすときには力が必要」、「運動している物を静止させるには力が必要」ということにもなります。

さて、この慣性という性質を、人の日常の行動に置き換えてみると、驚くほどの共通点が見いだせます。「新たな行動を起こすときには力が必要」、「習慣となった行動には努力が不要」、「習慣になったものを止めるには力が必要」といった具合に。

新たなことを始めようとするとき、大変な努力が必要です。しかし辛いと思われることも、毎日毎日自分にムチ打って続けていけば、しだいに慣れてきて、それほど苦痛でなくなってきます。そのうちそれが習慣となれば、何ら努力を要しなくなる。そうなればしめたものです。逆に、自分にとって好ましくない行動については、もしそれが習慣（癖）になってしまっていたら、それを止めるのには大変な努力がいるものです。習慣を表す様々な言葉も残っています。

「習い性となる」「習慣は自然の如し」「習慣は第二の天性なり」「栄耀の餅の皮」などなど。

SP2 人の生きる道は、苦・楽の繰り返し
～「苦」は、やがて必ず来る「楽」への第一歩～

～平成30年度　学校便り「嘉鉄っ子」3月号～
2019（平成31年）・3・25

早春の暖かい朝日をあびた山々からは、一段と多くの野鳥のさえずりが響きわたってきます。早いもので、今年度も数日を残すばかりとなりました。春夏秋冬の4つの季節が通り過ぎ、また、暖かい春が巡ってきたわけです。季節が巡っていくように、人の生きる道も、「楽」と「苦」の繰り返しかなあとよく思います。

さて、子どもたちは、この1年で心も体も大きく成長しました。この1年をふり返ったとき、うれしいこと楽しいことがいっぱいあったと思います。それと同時に、子どもたちなりに辛いこと苦しいこともあったことと思います。でも、その両方の体験こそが、成長の大きな力になっていると

思っています。
先日、今年度最後の家庭教育学級において、親子で科学工作を体験してもらいました。それは、「止まらない振り子」（写真）というおもしろい道具です。振り子が止まらない理由は、実は、見えない所で乾電池によるエネルギーの供給があるからです。この道具を人生に置き換えてみるとどうでしょう？ 振り子の揺れは、良いとき（楽）と悪いとき（苦）の繰り返しを表しています。乾電池によるエネルギーの供給は、「生きている」ことを表しています。つまり、「楽」と「苦」の繰り返しは、生きていることにより生じる宿命、あるいは生きている証と考えられないでしょうか？

いよいよ、5年生は、最上級生の6年生に、6年生は、新たなステージの中学生になっていきます。その先には、楽しいことうれしいことばかりでなく、辛いこと苦しいこともきっとあると思います。でも、それは決していつまでもは続かず、やがて、それが転じて明るい「楽」の日が訪れるはずです。それは、子どもたちが一歩成長するために与えられた課題と捉えることもできるかもしれません。そのことを信じて、5名の皆さんが、前向きな気持ちで新たに迎える学年を力強く歩んで行ってくれることを期待しています。

【補足】止まらない振り子の原理はこうです。「磁石のおもりが、下面中央に置いてあるコイルに近づいた

とき、リードスイッチにより一瞬、電流が流れる。おもりは、その電流で発生した磁界から運動方向の力を受けて、摩擦でわずかに減速した運動が補われる」というものです。一見、永久機関に見えますが、実は電池からのエネルギーの供給が、振り子の運動を続けさせる原因になっています。

人生における苦・楽の繰り返しは、生命のエネルギーの供給で起こる宿命的なあゆみと言えないでしょうか。

以下の文は、定年退職後、再就職した私立中学校・高等学校において、サイエンス倶楽部の女子高生に「止まらない振り子」を製作させた後に語った話です。

「人生は、振り子のようなもの。よいときの後には悪いときもやってくる。でも、悪いときの後には必ずよいときがやってくる。その繰り返しが人生かな。

よいことの経験が悪いときをより骨身に染みる辛いものにするかもしれませんが、その逆に、悪いことを経験して初めてよいときが味わい深いものにもなります。

でも振り子が、電池によるエネルギーの供給がなければ、やがて止まってしまうように、よいこと悪いことの繰り返しも、生きていればこそであって、命のエネルギー供給が止まってしまったら、悪いことがなくなるとともに、よいことも訪れることはありません。

だから、あなたにとって今が、振り子が最も良く振れている絶好調の瞬間であったとしても、あるいは止まっていて調子の乗らない瞬間であったとしても、このゆれの繰り返しの規則性を悟って、前向きにがんばって生きていきましょう。」

SP3 くもりの日以外は、休むことなく動き続ける日時計、完成

〜理科通信「たんぽぽ」4月号記事より〜

1983（昭和58年）・4・19

去る、3月24日（木）、正面玄関横（東側）に、日時計が完成しました。これは、昨年度の卒業生を中心とした理科クラブ員一同が、卒業記念にと、長い期間かけて、こつこつと製作してきたものです。「ほとんど先生が一人でやったんだ」という声をちらほら聞きますが、決してそうではありません。健一くんは、土台の角材の一部を切ってくれたし、加苗さんは、目盛り盤の目盛りを電卓ではじき出してくれたし、信之くんは、三角板を正確に切り、勝人くんは、角材を磨き、そして、竜二くんは、ひたすら支柱を埋める穴を掘ってくれました。その他、良二くんをはじめ、多くの部外者の協力もあってでき上がったのです。大事に、そして、大いに使ってください。

この日時計、一時間も早くなる誰かさんの腹時計よりずっと正確ですし、電池やぜんまいが切れると止まってしまう普通の時計とは違って、くもりや雨の日以外は、休むことなく動き続けます（えらい！）。日時計が、学校の時計とぴったり合っていると、「やったね！」という感動を覚えますが、実は、日時計を正確に作りさえすれば、このことは、当たり前のことなのです。なぜなら、そもそも、「時間」というものは、基をたどれば、太陽の一日の規則正しい動き——これは地球の

自転によるものですが——を基に決められているのですから。太陽が見かけ上、地球の周りを1周する時間を1日、その24分の1を1時間、その60分の1を1分、その60分の1を1秒と決めたのです。ですから、もしも、地球の自転が今よりずっとゆっくりしていたら、1秒という時間はもっと長くなっていたわけです。そうしたら、50m走を8秒台で走る人でも、6秒台くらいになったかもしれませんね。

さて、日時計がいくら正確だと言っても、実は実際の時刻とは、少しずれています。その原因については2つありますが、このことについては、どうしてなのか、自分たちで考えてみてください。

【補足】日時計の製作は、「時間」が太陽の動き、ひいては地球の自転の速さで決められていることを、そして、その基準が変われば時間の決め方も変わるということを再認識させてくれます。

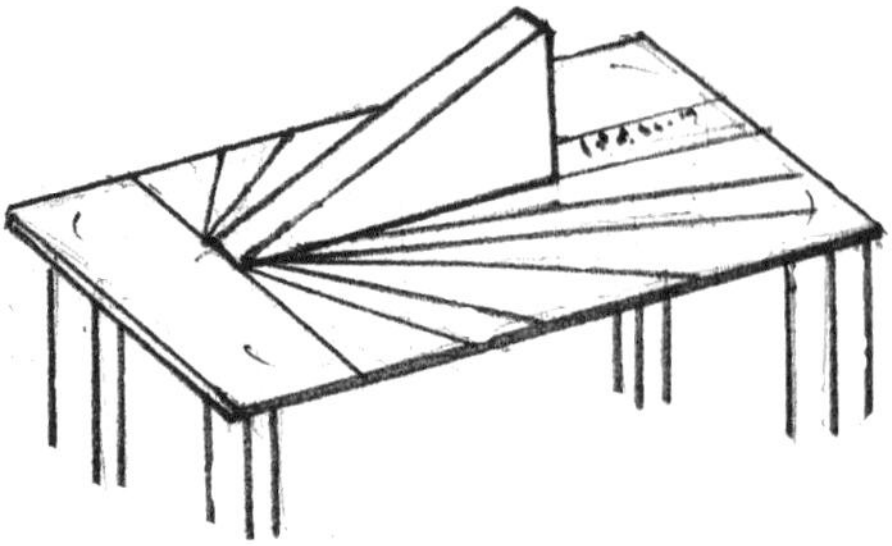

SP4 タッくん、雨靴はいて、イモリと大奮闘

～理科通信「たんぽぽ」4月号記事より～
1983（昭和58年）・4・19

先日（4月17日）、タッくんはじめ、3年生の男子5人が、私の家に遊びに来ました。そこで、彼らと、住宅のすぐ後（北側）を流れる小さな川（?）で、イモリ捕りをやったのであります。タッくん、意気揚々と川の中に入り、腕をまくり上げ、カップヌードルの空カップで、イモリ捕りに大奮闘。しっかりと雨靴まではいて。タッくん、準備がいいね、と思っていたら、何と私の雨靴ではないか。自分のはき物はできるだけ汚さず、人の靴勝手に持ち出してはくこの根性、立派立派！

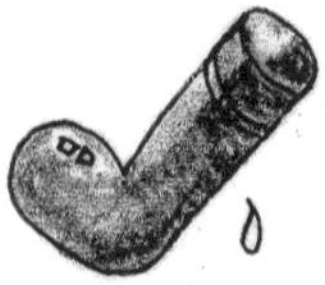

いくら泳ぎのうまいイモリでも、タッくんの手にかかったら、かなわない。しばらくして、10匹ほどのかわいいイモリが捕れました。気持ち悪いと、芝田くん、触りたがりません。でもよく見ると、とてもかわいいものです。赤に黒い斑点の模様のあるお腹もまたきれいなものです。

イモリは、何類に入る生き物でしょうか？　形かっこうは、ハ虫類のトカゲやヤモリとそっくりですが、皮膚のようすや水中で生活するところは、全く違

います。泳ぎ方を見ていると、まるで魚が体をくねらせて泳いでいるようにも見えます。でも、魚類でもありません。その証拠にえらがありません。イモリは、魚類とハ虫類の中間的な生き物、両生類に属します。カエルと一緒です。そう言われると、しっぽを切って、胴体をもっと短くしたら、カエルにそっくりでしょう。学校で飼うことにしましたので、かわいがってください。

【補足】両生類は、セキツイ動物の中でも非常に興味深い特徴をもった生物だと思います。それは、魚類からハ虫類というセキツイ動物の進化の道筋を実に分かりやすく知らせてくれています。その進化の道筋は、親になったカエル・イモリだけでなく、幼生（オタマジャクシ）から成体に変化する過程でも再現されていることも、とても興味をそそられます。「個体発生は系統発生を繰り返す」という生物学上のきまりを正に分かりやすく表現してくれています。このことは、人の発生の過程でも見られることですが……。

このことから、人間社会も、長い人類の歴史の歩みを何回も繰り返しているのかなあと、ふと思うことです。

SP 5 「たんぽぽ」発刊にあたって

〜理科通信「たんぽぽ」4月号記事より〜
1983（昭和58年）・4・19

学校の校庭のあちこちに、そして道ばたには、春の穏やかな日差しをあびて、いろいろな草花が、黄色や白、紫の花をつけ始めました。

その中に混ざって、ロゼット状に広げた葉の上に、短い茎を精一杯伸ばして、黄色い小さな花をつけているものがあります。みんなよく知っているタンポポです。目立たず、控え目に咲いていますす。

一見、ひ弱そうにも見えます。……が本当にそうでしょうか？　外見と中身は正反対であることが、よくあるものです。

ひとつ、タンポポを手で引っこ抜いてみてください。簡単に抜けるものではありません。大人でさえ、素手で根こそぎ抜くことは無茶な話です。

今度は、スコップを使って、本格的に掘り起こしてみます。その根は、ゴボウのように、地中深く伸びているのが分かります。あの小さな花からは、とても想像できない立派な根にびっくりすることでしょう。

私たちの身の回りには、いつも見慣れたもの、当たり前と信じているものの中に、実は、とてもおもしろいこと、びっくりすること、不思議に思うことがいっぱいあります。私たちは、ただ、あまりにありふれているものですから、「なあんだ、どこにでも生えているタンポポか」と、見過ごしてしまっているのです。

なにげなく見、なにげなく思い込んでいる身の回りの自然を、ふと、見直してみてください。それが、この「たんぽぽ」発刊の目的です。みんなの日常の経験や疑問などを主な題材にして、楽しいものにしていこうと考えています。

【補足】タンポポの生命力は極めて強く、踏みつけられても起き上がり、固い地面に生えるばかりか、ときにはアスファルトの裂け目からも生えることがあります。その生命力の秘密は、地上の姿からは想像もできない太くて長いゴボウのような根です。草丈15㎝程度のタンポポで、その長さは50㎝ほどにもなり、長いものでは１ｍ以上になるものさえあります。

このように、一見、見慣れたありふれた自然を見直すことにより、隠れた意外な事実を発見するところに、自然探究の大きな意義があると思います。なぜなら、そこには、自然の中に潜む法則や秩序の深い理解に繋がる日常の認識からの大きな転換があるからです。（第３章の第３節参照）

SP6 H・G・ウェルズ著『タイムマシン』を読んで

〜「皇徳寺中図書便り」原稿〜
2010（平成22年）・4・26

皆さんは未来の地球の様子や人類の生活について想像してみたことがありますか？　その予測は明るいものでしょうか、それとも暗いものでしょうか？　現代社会が抱える様々な問題、環境問題、国や人種同士の戦いの問題、等々を悲観的にとらえれば悲劇的な世界が浮かんでくるかもしれませんし、人間の持つ自然との共生の知恵と技術、人間愛や良心を信じるならば、さらに明るく豊かな未来を思い浮かべることもできるでしょう。

さて、この『タイムマシン』という話は、主人公が自ら開発した時間移動装置で、80万年後の世界へ旅立ち、未来の人類や地球の様を目の当たりにするというSF小説です。昨今、時間旅行という話は、「バック・トゥ・ザ・フューチャー」など、映画でもよく題材にされ、真新しさもない感もありますが、未来世界の探検という夢のような想像（空想）は、技術の進んだ今の時代でも不可能なことだけに、ドキドキ感・ワクワク感を感じずにはいられません。しかも、この物語、１１５年も昔に書かれたものですが、相対性理論という最新の物理学の理論を取り入れての話の展開には、決して空想の話とは思わせない不思議な説得力を感じさせ、時の経つのも忘れて夢中になって読んだものです。

そして、主人公がたどり着いた80万年後の世界は？　というと、ちょっとショッキングなものでした。地上に住む身長１２０㎝ほどの小柄できゃしゃな体型の人類。彼らは、平和で牧歌的で穏やかな生活をしているように一見見えました。ところが、人類にもう一つの全く異なる種族が存在することがやがて判明します。人類はなんと2種類の種族に分岐していたのです。そのもう１つの人類はなんと地下に生息し、非常にどう猛で、……。その後の展開は読んでみての楽しみに。ウェルズが、想像した未来の世界像、あなたはどう思いますか？

【補足】「光の速度に近い高速で移動する乗り物の中の時間は遅くなる」というのが、特殊相対性理論から導かれることです。この物理法則から、未来世界への時間旅行は、理論的には可能であることが示されます。（もちろん現実にはとても無理なことでしょうが。）そんな夢の乗り物、タイムマシンで訪れた80万年後の世界

をH・G・ウェルズは右のように想像しました。人類二種分化説も決して明るい想像ではありませんが、それ以上に危惧されるのは、この時代まで人類の生存が続いているのだろうかということです。気候変動や核問題を抱える人類の終末時計は、昨年（２０２０年）１月末、一昨年より20秒進んで残り１００秒を指し、史上最短になったそうです。こんな最悪の想像が否定され、明るい未来世界が描ける日が来ること

を強く望みます。

SP7 野草「コンロンカ」に学ぶ

～嘉鉄小学校　5月全校朝会講話～
2018（平成30年）・5・7

マネン崎に行く途中に、手の平を広げるかのようにして白いかれんな花びらをまばらにつけた花が見つかります。アカネ科の「コンロンカ」です。……いや、ちょっと待ってください。「白いかれんな花びら」と言いましたが、よーく見てみると、……ありました、ありました。黄色い小さな花びらが、別にちゃんと。となると、この白い花びらのように見えているのは？　花びらの周りについているから、「がく」ということになります。

「がく」だと言われなければ、だれがどう見ても花びらに見えます。目立っているものに隠れた本物の姿を見失っていました。「思い込み」って、こわいですね。

さて、私たちの生活の中でも、あの人は、「こんな人！」って、なんとなく思い込んでいることってないでしょうか。でも、本当にそうかなと思って付きあってみると、全然違っていた。っていうことが、

いっぱいある。それは、マイナスのことより、プラスのことで。だから、「思い込み」を捨てることで、友達の輪が、ぐんぐん広がっていく。

明日から、3日間の宿泊学習ですね。油井小学校、篠川小学校の皆さんとは、先日も交流をして、仲良くなれたと思いますが、心の壁を取り去って、もっともっと広く深い友達の関係を作ってきてください。そして、最も身近にいる5人の仲間ですが、もう一度お互い見直してみるチャンスでもあると思います。友達の良さ、再発見の機会にしてください。

【補足】「銀衣装　真実秘める　かくれ簑」

「コンロンカ」は、南西諸島に自生するアカネ科の植物です。アジサイと同じように、大きな萼《がく》弁がまるで花弁のように見える花を咲かせます。白く花弁のように見えるのが、5個の萼片の内1個が大きくなったものです。実際の花は中心部にあり、黄色く星型をしています。

生物の形態など、見かけと本物は異なることがよくあるものです。こうしたことの気付きから、周りの人や友達を見る目に、「思い込み」はないだろうかという疑いの気持ちをもち、表面的なものに惑わされず、本物の姿を見ようとする態度を養いたいものです。

SP8 竹の不思議な生態

～榕城中「理科通信」第25号記事より～
1993（平成5年）・5・11

立夏。暦の上ではもう、夏到来。竹林では、タケノコがあちこちで芽を吹き出しています。タケノコは、ご存じのとおり、竹が地下に伸ばした茎（地下茎といいます）から、芽を出した竹の子どもです。身近にある見慣れた竹ですが、驚くべき事実や不思議なことがいくつもあります。まず一つは、成長のすさまじい速さです。タケノコは、一日におよそ30cmも成長します。（これまでにマダケが1日に120cm伸びたという記録もあるそうです。）数時間じっと観察していると伸びるのが分かるかもしれませんね。タケノコの成長の秘密は、いったいどこにあるのでしょうか。

さて、もう一つ。竹にも花が咲きます。ただし、数十年に一度。ちょうど稲の穂に似た花だそうです。開花は、一つの竹やぶで一斉に起こり、その後、不思議なことにその竹やぶ全体の竹が枯れて死んでしまうのだそうです。何が引き金になって、花が咲き出すのでしょう

竹の花

か？　なぜ一斉に枯れてしまうのでしょうか？　また、その竹の花なるものも是非見てみたいものですね。

【補足】竹の生態について理科通信に右の記事を書いてしばらく後に、理科部員の山口昌作先生が、山で花を咲かせた竹を発見し、採取して理科室に持って来られたのを思い出しました。初めて目にした、そして一生の間で二度見ることはないであろうちょうどイネのような竹の花に感動したのを覚えています。あの後、その山の竹林は一体どうなったのでしょうか？

それから、竹について、もう一つ。平成19年和田中学校学校便りの巻頭言に、「1年のしめくくり　節目をしっかりつけて一歩一歩成長を！」のタイトルをつけて書いた文章を紹介します。

「……さて、長い2学期が終わり、いよいよ冬休みに入ります。この冬休みは、２００７年から新たな年２００８年への年の入れ替わりという大きな節目の時期にあたります。

ところで、節目といえば、竹が連想されます。先日は、父親セミナーのお父さん方や生徒会役員の皆さんの力で、学校の正門と通用門に立派なモウソウ竹の門松ができあがりました。竹は不思議な植物で、中が空洞にもかかわらず、しなやかで非常に強く丈夫な体を短期間に成長させます。その秘密は、まさにこの『節』にあります。節のある構造のおかげで、竹は強い弾力性を保ちながらも簡単には折れにくいのです。

私たちの人生も同じようなものです。一生の間には様々な節目があります。1日、1週間、1か月。そして、1年。年の瀬はその1年の大きな節目のときです。この時期をどう過ごすかは、その人の確かな成長に大きくかかわってきます。しっかりした節目をつけてほしいものです。

節目をつけるとは、区切りのときに、その期間を振り返って始めに立てた目標がどの程度達成されたかを点検し、達成されたことを確認すると同時に、できなかったことを自分の課題として明確にして、新たな目標を設定することです。この繰り返しこそが着実な成長となっていきます。

17日間の短い冬休みですが、年末年始の家族団らんの中で、子どもが一年間の生活を反省し、新しい年への決意を固めるとともに、将来への夢を持てるような機会を是非作ってください。そしてモウソウ竹のような力強い節目を刻んで今年1年の着実な成長の跡を残してほしいものです。」

SP9 もぐらのモクちゃんは食いしん坊

〜理科通信「たんぽぽ5月号」記事より〜

1983（昭和58年）・5・25

先日、22日、日曜日、外から帰ってみると、部屋の中に古い水槽と、その隣に置き手紙。
「このもぐらを先生にあげます。大事に育ててください。食べるもの　ミミズ、クモ、バッタ、コオロギ、アオムシ
へびごろしの正ちゃんより」
へぇー と水槽の中をのぞいてみると、土の中から、モグラが顔をモコッ。はい出して元気に動き回る。そのしぐさや格好のなんともかわいいこと。広い短い前脚使って穴掘りせっせ。先のと

がったひげのある長い鼻はピクピク。短い後脚めいっぱい振り上げて、背中かきかき。毛がかぶさってどこにあるのか分からないような小さな眼。せまい水槽から外に出ようと、しきりに壁をはい上がろうとするが、無理無理。そこで、今度は、地下トンネル脱出作戦。懸命に穴を掘って別の場所から顔をヒョコッ。「やった！　脱出成功！」……ふと周りを見ると、同じ所ではないか。ウフ。

正くんに教えられたとおり、ミミズ20匹ほど獲って入れてやる。今度はもう逃げ出すどころではない。すさまじい勢いでミミズとり。眼はほとんど見えないので、におい嗅ぎつけると鋭い歯で、ぎしぎし、ガリガリ、ボリボリ。すごい食欲。たちまち全部たいらげる。

ところが、あの元気なモクちゃん、翌朝、起きて見てみると、ぐったりして動かない。えさをやっても、食べようとしない。見ていると、だんだん、心臓の動きが不規則になってくる。「まさか、死んじゃうのでは？」と、とても心配。本当にどうしたのだろうか。何か、他の生き物にでもやられたのだろうか？　突然、モクちゃん、苦しそうに脚をばたつかせ始めました。次の瞬間、心臓の動きが、プツリと止まってしまいました。心配したことが、本当になってしまったのです。手の平に載せて、一生懸命なでてやっても、もう動かない。学校でみんなにかわいがってもらおうと思っていたのに。正くん、そしてみんな、本当にごめんなさい。

死因は、いろいろ調べてみると、飢え死にのようです（十分やったつも

りでしたが……）。モグラは、思った以上の大食家のようです。1回に、自分の体重の半分以上のえさを摂り、10時間以上えさをやらないと、死んでしまうそうです。どうして、こんなに食べなければならないのでしょうか？

【補足】一般に、恒温動物が自らの体温を一定に保って生きていくためにどれほどの食物を摂取する必要があるかという問題は、代謝により作り出される熱量と、体の表面から失われていく熱量の関係で決まります。生産される熱量は体積に比例し、消費される熱量は体表面積に比例します。また、体積は体高の3乗の関数なのに対して体表面積は体高の2乗の関数です。このことは、体が小さくなるほど熱量の生産量に対する消費量の効果が大きくなることを意味します。そのため、体の小さいモグラは、体重に対して大きな割合の食物を摂取しなければ、生命を維持できないということになります。

SP10 シダのハートを探そう

～理科通信「たんぽぽ5月号」記事より～
1983（昭和58年）・5・25

若草が生い茂る中、シダも若い葉を広げてあちこちに茂り始めました。
ところで、シダの花、見たことありますか？　え～っと？　と悩まないでください。シダには花は咲きません。

花って何ですか？……それは、受粉により次の世代の卵とも言える種子ができる所です。おしべとめしべがめでたく結ばれる所ですから、いわば種子植物の「結婚式場」のようなものでしょうか。

それでは花の咲かないシダの場合は、どうでしょうか？ シダは、種子植物の花にも劣らないほど、しゃれた別の結婚式場を作ります。それは、ちょうど手の指の爪くらいの薄いハート型をしたもので、前葉体と呼ばれます。ここで、目立たず、結婚式が行われるのです。やがて、そこから若いシダが芽を出します。

理科クラブのシダの生態調査班（和博くん、広喜くん、康弘くん）は、このハート探しに一生懸命ですが、なかなか見つからないようです。みんなも是非、探してみてください。

【補足】夏場、甑島の山を散策すると、道路沿いの土手には、白地に赤い斑点模様の美しい花を咲かせる鹿の子ユリに混じって、イヌワラビ、ホシダ、ヤブソテツ、コモチシダ等のたくさんの種類のシダ植物が見つかります。そして、樹木がうっそうと生い茂る所に一歩足を踏み入れてみると、この地が自生の北限地である木生シダのヘゴが何本も直立して生えている姿に出くわします。そのじめじめした根本付近を見回していたとき、親指の爪ほどの大きさのハート型をした前葉体を見つけたのは、右の理科通信の記事を書いたときからしばらくたったある日のこ

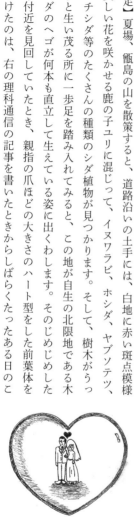

とだったと思います。ずっと探し求めていただけに、感慨はひとしおだったのを覚えています。その姿は、どことなくコケ植物に似ていて、大きなヘゴとはまた別の植物のようにも見えます。

シダ植物は、胞子体と呼ばれる普通見られる姿をした時期と、それとは別に、独立した形で前葉体の姿をした配偶体と呼ばれる時期の2世代を持つ植物です。配偶体内で行われる受精により、若いシダが誕生し、胞子体へと移り変わっていきます。

植物の進化上では、コケ植物のように、元々この配偶体の世代が主要な存在で、胞子体は配偶体に寄生する形で目立たない存在でした。やがて、その配偶体から独立する形で、胞子体が大きく目立つ存在になったと考えられます。やがて、種子植物になると、この関係が逆転し、配偶体は胞子体の一部の器官として、従属する形になっていくわけです。これが種子植物の「花」ということです。

SP11 尾のないほうき星（？） 北の空にぼんやり

～理科通信「たんぽぽ5月号」記事より～

1983（昭和58年）・5・25

今月の初め、新潟県の中学校教諭、荒貴さんが新しい彗星《すいせい》を発見したというニュースは、みんなも耳にしたでしょう。その彗星とやらが、「11日、地球に大接近！　肉眼でも明るく見える」というので、世間も大騒ぎ。里中学校にも、午後9時頃、教頭先生や牧野先生をはじめ、天文マニア

（?）の数人が是非見ようと集まってきました。そして、彗星さがしが始まったのです。北斗七星の近くに、ぼんやりとまるい雲状のもの、発見。これが、そうだろうという結論が出ました。思ったほど、はっきりせず、みんな少しがっかり。

ところで、彗星って何？ と聞くと、意外とよく知らない人が多いのでは？ 中には、

「あの太陽の1番近くを回っている惑星のことやいたー」

「ないきゃー。新しく発見されたち、ゆーたたい」

「やいでーよ。もう1個、弟分のすい星が、いたっちゅうことやいたー」

などと、答える人はいないかな。彗星というのは、水星とは全く関係ありません。もっとも、赤の他人というわけでもありませんが。というのは、他の惑星と同じように、太陽の周りを回っている天体だからです。

しかし、惑星とは、性質がまるで違う天体です。彗星の正体は、小さな氷のかけらの集まりです。その軌道は、非常に長い楕円形で、太陽のごく近くまで来ることもありますが、やがて遙かかなたに遠ざかってしまいます。

彗星は、太陽に接近したとき、氷が融けて、太陽熱で蒸発し、明るく輝き出します。さらに近づくと、その気体が、長い尾を作るのです。これが、彗星が「ほうき星」と呼ばれるゆえんです。（今回の彗星が尾を引かなかったのは、小さすぎたからでしょう。）

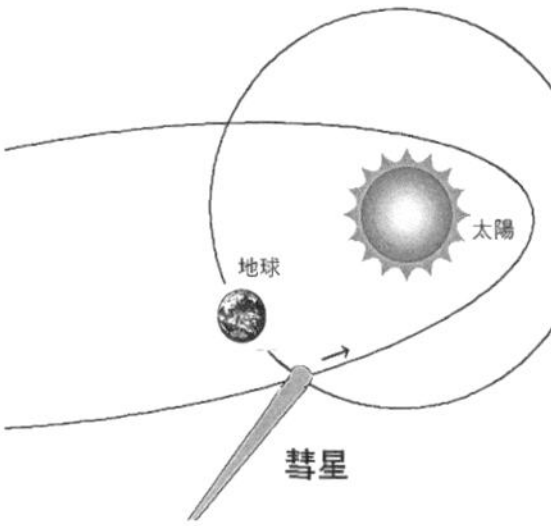

彗星が、再び太陽に近づくまでには、普通数千年から数万年かかります。しかし、中には非常に短い周期で再び帰ってくるものもあります。有名なハレー彗星がそうです。これは、1910年にやって来ていますが、長い尾を引いたその景観は素晴らしかったそうです。一番長いときは、彗星の頭が地平線にあるとき、尾の先端は、真上よりも後ろまで伸びたそうです。

このハレー彗星が、1985年にまたやって来ます。是非、見てみたいものです。

【補足】この彗星は、過去地球に接近したものの中でも、極めて近い距離まで接近するということで話題になったもので、発見者の名前をとって、アイラス・荒貴・オルコック彗星と名付けられています。残念ながら長い尾は引きませんでしたが、ぼんやりした球体状の姿が肉眼でも確認されました。彗星については、その起源や軌道等、なぞや不思議がいっぱいです。

SP12 足下にあるもののありがたさを見直そう　～奄美の豊かな自然に学ぶ～

～令和元年度　学校便り「嘉鉄っ子」5月号～

2019（令和元年）・5・28

気象庁が、日本全国の先頭を切って奄美の梅雨入りを宣言したのが、5月14日。そのことをつい忘れてしまうかのようなぬけるような青空の日が昨日まで1週間も続きました。

早朝、マネン崎までジョギングをしていると、朝日を浴びて輝きだした新緑の山々から、たくさんの種類の野鳥の鳴き声が、耳に飛び込んできます。その種類の多さに感動し、つい指折り数えてみました。何種類くらい聞こえてきたと思いますか？　……なんと、両手の指では足りないくらいでした。

その鳥の鳴き声の中で、ひときわ美しく、遠くまでひびきわたる声。「キョロロロロロ……」というその独特の鳴き声は、一度聞いたら耳の奥底に残り、忘れられません。何の鳥かわかりますよね。リュウキュウアカショウビン。島口では、「クッカル」と呼ぶそうです。カワセミの仲間です。鳴き声のする方向をそっとのぞいてみると……いました、いました。全身燃えるような橙色、長いくちばしに愛らしい目。声にも負けないくらいのその美しい姿に、すっかり見とれてしまいます。火の玉のようなその姿から、「ある日、火事にあって体が焼けて赤くなってしまったカワセミが、体を冷やすために悲しげな声で鳴いて雨降れと天に乞うている」という伝説があります。そういえば、その鳴き声、どことなく、もの悲しく聞こえませんか。例年にないからっ梅雨に、首をかしげながら、雨乞いをして鳴く姿が目に浮かんできます（本当のところは、鳥の鳴き声は、雄鳥が雌鳥を呼び寄せるラブコールなんですが）。

さて、奄美の自然の豊かさは、他にもたくさんあります。その高い価値は、固有種（その土地にしか生息しない種）の多さ、多様性（生息している生物の種類の多さ）にあります。世界自然遺産登録が大き

く期待されるのも、そのためです。でも、私たちは、あまりに身近にありすぎて、ついそのありがたさに鈍感になってはいませんか？

「灯台下暗し」という言葉があります。「灯台の光は遠くは照らせますが、真下は照らせず、暗い」ということから、身近にあるものは気づきにくく、つい見のがしてしまうことを表した言葉です。奄美の自然に限らず、身近にありすぎて、そのありがたさに気づいてないことって他にないでしょうか。見直してみましょう。

【補足】奄美の嘉鉄小学校に赴任して間もない頃、初めて聴いたあの、遠くまで一帯に響きわたる美しく特徴のある鳴き声は忘れられません。その声がどこから聞こえてくるのか、目を凝らして探したあげく、見つけたときの感動もひとしおでした。この「有り難さ」への新鮮な思いを決して忘れないこと、そしてそういう視点で見慣れた自然を今一度見直すことが、貴重な豊かな自然を守る第一歩かと思います。

SP13 教訓茶わんの教え　～成功のひけつは、望みを欲ばらずしぼり込むこと～

～平成30年度　学校便り「嘉鉄っ子」5月号～

２０１８（平成30年）・５・30

新学年がスタートして、約２ヶ月がたちました。梅雨入りしてから、時折は雲間から日が差すこともありますが、雨の多いどんよりした日が続きます。

先日、子どもたちに、ちょっと変わった茶わんを見てもらいました。水を注いでいくと、はじめは何の変わったようすもなく水かさが増していきます。ところが、こぼれる寸前まで注いだとたんに、突然、底から水がもれだします。結局、茶わんの中の水は空っぽになってしまいます。ふしぎなふしぎな茶わん。この茶わんから教えられることって一体どんなことでしょう？　ほどほどで止めておけばよかったのに、「もう少し」と欲ばったために、すべてを失ってしまったということですね。このことをよく表したことわざに、「二兎を追う者は、一兎をも得ず」とかあります。また、イソップ童話に出てくる欲ばりな犬の話は、みなさんもよく知っていると思います。瀬戸内町の教訓集にも、「欲ぬ先や　夜闇（ゆくぬ　さきゃ　ゆやん）」ということばがありました。自分たちの生活の中にも当てはめて考えてみるとよいと思います。あれもしたい、これもしたいと、やりたいことはいっぱいあると思います。でもあまりにたくさんのことを望みすぎると、どれもこれもが中途はんぱに終わってしまったり、頭がいっぱいになってどのことにも手がつけられなくなったりします。

目標に近づくためには、目標をいくつかにしぼって、まずは1つのことから集中してがんばっていくことも大切かもしれません。

底から水がこぼれ
だしています

【補足】「ある相関関係にある2つの量があるとき、片方の量の変化に対して緩やかに変化していた他方の量が、ある点（臨界点）に達した途端、急激な変化を見せる」といった自然現象は他にもよく見られます。融点以下に冷やされた液体が、ある温度で過冷却の状態を脱して一気に液体から固体に姿を変える状態変化などもその一つです。

「量的変化が質的変化をもたらす」という哲学における言葉がありますが、このような現象は、自然現象のみならず人の生き方や社会現象などにも通ずる普遍性をもったきまりのように思えます。

物事の変化は絶えず連続的なのではなく、必ず不連続的な点が存在するということでしょうか。

SP14 自分らしく、向上心を持ち、故郷を誇りに！

〜令和元年度　卒業式式辞より〜
2020（令和2年）・3・24

中学校への進学という人生の大きな節目にあたり、2人に望むことを3つお話しします。

1つ目は、「かけがえのない自分を大切にし、自分らしく生きていってほしい」ということです。あなたは、この広い世界にたった一つしかないかけがえのない存在です。それ故に、周りの誰とも違うあなた独自の持ち味・良さが必ずあります。ですから、周りに合わせようとしたり、周りと比べたりする必要はありません。誰にもない自分の良さ・持ち味に自信を持ってください。ただ人と比べるためだけに競うのではなく、自分の持ち味を伸ばすために、自分の良さを発揮するために、大いに努力してください。そして、いつか「あなたらしいね」と言われる人になってほしいものです。

2つ目は、「常に、今の自分に満足せず一歩高みを目指す向上心のある人になってほしい」ということです。(中略)

3つ目は、「故郷を愛し、故郷に誇りを持って生きていってほしい」ということです。あなたが、長年過ごし、育ったこの故郷奄美、そして嘉鉄は、本当に素晴らしいところです。今や、世界中が注目し、世界自然遺産登録が期待され、貴重な動植物が生息する豊かな自然。島唄・三線など、長い歴史を経て継承されている奄美独自の貴重な伝統芸能・文化。「灯台下暗し」という言葉があるように、私たちは、それらがあまりに身近にありすぎて、その価値を十分認識していないこともあるかもしれません。また、知っているつもりで、気付いていないこともたくさんあるかもしれません。故郷のことをもっともっと深く知る努力をしてほしい。そして、故郷を愛し、故郷に誇りを持てる人になってほしいと思います。それは、あなたがこれから生きていく上で、大きな心の支えになってくれるでしょう。

【補足】1つ目の「自分らしく」に関連した文章を以下に紹介します。これは、平成10(1998)年3月、伊敷中学校第51回卒業記念文集「翔」に、卒業生の担任からのはなむけの言葉として掲載したものです。

『卒業』それは人生の中の大きな節目。これを機に、自分自身のことについて考えてみよう。遺伝学によれば、両親からあなたと同じ人間が生まれる確率はなんと、３００兆分の1だという。あなたと同じ人間はこの広い世界のどこにも、また、これまでも、そしてこれからも存在することはないだろう。

さて、あなたはそんなかけがえのない自分をじかにしっかり見つめて生活しているか。自分から目をそむけてしまってはいないか。自分自身の性格や能力を安易に決めつけてしまってはいないか。あなたには、計り知れない可能性がまだまだあるはず。それを生かすには、まず何より今のありのままの自分をしっかり見つめ直すこと。そして、自分の個性を信じて、目標に向かってたゆまぬ努力をしていくことだと思う。あなたのすばらしい個性を生かすも殺すもあなた次第。『３の６』の個性豊かな仲間たち、世界に二つとないかけがえのない自分を大切にし、自分らしさを開花させていってほしい」

SP15 参考にしたい話「プラセボ効果」

～榕城中３の５学級通信「風林火山」第2号より～
１９９３（平成5年）・５・７

医学の世界での実際にある話です。本物の薬は飲んでいないのに、実際に薬を飲んだかのような効果が現れることがあるそうです。例えば、仮に、血圧を下げる薬が新しく開発され、その薬の効果を調べるために、血圧の高い人を使って実験を行います。Aグループの10人には、開発した本当の薬を飲ませ、もう一方のBグループ10人には、何の効果もないブドウ糖などで作ったにせの薬を飲ませます。しかし、Bグループの人たちは、本物の薬を飲むものだと信じています。さて、服用後、薬の効果が現れる頃に参加者の血圧を測ってみると、本物の薬を飲んだAグループの多くの人は、血圧が下がります。これは当然のことです。ところが、Bグループの方も数人が血圧が下がっていることがあります。これは、にせの薬を飲んだ人が、自分は血圧が下がる薬を飲んだと思い込んだため、このような効果が現れたと考えられます。このような効果のことをプラセボ（にせ薬）効果というのだそうです。

さて、このことは、何を意味するのでしょうか？　私たちの体は、思っている以上に心に支配され、影響されているってことでしょう。自分の心の持ちようや思い込みが、自分を一層向上させたり、逆に持っている能力をつぶしてしまうことにもなります。何ごとにおいても、「無理だろう」というマイナスの思い込みでなく、「がんばれば必ずできる」というプラスの心の持ちよう（これが自信を持つこと）で努力してほしいものです。

【補足】「信ずる」、「信念」といった心の作用が、体の機能に何らかの作用を及ぼすであろうことは、「心と体は繋がっている」という臨床心理学からも納得できることです。しかし、それがその人が希望する方向

に作用するということを説明できる科学的根拠があろうなどとはとても信じられません。そこには人間の思い込みがプラスに作用する何らかの心理的メカニズムがあるのかもしれません。例えば、右の例の場合、投与される薬の効果を強く信じている場合、それはその人の心の落ち着き・安定に繋がります。その結果は血圧を下げる効果となるでしょう（もちろん、心理面の影響が考えられる程度の範囲であり、当然限界はあるでしょうが）。一方それを見て評価する側は、Ｂの集団内には血圧が変わらなかった方、逆に上がった方もいるはずですが、下がった結果だけをクローズアップしてしまい、正当な評価がなされていないことも考えられます。

血液型と人の性格との関係も同様です。例えば、「Ｂ型の人は、マイペース」という関係には全く科学的な根拠などはないはずですが、それを信じている人は、多くの性格が存在する中で、ちょっとした偶然のしぐさがこの性格を極端にクローズアップさせ、（つまり、思い込みです）、それが本人であれば、その側面だけが異常に意識されて、自らそれを助長させるということになったり、もしそれが他者であれば、その側面だけを不当に評価して、偏った見方を定着させてしまう、といった結果を生んでいるように思います。しかし、このことは必ずしも、全てが否定されるべきとは思いません。人の好ましい側面については、人の心の作用で、それを大いに成長させ、伸ばすことができるからです。そもそも、その人の特性は初めから決まっているものではなく、「信念」、「自信」という心の作用で形作られていく側面が非常に大きいのかもしれません。

〈夏編〉

SU1 蛍の発光のなぞ

〜榕城中「理科通信」第26号記事より〜
1993（平成5年）・6・3

「夏は夜。……やみもなお、蛍の多く飛びちがいたる、また、ただ一つ二つなど、ほのかにうちひかりていくもおかし」（枕草子）

夜、湿地や小川の近くを歩いてみると、真っ暗闇の中、ホタルが美しい光を放って飛びかうのを見つけることがあります。西之表市でもちょうど今の時期に小牧や下西や武ノ田などで見つけたという声をあちこちで耳にします。初夏から盛夏にかけてちょうど蛍がさなぎから成虫になる時期なのです。

蛍の光は、電球やロウソクの炎が出す光とはちょっと異なり、冷たい感じがします。実際に、熱はほとんど出ない冷光なのです。どのような仕組みで光を放つのでしょうね？

蛍は尾の部分にルシフェリンと呼ばれる発光体を持っています。その

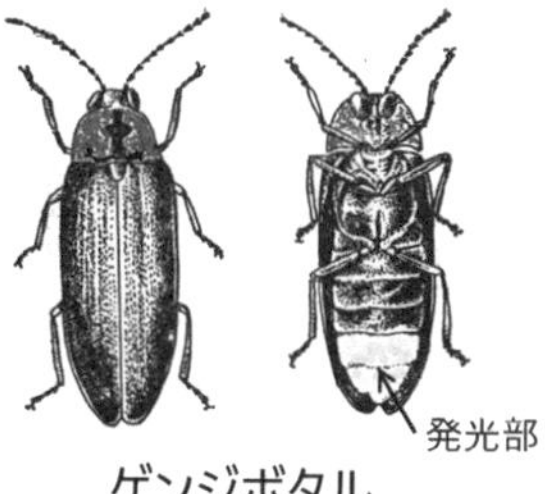

ゲンジボタル

物質に水と酸素が反応して発光するのだそうです（蛍が発光しているのが、湿地などで見つかるのはそのためでしょう）。このルシフェリンという物質がどのような物質なのかまだ十分には分かっていません（もしそれが分かって、人工的に作れたら理想的な照明になりそうですね）。

さて、蛍はいったい何のために光るのでしょうか？　ある研究では、雌の蛍が光るとその光に雄が寄ってくるという人もいます。また別の研究では、雄の蛍が点滅する光を出して雌を呼んでいるのだという人もいます。いずれにしても雄と雌の間のラブコールに違いありません。

近年、大気や水の汚染で蛍を見かけるのが大分珍しくなってきました。身近で蛍を見たという声をたくさん聞いて、種子島はまだまだ汚されていない美しい自然がいっぱい残っていることを実感します。

【補足】これまで赴任してきた先々、種子島（西之表市）、肝付町（川上）、鹿屋市（王子町）、伊佐市（羽月川沿い）と、ホタルを観察してきました。中でも、「乱舞」と言っていいほどの感動的な光景を見ることができたのは、肝付町の川上だったと思います。川上中学校では、ホタルを保護する活動も積極的に行っていました。以下は、平成15年度の旧高山町町政だよりに掲載された「ホタルの幼虫放流会」の様子です。

「先日、11月15日、午前8時、川上中学校生徒10名、保護者2名、教員2名が参加して、高山川の上流、折生橋付近にてホタルの幼虫約50匹を放流

しました。放流にあたって、鹿屋市の『ホタルの水と緑を守る会』の小牧律子先生を講師としてお招きし、ホタルの生態についての話を伺った後に、幼虫が無事成長し、成虫になってくれることを願って、めいめいが紙コップに入れた一人数匹ずつの幼虫を、水中の石と石の間に放しました。

川上中学校では、昨年度から、ホタルの飼育と放流の活動を始めました。今年は、6月に放流した同じ場所で成虫のゲンジボタルを捕獲した後に、産卵から孵化までの飼育を小牧先生にご協力いただいた後に、砂利を入れた水槽に移し替え、エサのカワニナを与えながら、学校の廊下で放流の日まで飼育してきました。

生徒と職員一同、この幼虫たちが、来年5〜6月にさなぎから成虫となって飛び立ち、美しい光を放ちながら乱舞する日を楽しみにしています。川上中学校では、今後も、ホタルの飼育と観察の活動を通して、ホタルの住める美しい水と緑の環境がこの川上の地にいつまでも維持し続けることを願っていきたいと思っています」

SU2 地球は巨大な磁石　それはどうして生じた？

〜榕城中「理科通信」第7号記事より〜
1992（平成4年）・6・8

方位磁針が地球上のどこでも常に南北を向くことから、地球は巨大な磁石であるといえます（3

年生諸君はよく知っているはず）。この地球磁場（磁界のこと）の原因は、いったい何なのでしょうか。これは、古来からの大難問とされてきました。

単純には、地球の内部に永久磁石があるという考えが浮かびます。現に地球内部には、鉄やニッケルなどの強い磁気を帯びる金属がかなりあると考えられていますから。しかし、このようなことは成り立ちにくいことが分かっています。というのは、磁気は熱に弱く、ある温度以上になると磁性を全くなくしてしまいます。鉄の場合はこの温度が約８００℃ですが、地球は内部に行くほど高温になり１００㎞ももぐるとすでにこの温度に達してしまうからです。

それでは、他にどのようなことが考えられるのでしょうか。「地球内部に電流が流れており、それが磁場（磁界）を作る」とする考え方があります。地下３０００～５０００㎞の地球内部では、鉄などの金属が液体になっています。そして、この液体が地球の自転による動きのずれや、熱による対流などにより、かなり速い速度で運動しており、このことによって起電力が生じているというのです。それによって金属の液体内を円形状に電流が流れ、その電流により磁界が発生するというわけです（電磁石ができる原理です）。この考え方は、ダイナモ（発電機）理論と呼ばれ、現在最も有力とされている考え方になっています。さて、３年生諸君は、地球の磁石の性質から考えて、地球内部の電流はどのような向きに

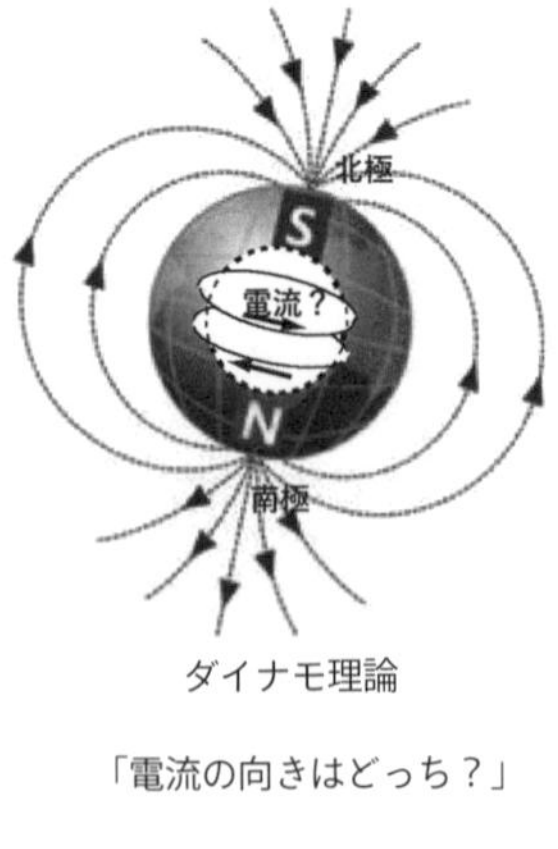

ダイナモ理論

「電流の向きはどっち？」

なっているのか予測してみましょう。

【補足】地球磁場の起源については、古くから「地球全体が永久磁石となっている」とする考えが信じられてきており、その後、提案されたダイナモ理論については、その理論的証明の困難さ故に、否定的な状況が長く続いてきました。地球内部の構造が明らかになってきた現在、地磁気が恒久的に持続することの説明として、「地球内部の核（コア）において、鉄やニッケルを主成分とする液体金属が、自転の効果（コリオリ効果）を受けながら熱対流することで、電流を生じている」とする磁気流体ダイナモの考え方が確立されています。

この理論は、理科室での実験を通して見いだした電流と磁界の関係性を、地球やひいては宇宙に広がる天体にまで適用させたもので、物理法則の普遍性を、そして人間の叡智のすばらしさを肌で実感させてくれるものだとつくづく感じる次第です。

SU3 6月10日は、時の記念日　～時間の流れっていつでも、どこでも一定?～

～学校だより「かのや」6月号より～
2014（平成26年）・6・6

刻々と刻まれる時の流れ。ところで、時間の流れはいつでもどこでも同じなのでしょうか？　私たちの生活の中で、時間がたつのがいつもより速く感じたり、逆に遅く感じたりすることはよくありますね。……でも、これはあくまで感じ方の問題であって、ほんとうに時間の流れが変わるなんて誰も思いません。時計の針が思った以上に進んでいると感じたとき、まずは自分の感覚を疑うでしょう。あるいは、時計のくるいを疑うかもしれません。いずれにしても、当てにならない人の感覚や動きの疑わしい時計を越えて、絶対くるうことのない一定の時の流れが、この世界には存在しているはずと私たちは信じています。

ところが、現代物理学ではこのことを否定する考え方が導かれています。アインシュタインの相対性理論によると、「速いスピードで移動する乗り物の上の時間の流れは遅くなる」というものです。その効果は、「光」の速さに近いほど大きくなります。

地上に対して速いスピードで移動しているジェット機や国際宇宙ステーションの中などは、地上よりわずかに時間の流れが遅い。仕事上ひんぱんにジェット機を利用している人や宇宙飛行士は他の人に比べ、年をとるのが遅くなるかも知れません。……が、現実にはほとんど分からないくらいわずかなものです。

ところで、想像の世界ですが、広い宇宙に目を向けてみましょう。星は、太陽から離れるほど、速いスピードで遠ざかっています。中には、光速に近いスピードの星もあります。それらの星のどこかに住んでいるであろう宇宙人の世界には、私たちの世界とは全く異なるゆったりした時間の流れがあることでしょう。おそらく当の宇宙人は、ゆったりなんて感じないでしょうが……。

【補足】相対性理論発見の原点は、アインシュタインの、宇宙全体の自然現象に例外なく通用する普遍的な統一法則存在への揺るぎない信念だったと思われます。力学体系で見いだされていた相対性の考えを、それまで絶対空間の存在を前提に論じられていた電磁気学にまで拡張し、常識を超えた捉え方を導入して論じた所に、アインシュタインの信念の並々ならぬ強さを感じます。その常識を超えた捉え方とは、光速度一定の原理から導き出された「時間・空間」の相対的な解釈です。異なる慣性系では、空間のスケールの変化と同様に、時間の進みも違ってくるという考え方は、「時間は無条件に一様に流れている」という無意識の認識をもつ一般人には、なかなか理解が難しいものです。誤解をしてはいけないのは、人間の体や心の状態による時間の進み具合の変化とは全く別次元の話であるということです。（夏編5節参照）

SU4 目指す山頂は視界の外に

〜和田中PTA新聞原稿〜
2009（平成21年）・6・12

山肌一面がミヤマキリシマのピンク色で覆われる中、霧島の山々を縦走しました。中岳、新燃岳、獅子戸岳と渡り歩き、いよいよ最高峰韓国岳が迫ってきます。そびえ立つ山容が目に飛び込んできたとき、「果たして山頂までたどり着くだろうか？」と少々不安になりました。

やがてうっそうと茂った樹木の間に入った頃、視界から目指す山頂の姿は消えていました。ただひたすら目の前の坂道を登ります。「○合目」の表示が目に入るまで、どのあたりまで登ったのか分かりません。

もうひと頑張りと思っている間に、とうとう山頂にたどり着きました。一気に視界が広がり、眼下を見下ろすと、先ほどまでいた麓の場所が小さく見えます。遥か彼方に見えていたあの山頂に、今こうして立っていることに感無量の気分になります。

「登山は人生の縮図」とつくづく感じます。目指したい目標は、初めは途方もなく高い所にあります。しかしそこをただ眺めていたのでは自分の今の状態とのギャップに押し潰《つぶ》されかねません。それをあえて視界に入れず、目の前の坂道を、一歩一歩前に進んでいく。するとやがていつの日か、途方もないと思っていた所に到達する日がきっとやって来ます。それは勉強でも部活動でも同じかもしれません。


【補足】遠く離れた目標物を意識せず、目の前の行動指針に従って行動することの意義と力学上の物体の運動の捉え方との関連については、冬編14節「長距離走から学ぶこと」において触れました。ここでは、令和二年嘉鉄小学校の卒業式での式辞で触れた関連する話題について記述しておきます。

「……2つ目は、『常に、今の自分に満足せず一歩高みを目指す向上心のある人になってほしい』ということです。とは言うものの、常に前を向いてがんばり続けることは意外と難しいことです。そこで、向上心を維持する方法として、私のマラソンの走り方の経験から得たひけつを一つお伝えします。それは、『長い長い登り坂では、前方を見ずに足下を見て走る』ということです。前方に目をやると、坂の上のあまりにも遠く高い所が視界に入り、『自分にはとても無理だ』という弱い気持ちになってしまいます。一方、足下だけを見るということは、一歩先だけに目を向けて走るということです。一歩足を進めるくらいは自分にもできそうだと、自信がわいてきます。そして、気がついたら長い坂道の頂上にたどり着いていたということになるのです。つまり、始めから大きな目標を立てずに、小さな目標を立てて、それを一つ一つクリアしていくことが、向上心を維持するひけつなのです。」

～和田中PTA新聞原稿～
2007（平成19年）・6・13

SU5 自分の時間、他人の時間

「時間」について興味深い話が本川達雄著『ゾウの時間　ネズミの時間』の中にあります。ゾウの寿命が100年近いのに対して、ネズミはわずか数年足らず。しかし動きを比べると、ゾウの「緩」に対してネズミは「急」。呼吸、心臓の鼓動等も、ネズミはゾウに比べ急テンポ。

そこで、両者の寿命を心臓の1回の鼓動時間で割る、つまり、一生の間の脈拍数を計算してみると、なんとネズミもゾウもほぼ同じ約20億回になるとのこと。これは、もしも心臓の鼓動を時計としたならば、両者の一生の時間は同じ、つまり一生を生ききった感覚は同じかもしれないということ。であれば、ネズミの1日はゾウの数十日に相当する長いものかもしれません。

さて、私たちの生活においても時間の流れが時と場合により異なることは、誰もが実感することです。時間に対する感覚は決して固定したものではないということでしょう。そう考えると、例えば約束の時間に遅れることによる他者への迷惑は、決して、自分の感覚だけで計り知ることはできないことです。

6月10日は時の記念日。本校生活指針にある「時を守る」を含め、「時間」について今一度考えてみたいものです。

【補足】時間の流れ（体内時計）の生物による違いを、生物のサイズと寿命の関係で科学的に論じている内容には、「なるほど」と思わせる強い説得力を感じます。時間の流れの捉え方は感覚的なものなので必ずしも実証できるものではありませんが、時間を感じるのが脳であるならば、脳のはたらきも血液の流れなど生命活動のスピードに影響を受けているであろうことは、容易に理解できることです。このことは、関連づけから自分の捉えている時間は他人とは同じではないことに気付かせてくれます。そして、時間に限らず、あらゆるものの捉え方・感じ方が人によって違うという認識に発展し、自分と同じように人の立場を尊重する態度に繋がっていくものと思います。

尚、前々節の夏編3節で取り上げた物理的「時間」との関係について少し触れますと、ここでいう生物的「時間」は、あくまで感覚的なものであるということです。科学概念は、それがあいまいなものであってもあくまで人の感覚から出発したものであるというのが私の持論ですが、同時に人の感覚で捉えられる以前にすでに確固たる揺るぎないものとして自然界に存在していると考えています（これが物理的時間です）。

SU6 うちわであおぐとなぜ涼しい？

〜榕城中「理科通信」第27号記事より〜
1993（平成5年）・6・24

日差しの強い蒸し暑い日は、教室でもつい下敷きをうちわ代わりにしてあおぎたくなりますね。うちわや扇風機で風を体に当てると涼しく感じるのはなぜでしょうか？

「なんだ、そんなこと簡単。空気の温度が下がるからでしょう」と考えている人はいませんか。本当にそうか、温度計にうちわや扇風機の風を当ててみましょう。どんなに強い風を当てても、温度計の目盛りは全く変わりません。気温30℃のときは、うちわや扇風機の風の温度もやっぱり30℃です。それでも涼しいのはなぜでしょうか？

それは、人の体温と空気の性質によるのです。人の体温は、36～37℃ですが、人の皮膚に接した空気はその体温で温められて体温に近い温度になっています。空気は、熱を伝えにくい性質があるため、皮膚表面付近の空気の熱は周りに容易に逃げていきません。したがって、人の体は気温30℃よりも高い温度の薄い空気の層（無風時で約6㎜）に包まれているのです。気温の低い日は、この皮膚表面の空気と周りの空気との温度差が大きく熱がやや逃げやすいので寒く、気温の高い日は、その温度差が小さく熱が逃げにくいので暑いのです。

さて、うちわで風を送ると、この周りよりも温度の高い空気の層が追い払われ、それより温度の低い周りの空気が皮膚に直接当たることになりますので、涼しくなるのです。

ところで、気温40℃を超える猛暑日に、扇風機やうちわの風は涼しく感じるでしょうか？

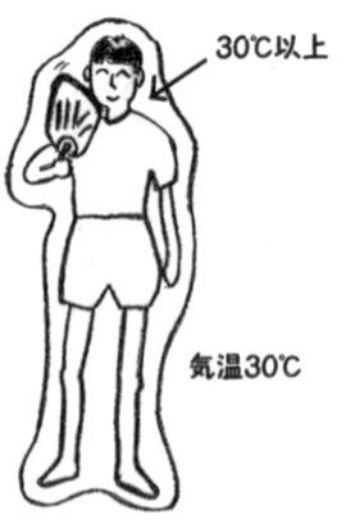

【補足】まず、右の質問に対する解答は、「涼しくはなく、むしろ、暑くなる」となります。それは、体に当たる風により、体温程度の空気の層が追い払われ、それより温度の高い周りの空気が皮膚に直接当たることになるからです。

さて、ここで取り上げた自然現象への誤認識は、うちわや扇風機で送った風が体に当たると涼しいという感覚的な体験から生まれたものです。科学的な説明を聞いた後には、なるほどと納得できることですが、何の説明もなければ、いくら熟慮しても正しい答えを導くことはできません。その誤認識は、「風を受けた温度計の指標が変化しない」という実験結果を通して初めて訂正されるものです。自然現象の中のきまりは、自然へのはたらきかけという実験の積み重ねでのみ、明らかになっていくことです（もし、前述の実験結果が、「温度が下がる」というものであったとしたら、また違った自然現象のきまりの解釈が生まれていたに違いありません）。

ところで、現象を厳密に解釈したとき、皮膚表面の気温低下の原因として、右記の他に、水の蒸発による蒸発熱の効果も考えられることを付け加えておきます。風は、体の表面付近での湿度低下を招き、蒸発を促進すると考えられます。

SU7 降水確率予報とは？

〜榕城中「理科通信」第8号記事より〜
1992（平成4年）6・27

梅雨もいよいよ本番というところですが、大切な行事のときなど特に気になる雨の予報について考えてみましょう。

「熊毛地方、今日の天気は、くもり後雨、午後3時から9時の間に雨の降る確率は80％の予報です」。これが、現在気象台から発表される天気予報の形で、後半部分のように降水確率予報が必ずなされます。毎日の天気予報でもうおなじみの表現ですが、改めてその意味を考えてみましょう。これは、「熊毛地方全体の80％の場所で雨が降る」、「雨の降っている時間が80％」、「降る雨の程度や量を表す」のいずれの意味でもありません。「雨の降る可能性が、80％」という意味です。つまり、熊毛地方に同じ予報が１００回出されたとしたら、そのうちの約80回は実際に雨が降り、約20回は雨が降らないということです。なんとなくあいまいで無責任な感じもしますが、果たしてそうでしょうか。

確率予報のなかった昔の天気予報では、例えば、「雨が降る」という予報には、雨がかなり確実に予想できる場合から、雨の可能性が五分五分の場合までいろいろな場合が含まれていて、その区別は表現されていませんでした。また、30％は雨の可能性もあるのだが、といった場合は、切り捨てて「くもり」と予報せざるをえませんでした。これに対して、降水確率予報では、降水の小さな可能性からほぼ確実な場合までを量的に表現できるのです。

とは言っても１００％の確実な予報が理想ではあります。現在は、レーダー観測や気象衛星観測などによる観測技術に加え、大型コンピューターの利用による解析の技術も向上し、予報の精度はどんどんよくなっています。

しかしながら、それでもなお１００％の予報は不可能だそうです。将来の大気の状態を予想するのに必要な今現在の気象データは全ての点でくまなく得る

ことはできないことと、大気の変化の仕方は細かい点では非常に複雑であり、未知な部分もあるからでしょう。

私たちは、降水に遭ったときに困る程度に応じて備えの判断をするなど、確率予報を上手に利用したいものです。「備えあれば、憂いなし」

【補足】気象学における「確率」は、気象の法則性に関する未解決部分や観測データの不足を補うために統計的手法により得られるものと考えられます。したがって、今後この部分の研究の進展により予測の精度向上が期待されるでしょう。

しかしながら、一方で、量子力学における「確率」は、理論や観測の不十分さではなく、物理法則の本質的な究極の姿を表したものと捉えられています。私は、ここの所に、「観測の問題」との関連で、人間の意識と自然科学の間の何らかの関係性が隠れているのではないかと考えているのですが……。

SU8 噴水の実験に学ぶ　～何ごとも、集中力でその効果は大きく違ってきます！～

～令和元年度　学校便り「嘉鉄っ子」6月号～

２０１９（令和元年）・６・28

うっとうしい雨の日が続きました。大雨洪水警報が発令されるという状況もありましたが、皆様の所はいかがだったでしょうか？　町内あちこちで崖崩れ等の被害が発生しているようです（嘉鉄でも、マネン崎に行く途中の崖が少し崩れたようです）。水の持つ力は、想像を絶するものがあるものだと、つくづく感じています。

さて、先日は、子どもたちに、この水の持つ力に関する実験を体験してもらいました。それは、ペットボトルによる噴水の実験です。ふたに穴を開けてストローを通したペットボトルに水を半分ほど注ぎ、その中に、発泡入浴剤のかけらを入れてふたをします。しばらくすると、ストローの先端から水が噴水となって出てきました。子どもたちは、思いもよらず勢いよく吹き出す噴水に大喜び。

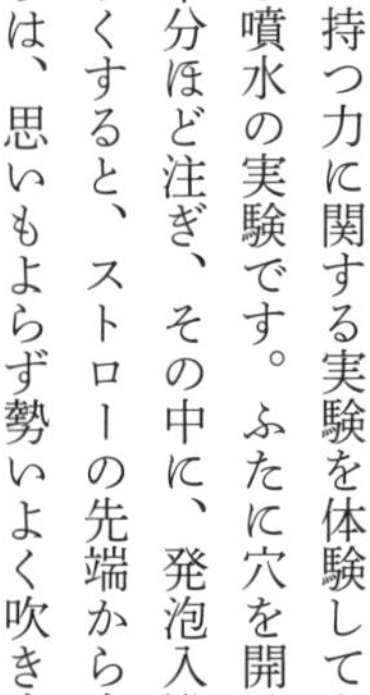

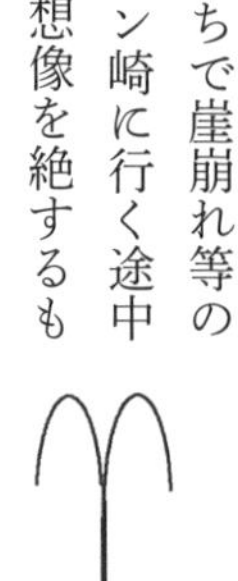

噴水のできるしくみは、こうです。入浴剤からさかんに泡が出てきます。この泡によってペットボトル内の空気が増え、外に出よう出ようとしてパンパンの状態になります。その空気の力（圧力といいます）が、中の水面にも加わって、水中からストローの中まで伝わっていきます。そして、その力によって水がストローを上っていき、やがてストローの先の穴から、外に飛び出すというわけです。

ところで、ここでストローの穴の大きさを変えて実験すると、大小どちらの方が、高い噴水ができるでしょうか？　子どもたちに予想させて、実験してみました。その結果は、ストローの穴の小さい方が大きい方より、高く上がるというものでした。ストローの先端にかかる力（圧力）は、ど

ちらも同じはずなのに、どうしてちがいが出てくるのでしょうか？　その理由は、こうです。

ストローの先端に伝わってきた力（活力）のすべてが、水を吹き出すために使われるわけではありません。その一部は、吹き出し口付近で、水どうしがこすり合わされる力などに使われて、失われてしまいます。その失われる力は、穴の大きさ（面積）が大きいほど多くなります。結局、穴の小さい方ほど、失われる力が少ないので、水を吹き出す勢い（活力）がたくさん残り、高い噴水になるのです。

この実験を、日頃の生活の中に置き換えて考えてみるとどうなるでしょう？「一度にたくさんのことを行おうとすると、その分失われる活力（エネルギー）も多くなる。一つのことに全神経を集中して取り組むほど、むだにする活力が最低限におさえられ、より大きな効果が現れる」ということでしょうか。


【補足】ところで、「吹き出し口の穴が小さい方が大きい方より高い噴水ができる」という現象についてですが、このメカニズムについて深く考察してみますと、問題は思った以上に複雑で、右記のような解釈で容易に説明できることではなく、流体力学の一般的な理論（ベルヌーイの定理、連続の式、ハーゲン・ポアズイユの式など）の組み合わせをもってしても、簡単に説明できない難問であることが分かりました。

まず、右記の実験操作で一つ訂正しておかなければならないことがあります。それは、穴の大きさの違いはストロー全体の径の違いではなく、ストローの先端の噴出口の穴の大小であったことです。さらに、その後の解釈のしかたで始めに訂正すべきは、ストローの先端にかかる圧力が同じという捉え方です。実は、大きい穴は、流速が増加することによる圧力の低下を招きます。したがって、穴が小さいほど、圧力の低下が抑えられ、穴の大きい方より内部圧力が高い状態が維持されます。

その内部圧力の大きさが噴水の高さに関係してくると考えがちですが、そのことは安易に繋げて捉えることはできません。なぜなら、噴水の高さは出口での流速に関係することは間違いありませんが、口が小さいことによる圧力の増大が必ずしも最終的に流速の増大に繋がるとは言えないからです（流速の増大が圧力の低下を招き、結局それが流速の低下に繋がることも考えられます）。この効果を詳しく考えるには、現象のモデル化による分析が必要で、それは細かい要件が結果に影響を与えることも考えられ、容易なことではありません。現時点で言えることは、「口を小さくすると、通常は内部の圧力が高くなり、流速が速くなることが多い」と、ややあいまいな表現でまとめることしかできません。

現象の物理的な説明は難しいものの、何らかのメカニズムがはたらいてこのような現象を引き起こしていることは事実であり、人の行動との関連性においても、似たようなメカニズムがはたらいて、向ける意識の広がりが大きいほど、活力のロスが大きくなるということがあり得るのではないでしょうか。

SU9 架空の太平洋横断の旅の話から　～生きる力につながる理科の学力をみる問題～

～中三期末テスト問題より～

１９８４（昭和59年）・７・５

とうとうでき上がった。全長３ｍ、幅１ｍ、深さ70㎝の直方体の実にシンプルで丈夫な船体、その中央に日の丸の旗をなびかせたマスト。光り輝く木造船―ハッチ55号―の完成である。

いよいよ進水式。やった！　浮かんだ。海面から高さ65㎝船体を上に出して確かに浮かんだ。全て設計通りである。さあ、これから太平洋横断の旅に出発だ。さて、荷物を積みこみ……待てよ。この船体、いったいどれほどの荷物が積めるものか？　緻密な計画に従って作業を進めてきた私であったが、この点については、全くの落ちどであった。私としたことが……。

次の手順で計算してみよう。ただし、海水の密度は、真水と同じ１ｇ／㎤と仮定し、１００ｇの物体にはたらく重力を１Ｎとします。

⑴　船に何も積まないとき、海水が船体の底に及ぼす圧力は何Paですか？

(2)　船体を上に持ち上げる力（浮力）は何Nですか。
船は静止しているのですから、この浮力と重力（船の重さ）がつり合っていることになり、船の重さは(2)の結果と同じになります。

(3)　船に荷物を載せ、船体が海水面すれすれまで沈んだとき、船体にはたらく浮力は何Nになりますか。

(4)　積める荷物の重さの限度は、乗る人の重さも含めて、何Nですか。

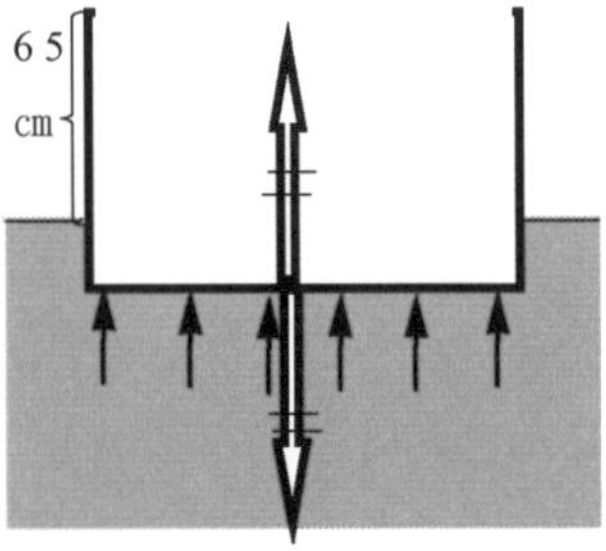

3月20日（春分の日）、日曜日、晴れ、午後6時。北緯31度、東経130度の里港を出港。船内には食料の他、方位磁針、高度計、地図など積んで。船は順調に進んでいった。昼間の疲れがたったのか、あるいは、ハッチの快適な乗り心地のせいか、私はいつしか深い眠りについた。……ふと目が覚めると、翌日の夜明け前。周りはまだ薄暗く、よく分からないがよく見ると、四方が無限に広がる海ばかり。しまった！　いったい、どこまで来てしまったのか？　偏西風に乗って東に流されたのは確かなのだが。

しばらく考え込んでいた私に、ふと名案が浮かんだ。私はリュックから方位磁針を取り出し、北の方向を探し、その方向の夜空を見上げた。そこには暗い星々の中、ある星がまだはっきりと輝いていた。私はこの星をしばらくじっとながめ、それが全く位置を変えないことを確認してから、高度計でその高さを測った。丁度20度。今度はリュックから、昨日の夕刊を取り出し、懐中電灯で照らして、今朝の鹿児島（里）での日の出の時刻を調べた。5時16分。さて、あとは実際の日の出を待つばかり。やがて、空は白みはじめ、星々も消えた。そして東の地平線から太陽が顔を出した。太陽がその体をすべて水平線上に現したとき、腕時計は4時16分を指していた。

(5) 文章中のある星とは何ですか？
(6) ここは、北緯何度の所ですか。
(7) 5時16分には、太陽は水平線からの角度で何度の高さの所に見えますか。
(8) ここは東経何度の所ですか。

私は、地図を広げて、ハッチの浮かんでいる位置を調べた。その地図によれば、近くに島があるはずである。私は、水平線のかなたをじっと見渡した。あった、うっすらと、小さな島が……。

【補足】右問題の模範解答は以下の通り。(1) 500Pa (2) 15000N (3) 210000N (4) 195000N (5) 北極星 (6) 20度 (7) 15度 (8) 115度

SU10 わが郷土種子島は、日本中で最も宇宙に近い夢の町

〜榕城中「理科通信」第9号記事より〜

1992（平成4年）・7・7

今年は、国際宇宙年。私たちの郷土種子島が誇る日本最大のロケット打ち上げ基地にも目を向けてみましょう。

種子島宇宙センターでは、現在大型ロケットHⅡの打ち上げに向けての地上でのテストが行われています。このHⅡロケットは、地上から3万6000km（地球直径の約3倍）も離れた静止衛星の回る軌道に、重さ2tもの大型衛星を運び上げることが可能なロケットだそうです。先日（6月中旬）、そのHⅡの主力エンジンの燃焼実験中、思いがけない火災事故が発生し、来年初めの打ち上げ予定が延期になったのは大変残念ですね。

さて、このHⅡロケットは、その大重量物の輸送能力により、日本の将来の大きな宇宙開発の夢が託されています。その一つは、現在開発が進められている日本製スペースシャトルHOPE（ホープ）を宇宙に送るというものです。西暦2000年には、その初飛行が期待されています。

スペースシャトルは、地球と宇宙を何回も往復できるというメリットにより、1981年のアメリカNASAの初フライトを皮切りに、現在まで数十回も打ち上げられ、無重量空間での様々な興

味ある実験や人工衛星の軌道投入、修理、回収など宇宙開発に様々な貢献をしてきました。２年ほど前には、ＴＢＳアナウンサーの秋山さんがソ連のシャトルに乗り込み日本人で初めて宇宙に飛び立ち、大騒ぎしましたね。あのスペースシャトルが将来我々の住むこの種子島から打ち上げられるというのです。

ＨＯＰＥは無人のスペースシャトルで、自分で姿勢や軌道をコントロールするロボット宇宙船ですが、やがては人間が乗れるものも作られるようになるでしょう。そしてもっともっと未来には、宇宙空間に人間が住める人工の居住空間（スペースコロニー）が建設されて、そこに地球からスペースシャトルで誰でも自由に行き来する時代が来るかもしれませんね。そうなれば、種子島はまさに「日本で宇宙に一番近い町」になるでしょう。

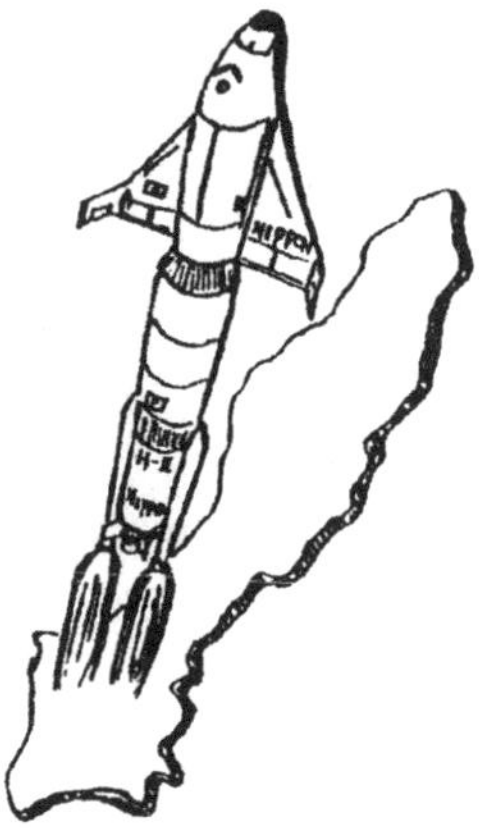

【補足】無人宇宙往還機ＨＯＰＥは費用対効果の点から採用が見送られましたが、それに代わる使い捨ての無人宇宙補給機（ＨＴＶ）の開発が進められ、２００９年に初号機「こうのとり一号」として打ち上げられました。そして、国際宇宙ステーションへの食糧・衣類・各種実験装置などの物資輸送に成功しています。その後日本は、昨年（２０２０年）５月までに合計９回の物資輸送を成し遂げ、国際的な宇宙開発事業に大きく貢献しています。

そういう意味で種子島は今でも、気持ちの上で「日本で一番宇宙に近い町」に一歩ずつ近づきつつあると言えます。

SU 11 暑い日に起こる「逃げ水」のなぞ

〜榕城中「理科通信」第28号記事より〜
1993（平成5年）・7・12

暑い夏の日、道路を歩いていると、前方の道路面にちょうど水たまりの水面のように光り輝く部分が突然見え隠れする現象を体験したことがあるでしょう。この幻の水たまりは、いくら近づいて行っても先へ先へ移動してしまうことから「逃げ水」と呼ばれます。まだ見たことがない人は、真夏の日差しが強く風のあまりない日の昼過ぎ、前方の見通しのよく車の往来の少ないアスファルトの道路で、少し体をかがめて100〜200m先の道路表面をながめてごらん。まるで本当に水たまりがあるかのように道路表面が水面のように輝き、よく見ると周りの景色が映って見えます。

この「逃げ水」という現象がどのようにして起こるのか考えてみましょう。水たまりのように見えるのは、図1のように遠方より入った光が道路表面で反射しているためと考えられます。水気のないアスファルトの表面が光を反射するのはなぜでしょうか。

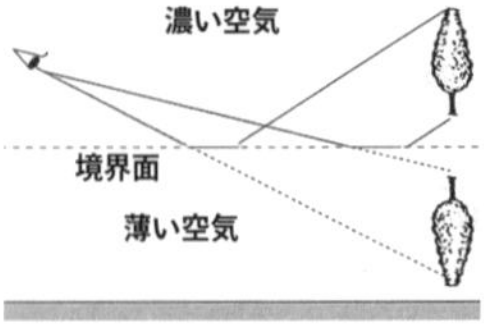

図1

アスファルトなどの道路が強い太陽の日差しで熱せられると表面温度がかなり高くなり、それに接する道路表面の空気もその熱で高温となります。そのため道路表面の空気は膨張し、上空の空気に比べるとずっと薄くなります。光は普通、空気中を直進しますが、空気の濃さが急に変化する所に入るときには屈折を起こします。空気の濃い所から薄い所に光が入るときには、図2のように屈折します。光の入射する方向を地面に対して小さい角度にしていくと、次第に光は水平に近い方向に曲げられていきます。屈折する光がついに水平方向になると、光は空気の境界面で全て反射するようになります（この現象を全反射といいます）。そのとき、地上の景色が道路に映ったように見え、水たまりのように感じるのです。遠方の景色が突然、空に逆さまになって現れるなどの「蜃気楼《しんきろう》」という現象も、上空で空気の濃さの急な変化によって光が全反射して起こす現象です。

【補足】光が光学的に密な媒質1（屈折率の大きい物質）から疎な媒質2（屈折率の小さな物質）へ入射するとき、入射角がある特定の角（この角を臨界角という）以上になると、境界面で屈折光線がなくなり全ての光が反射してしまう現象が全反射です。臨界角の値は、媒質1の屈折率をN_1、媒質2の屈折率をN_2としたとき、$\sin i = N_1 / N_2$で決まる角度iとなります。たとえば、水から空気中へ出る光の臨界

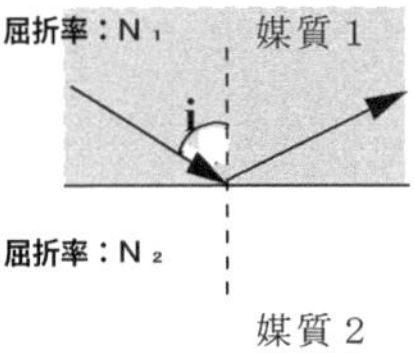

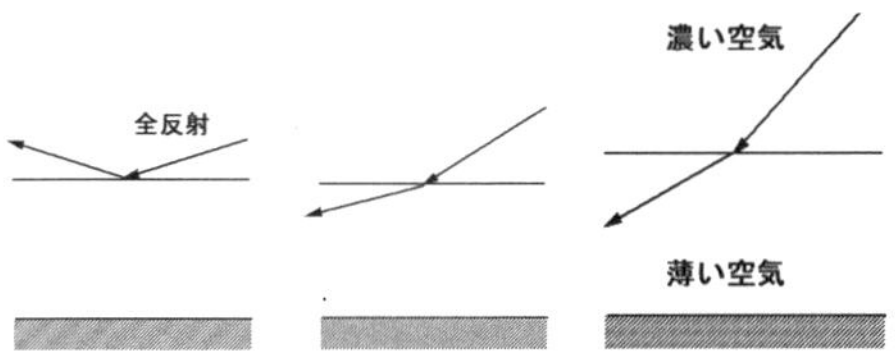

図2

角は48度30分です。全反射の応用として、ファイバ内で全反射をくり返しながら伝送する光ファイバ通信があります。

SU12 あふれる大きな夢は、人を大きく成長させます　～七夕飾りに願いをこめて～

～令和元年度　学校便り「嘉鉄っ子」７月号～
２０１９（令和元年）・７・19

例年の２週間遅れで、長かった梅雨がやっと明け、待ちに待った夏がやってきました。ランチルームには、七夕飾りが立てられ、たくさんの色紙で作った飾りの中に、「みんなに好かれる保育士になれますように……」など、子どもたちの夢・願いが書かれた短冊がつるされています。

ところで、この七夕の季節、天気のよい日には、ぜひ七夕伝説の星々、彦星、織り姫星にも目を向けてみてください。そして、夢・願いを天にも届けましょう（８月26日の「スターウォッチングｉｎかてつ」で、見つけ方を教えますので、ぜひ、参加してください）。

さて、星と言ったら、先日７月11日、４年前に日本の種子島から打ち上げられた探査機はやぶさ２が、地球から２・４億㎞も先にある小惑星「りゅうぐう」への２回目の着陸に成功しました。これによって、はやぶさ２は、小惑星りゅうぐうから砂を採取することができました。このことがどんな意味があるのだろうって思いますよね。この砂の中には、太陽系（地球をふくむ太陽を回る惑星のなかま）が誕生したときのひみつがかくされているのだそうです。科学者たちは、この砂を調べることで、地球にどのようにして海ができたのか？ また、地球に生物がどのようにして誕生したのかがわかるのではないかと、胸をわくわくさせています。大きな夢があってすてきですね。

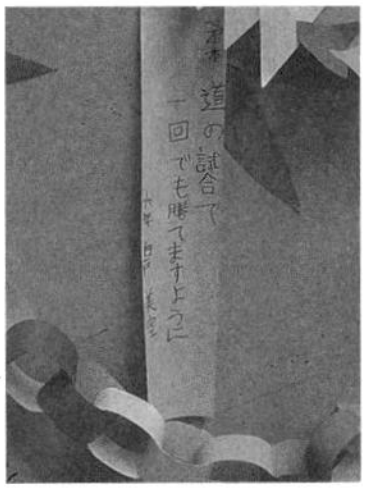

　44日間の夏休みが始まります。皆さんも、自分なりの夢を大きく大きくふくらませて、いろいろなことに挑戦してみてください。あふれる大きな夢は、皆さんを大きく大きく成長させてくれます。

【補足】「はやぶさ2」は、小惑星りゅうぐうからの試料採取に成功した後、離脱し、航行の末、昨年（2020年）12月に、無事、地球に帰還しました。はやぶさ2が持ち帰った小惑星からの採取物からは、太陽系にあった有機物や水がどのようなものであったのか、またどのように相互作用し共存してきたのかを探ることで、生命の起源にも迫ることができると期待されています。生命の起源を探りたいという科学者の夢は、どんな利害関係をも抜きにした人間の智慧が本来もっている純粋な知的欲求なのだろうと思います。

　子どもたちにも、決して打算的な手段としての二次的なものでない、そのもの自体を目的とした純粋な夢を持ってほしいものだと願います。

SU13 蛍光灯の振り子の不思議 ～自由研究のヒント～

～榕城中「理科通信」第10号記事より～

1992（平成4年）・7・20

自由研究の題材は、わたしたちの身の回りにいっぱいあります。大切なことは、ただぼんやり周りを見るだけでなく、何かおもしろい現象はないかじっくり時間をかけて見つめてみることです。すると、不思議なことが身の回りには意外と多いことに気がつきます。その例を一つ挙げてみましょう。

部屋にねっころがって、天井に目をやると、スイッチのひもの先にマスコット人形を付けた丸い蛍光灯が何かの拍子にぶらぶら揺れています。そのマスコット人形の揺れ方をじっと見ていると、不思議不思議不思議。人形の揺れが次第に小さくなってやがて止まりました。かと思うと、また動き始め、次第に揺れが大きくなっていきます。やがてまた揺れが小さくなって止まり、また動き始めます。

よく観察してみると、どうも上の蛍光灯の揺れも大きくなったり小さくなったりしているようです。しかも、人形の揺れが大きいときは、蛍光灯の揺れは小さく、人形の揺れが小さいときは、蛍光灯の揺

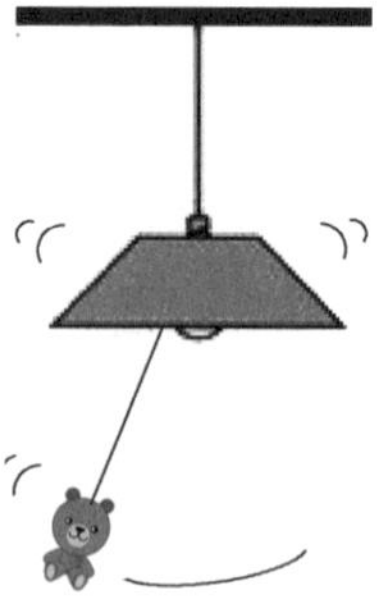

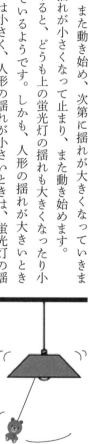

れは大きいことに気付きます。

人形の揺れが止まってから、次に止まるまでの揺れの回数は決まっているのでしょうか。蛍光灯を吊しているくさりやひもの長さを変えるとどうなるだろうか。あるいは、蛍光灯や人形を重さの違う別のものに置き換えるとどうなるだろうか。何かとてもおもしろいきまりが発見できそうです。


【補足】この現象は、物理学的には「二重振り子」と呼ばれるものですが、その運動の解析にはラグランジェ関数を用いた運動方程式の立式が必要で、素人には難しい問題のようです。しかも、意外なことにこの振る舞いは一般に周期性がなく、カオスと呼ばれる極めて複雑な運動を生み出すことが知られています。しかしながら、いくらかそれに関する研究を調べてみると、2つのおもりの初期角度の設定がある条件を満たす場合に限り周期的な運動が生まれることも報告されています。特に、私の観察する限り、上のおもりの初期角度が小さい場合（何度以下とかまでは不明）、下のおもりは回転運動を起こすことはなく、周期的運動が容易に生じるように思うのですが……。詳しくは、実際に実験してみるか、そのような条件下での運動方程式を解いてみる必要があります。

それにしても、二重振り子の現象のような周期性のない運動など、カオス現象の存在は、物理法則の未完結性、奥深さを感じさせます。

SU14 熱中症発生注意報 発令中!!

〜「大口中央中学校だより」第4号より〜
2017（平成29年）・7・20

例年にない早い梅雨明けとともに一気に到来した暑さの中で、熱中症の症状で体調を崩す生徒が増えています。熱中症は、頭痛や脱力感に始まり、めまい、吐き気、ひどい場合はけいれんや失神を伴うこともあり、重症化すると命にも関わる重篤な病気です。幸い、発症した子どもたちは、早めの対応で元気を取り戻していますが、今後も、夏休み中の部活動等で発症が心配されます。

熱中症の症状は、いわば本来、人の体が持っている外界からの負荷に対する調節機能が、限界に達したときに身体から発せられた危険信号です。合い言葉、「足《た》すな負荷《ふか》」を念頭に、十分な備えをして、用心をしていきましょう。

〈予防の五原則〉

た…「体調管理をしっかり」　朝食・睡眠をしっかりとる。こまめな休憩。体調不良時は運動しない。

す…「こまめな水分補給」　汗で失われた分の水分（塩分含む）を、早め早めにたっぷり摂る。

な…「暑さに体を慣らす」　急な激しい運動は避け、軽い運動から始め、徐々に体を慣らしていく。

ふ…「暑さに適した服装」 吸湿性や通気性のよい服を。直射日光が当たる場合は帽子着用。

か…「環境状況に応じた運動」 気象状況をよく見て。運動は、なるべく涼しい時間帯で。

【補足】 2017(平成29)年7月、部活動中の生徒6人が熱中症の症状で倒れ、救急車で病院に搬送されるという事態が起こりました。幸い重症化までは至りませんでしたが、これを機に学校では、特別な危機感を持って、対応策を協議したものです。生徒の体調観察、こまめな水分・塩分補給、適度な休憩時間の確保等の徹底、部活動や体育授業中のエアコン稼働、製氷機による氷やOS1等の経口補水液等の常備、市に対する各教室への扇風機の設置要求等、様々な対策を講じてきました。その中で、もう一つ、ささやかな取り組みとして行ったのは、校舎間の土間を利用したミストシャワーの設置です。この場所は、体育等校庭での活動後、教室に向かう生徒がよく通る所で、多くの生徒が引かれるように寄ってきては利用する姿が見られました。水の蒸発による潜熱を利用した冷却効果についての科学的な説明も併せて掲示し、科学への関心を高めるのにも効果があったと思っています。

SU15 七夕の日に学ぶ「竹」と「星」 ～星に願いを届けよう、節のある竹に学ぼう～

～令和30年度　学校便り「嘉鉄っ子」7月号～
2018（平成30年）・7・20

ランチルームに、たくさんの色紙で作った飾りの中に子どもたちが書いた願いごとの短冊がつるされたみごとな七夕飾りが立てられました。

ところで、この七夕の季節、天気のよい日には、ぜひ七夕伝説の星々にも目を向けてみてください。

夜11時頃、北の方を向いて（背中の方向に波の音を聞く感じです）、ちょうど自分の頭の真上をながめてみると、ひときわ明るい星が見つかります。これが織り姫星です。そこから南東方向（右後ろの方向）に、まっすぐ伸ばした腕の先の拳3つ分ほどのところを見てください。3つ並んだ星の集まりが見つかりませんか。その中央の明るい星が彦星です。その間を南北に白っぽく長い雲が流れるように見えるものがあります。これが、無数の星の集まりである天の川です。ぜひ、夜空の観察に挑戦して、願いを天にも届けましょう（夜中になりますので、家の近くで、保護者と一緒に見ましょう。ハブにはくれぐれも用心を！　ちなみに、1か月後には、午後9時の時間で同じように観察できます）。

ところで、七夕飾りに使う「竹」の話を少しします。竹はふしぎな植物で、中がからっぽにもかかわらず、しなやかで非常に強く丈夫です。そのひみつはどこにあるのでしょうか。……竹の体を見ると、たくさんの「節」がありますね。もしも、節のない竹があったとしたらどうでしょうか。想像してみてください。そのような竹は、弱い力でも簡単に折れてしまうでしょう。節があることこそが、竹のしなやかさを保ちながらも簡単には折れにくい強くて丈夫なからだを作り上げているのです。

私たちの人生も同じようなものです。一生の間にはいろいろな節目があります。1日、1週間、1か月。そして、今日の終業式は、1学期終了という1つの節目のときです。このときをどう過ごすかが、その人の確かな成長に大きくかかわってきます。しっかりした節目をつけてほしいものです。

節目をつけるとは、区切りのときに、その期間を振り返って始めに立てた目標がどのくらい達成されたかを点検し、達成されたことを確認するとともに、できなかったことを自分のこれからの課題としてはっきりさせて、新たな目標を設定することです。この繰り返しこそが確実な成長となっていきます。家族で、この1学期を振り返る話し合いの場を持ってほしいものです。

【補足】竹については、春編8節「竹の不思議な生態」の項で詳しく触れています。

SU16 扇風機車は、どっちに動く？

～榕城中「理科通信」第14・15号記事より～
1992（平成4年）・10・7、24

おもちゃの車に、図1のように扇風機をつけてそれを回すと、車は右へ動きます。さて、扇風機の前に板を取り付けると（図2）、車はどうなるでしょうか？

「左に動く？」、「右に動く？」、「動かない？」。ただし、扇風機の風は、すべて板に当たるものとします。

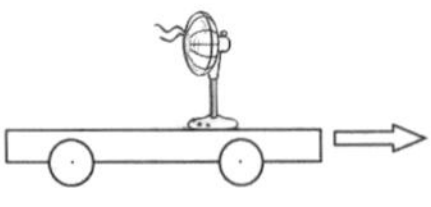
図1

図2

この問いの答えについて……

解答をする前に、「左へ動く」と主張するA君、「右に動く」と主張するB君、「動かない」と主張するC君の言い分を聞いてみましょう。

A君：　単純だよ。扇風機の風が、車に固定した板を左へ押すのだから左に動くのは、当然！（図3）

B君：　板なしのとき、扇風機は風を左に送るからその反作用（力を及ぼした物

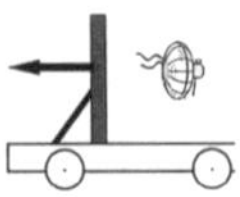
図3

が、逆に受ける反対向きの力）を受けて車は、右へ動いた。板があると、さらに風が板を左へ押す力の反作用を受けるから、もっと勢いよく右へ動くはずだよ（図4）。

C君：A君もB君も見のがしていることがあるんじゃないかな。板も扇風機も車上に固定されているのだよ。

つまり、板が風から押される力と扇風機が風を送るときの反作用として受ける力は、ともに車にはたらくことになる。その2力は大きさが等しいはずだから、力はつり合って左右どちらにも動かないと思うな（図5）。

車に乗っている人が、いくら車を押しても動きっこないのと同じさ（図6）。

3人の言い分を聞くと、C君が一番もっともらしいという気がしませんか？

さて、実際はどうでしょうか？……答えは、意外にも「左に動く」でした。しかし、A君の説明はちょっと間違っていますよ。それは、C君の指摘どおりです。風が板に当たる寸前までは、C君の説明どおりです。実は、その後の空気の流れが問題です。それは、板で反射して右方向へ向かって流れ出します。

結局、扇風機の向きを変えて右方向に風を送ったのと同じになります。したがって、車は、風に押される力とは別に、板が空気に加えた右方向の力の反作

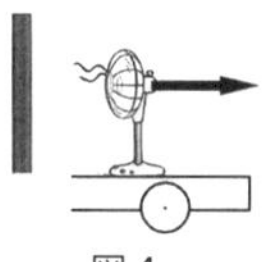

図4

図5

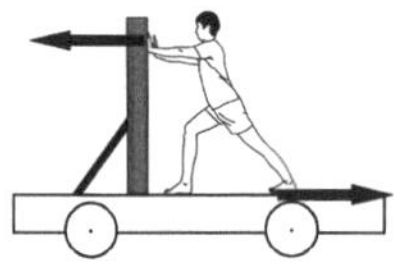

図6

用を左方向に受けて、左へ動くというわけです（図7）（反射した空気の流れは、勢いをやや失っているので板なしのときより動きは遅くなりますが）。

丁度、飛行機が着陸時にブレーキのためリバース装置というこれと似たような仕組みを利用しているようです（図8）。

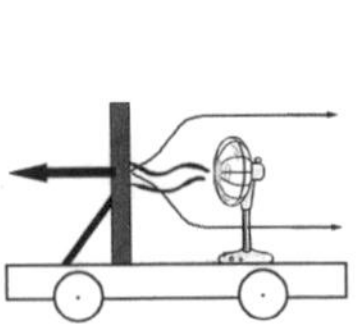

図7

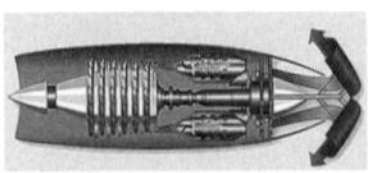

図8

【補足】この力学的玩具の動きが意外性・不思議感を感じさせるのは、一つの物体系の内部ではたらく力（内力）は、物体を動かす力にはなり得ないという「作用・反作用」への正しい理解を逆手にとっている点です。

見のがしがちな、壁に当たった風の力の反作用に気付かせることで、「作用・反作用の法則」の普遍性を実感させるのに効果的だと思っています。

SU17 好天に恵まれ、天体観測会おわる

〜理科通信「たんぽぽ8月号」記事より〜

1983（昭和58年）・8・20

去る8月8日、9日の夜、里中学校校庭にて、天体観測会が行われました。台風5号接近のため天候が心配されましたが、みんなの行いが良かったとみえて（?・）、昼間の雲もすっかり消え、最

高の観測日和となりました。参加してくださいましたおとうさん、おかあさん方、お忙しい中、本当にありがとうございました。

さて、参加したみなさん、星座あるいは有名な星、いくつ覚えられましたか？　満天の星空、何も考えず、見るだけでも素晴らしいものですが、いろんなことを知って、考えながら見ると、もっともっと言葉ではいいようのない感動が、あるものです。あの一個一個の星の光は、昼間の明るさに比べたら、蛍の光ほどもないちっぽけなものです。しかし、あの光、みんなの周りにある蛍光灯の光などとは、ちょ～っと違うのです（もっとも光そのものに違いはありませんが）。一番近い星（恒星）といえども、そこを出た光が、１秒間に30万㎞というものすごい速さで、４・３年もの長い時間かかって——それほど長い距離を——旅し続けてきたものなのです。その光の粒が、みんなの瞳に入り、光を感じる細胞を刺激したのです。まさに、感動的な出会いでありあます。この出会いに比べれば、松田聖子やトシちゃんと出会えたときの感動なんぞも、へのへ。問題にならない。こんなことを考えながら、星を見るのも楽しいものです。残念ながら、天体観測会に参加できなかった人も、参加した人からいろいろ教えてもらって、是非、星を観測してください。

【補足】夜空に輝く星までの距離は、科学者が観測データに物理法則を適用して得られたもので、私たちにその算出の過程を容易に再現できるものではありませんが、その信頼できる情報を知識として星を観測することは、天文学的な時間・空間を隔てて旅してきた微量の光子を自分の感覚器で受け止めたことへの感動、そしてその光を通して自分と宇宙が繋がっていることへの実感、さらにこのことを通して宇宙のとてつもない大きさの時間・空間の広がりを実感するうえで非常に意義あることだと思います。

SU18 主役になった行動こそ、周りの心を大きく動かす　～星空観察会に学ぶ～

～令和元年度　学校便り「嘉鉄っ子」８月号～
２０１９（令和元年）・８・30

まだまだ、残暑が厳しい毎日ですが、時折、天高く広がるうろこ雲に少し秋の気配も感じられる季節になりました。

先日、８月27日、夜、嘉鉄小校庭にて、「スターウォッチング in かてつ」を開催しました。親御さんと一緒の子どもたちの他にも、地域の皆さん数名も参加いただきました。あいにく一部に雲がかかって、予定の星すべての観察はできませんでしたが、まずまず満足できる天体観測になったと思います。

北から南に向かって流れるようにぼんやり輝く天の川、その両端に一際明るく輝くおり姫とひこ星、翼を広げて飛ぶ白鳥の姿（はくちょう座）、南の空には、どっしり横たわるさそり座、そのさそりに弓をかまえるいて座、その一部の「生」の神様「南斗六星」、さらに、天体望遠鏡で浮かび上がったしま模様のある惑星「木星」と、わっかのある惑星「土星」等々……子どもたちの小さな瞳に映った生の映像は、感動の定着液でしっかりと心にプリントアウトされたことと思います。

さて、この星空観察で、特別の星「北極星」について、お話ししました。この星は、他のすべての星がゆっくりと動いていくのに対して、まったく動かずにいつも同じ所に見えるということ。すべての星は、この北極星を中心にして、東から西に、時計の針とは反対に回転しています。

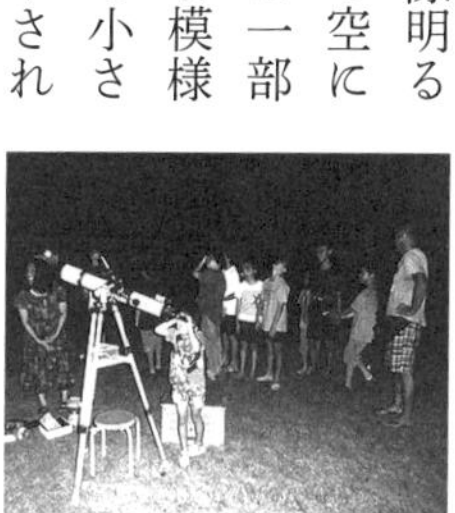

どっしりと構えた北極星の周りでは、土星だって木星だって、おり姫やひこ星だって、６００光年も離れたアンターレスだって、はたまた２２０万光年というはるかかなたにあるアンドロメダ星雲だって、一斉に同じ方向に動いてしまうんです。すごいと思いませんか？　北極星には思わず、「あんたが主役!!」と言って、拍手を送りたくなります。

このような動きの正体を明かすと、実は、星々が実際に動いているのではなく、観察する私たちを乗せた地球が、北極方向を軸にして、１日に１回、西から東に回転している（これを自転といいます）ために起こる見か

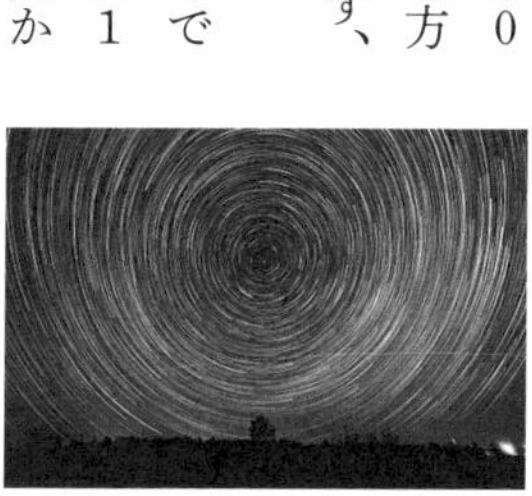

北極星の周りに星々が回転している様子（星の動いたあと）

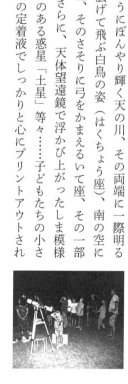

けの動きなのです。ですから、北極星は、自転する地球そのものの姿を表していると言ってもいいと思います。

さて、いよいよ長かった夏休みが終わり、2学期を迎えます。2学期は、「秋季大運動会」や「学習発表会」など、これまでがんばってきたことの成果を発表する「実りの秋」にふさわしい大きな行事が続きます。夜空に輝く北極星のように、一人一人が主役になってがんばり、周りの多くの皆さんの心を大きく動かす、そんな2学期になることを期待しています。

【補足】天の北極を中心にした星の日周運動から地球の自転を、知識を与えられることなく自ら実感して理解することは容易なことではありません。プトレマイオス等により唱えられた天動説は、コペルニクスによる地動説が出現するまでの約１５００年もの長きにわたって誰も疑うことのない絶対的な真理として信じられてきた歴史を考えると、その認識の転換の難しさがうかがえます。

人による物の運動の認識は、自分の置かれた位置と周りの複数の物体の位置関係の観察によりなされるものと思います。

電車の窓から、その横を並行して走る別の電車がすれ違う様子が少し目に入ったとき、隣の電車が走っているのか、それとも自分の乗っている電車が走っているのか、一瞬分からなくなることがあります。その迷いは、窓から外の様子を見回したとき、止まって動かないプラットホームが目に入ったとき初めて、隣の電車が通過していったことを認識して解決します。

想像の世界ですが、宇宙空間に浮かぶ自分の体の横を宇宙船が通り過ぎていったとします。そのとき、宇宙船が本当に動いているのか、それとも自分の体が逆方向に動いているのか、判断することは決してできません。もちろん、物体の運動は相対的なもので、基準にする物によって違ってくるのであって、運動の様子を一つに決めることは無意味なことです。そのことは承知の上で、もしも、そこに宇宙船の他に複数の物体が漂っていたとしましょう。それらが、みな宇宙船と同速度で動いていたとしたらどうでしょう。おそらく、自分の体が動いていることを感じ取るのではないでしょうか。一方で、それらがもし、自分の体と同じ動きをしていたとしたら、その人は、宇宙船の動きを感じ取ることでしょう。

人が、星の動きは分かるものの地球の自転を感じ取れないのは、人の視界に入る星以外のほぼ全ての物（地上の物体）が自分と同じ動きをしているからだと考えられます。もしも、星の観測者から、地上の風景を全て取り去り、周りを３６０度星空の状態にすることができたとしたら、そのとき初めて、自分の体が宇宙の中でゆっくりと回転していることを実感できることでしょう。ただし、この運動は回転という加速度運動であり、等速度の運動が相対的であるのに対して、運動状態を一つに決定することのできる真の運動と言えると思います（見方を変えると、星の運動とも捉えられるといった相対的なものではありません）。

〈秋編〉

A1 スペースシャトルの中は、なぜ無重量空間？

〜榕城中「理科通信」第12号記事より〜

1992（平成4年）・9・19

日本人宇宙飛行士の毛利衛さんは、スペースシャトル「エンデバー」の中で、無重量空間でのさまざまな実験を順調にこなしています。

あらゆる物の重量がなくなる無重量空間って、いったいどのような所なのでしょうか。みなさんが、大きなデパートの中で下りのエレベーターに乗ったとき、それが動き出す瞬間に「ふわっ」と浮いた感じがしますね。これが無重量空間（厳密には微小重量空間）内の感覚です（図1）。もっと長時間、完全な無重量空間を体験したければ、吊すワイヤーが切れてそのまま落下するエレベーターに乗ってみればよいでしょう。そのような箱の中では、それまでの物の重さを支えていた箱の底まで同じように落下するため、重さがなくなったのと同じになります（図2）。地上に到達するまでの間、無重量空間を十分体験できるでしょう。その後の命の保証は、できませんが。

ところで、スペースシャトルの中は、なぜ無重量なのでしょうか。地上から300㎞もの長い距離が離れているからでしょうか。確かに、地球から離れるほど、地球の及ぼす重力は小さくなります。しかし、完全に0にすることは、できません。エンデバーの高さでは、50kg重の人は、45・6kg重と少し小さくなるだけです。しかし、実際のスペースシャトルの中は、テレビの映像でも分かるように完全な無重量空間です。

そこで、エンデバー号が、ワイヤーの切れたエレベーターのように落下していると考えたらどうでしょうか。「とんでもない！　そうなると毛利さんらの命はどうなるの？」と言いたくなります。実際、スペースシャトルは、地球の周りを1時間30分で1回という速さ（秒速7・7km）で回転してこそいますが、落下しているとは、とても思えません。でも、ちょっとこの「回転」ということをもう少し考え直してみましょう。

校舎の窓から、小石を真下に落とす代わりに、水平方向に投げると、小石は放物線を描いて落下します。この投げる勢いをどんどん増していくと（実際には難しいですが）、どうなるでしょうか。小石はより遠くまで飛んで落下しますが、地球が丸いため、次第に地面到達までの時間が引き伸ばされていくことが分かるでしょう（図3）。そして、ある速さになると、落下しながらもいっこうに地面に到達できず

図1

図2

図3

に、しまいには地球を1周してしまうこともありえます。そうなると、小石は、減速しなければ、地球の周りを回転し続けることになります。スペースシャトルもこれと同様です。

つまり、スペースシャトルは、見方を変えれば、いっこうに地面に到達しない落下をし続けていることになります。それ故に、無重量空間を、長時間作り出せるのです。

【補足】「落下するエレベーター」の中が無重量空間になることは、体験から容易に想像できますが、スペースシャトルや国際宇宙ステーションの中については、その現象の同一性を正しく捉えることは難しいものと思われます。多くの人が、「地上から遠く離れているため」という誤認識をもつのは、そのためでしょう。物理学的には、地球を周回する宇宙船には、質量と速度の2乗に比例し軌道半径に反比例する向心力がはたらいており、その船内を座標系とした空間では、向心力と丁度つり合う見かけの力である慣性力（遠心力）が存在するためということで説明できますが、なかなか実感的には理解しにくいものです。

「いっこうに地面に到達しない落下運動」は、日常体験からの関連付けから、最も分かりやすい表現になっていると考えます。

A2 高齢化社会のピークいつ？　そのときのお年寄りの割合は？
～コンピュータによる予測～

～榕城中「理科通信」第11号記事より～
１９９２（平成４年）・９・11

９月15日は敬老の日。今年日本に住む65歳以上のお年寄りの全人口に占める割合は、約13％と推計され、年々上昇しています。日本の高齢化の歩みは、世界にも類のない速さで進んでいると言われています。将来はいったいどうなるのでしょうか。

科学パソコンクラブでは、コンピュータを使って、将来の日本の年齢別人口の推計を試みました。基本にしたデータは、総務庁（現在の総務省）統計局が１９８５（昭和60）年の国勢調査の結果から推計した１９８９（平成元）年の年齢別人口がまず一つ。さらに、①将来のそれぞれの年齢の人口がどのように減少していくかの推計に必要な年齢別死亡率（平成元年）のデータ、及び、②これから誕生してくる子どもの人口の推計に必要な女性の年齢別出生率（昭和63年）のデータを利用しました。

①、②のデータが将来にわたって一定と考えて推計した結果、65歳以上のお年寄りの割合は、10年後17・１％、20年後には20・７％と年々増加していき、53年後の２０４５（平成57）年に26・

２％となってピークに達することが分かりました（下図）（これは、厚生省〈現厚生労働省〉人口問題研究所の推計値と時期、割合ともにおおよそ一致しています）。なんと４人に１人がお年寄りということになります。

さらに実際には、①、②の数値が年々いずれも減少してきており（つまり平均寿命の伸び、女性の出産児数の減少）、今後もさらにこの傾向が進めばこれ以上の超高齢化社会の到来もありうると考えられます。

お年寄りが住みやすい社会のシステム作りが一層進められていかなければなりませんね。ちなみに、２０４５年といえば、丁度あなた方が、お年寄りの仲間入りをする年代です。

【補足】当時の推計をも大幅に上回る現在の高齢化の速度に驚きます。昨年度（２０２０年度）９月に総務省が発表した最新のデータでは、65歳以上の高齢者の割合は、すでに28・７％に達しており、厚労省の推計によりますと２０４０年には35・３％まで上昇すると言われています。推計の大幅なずれの原因は、出

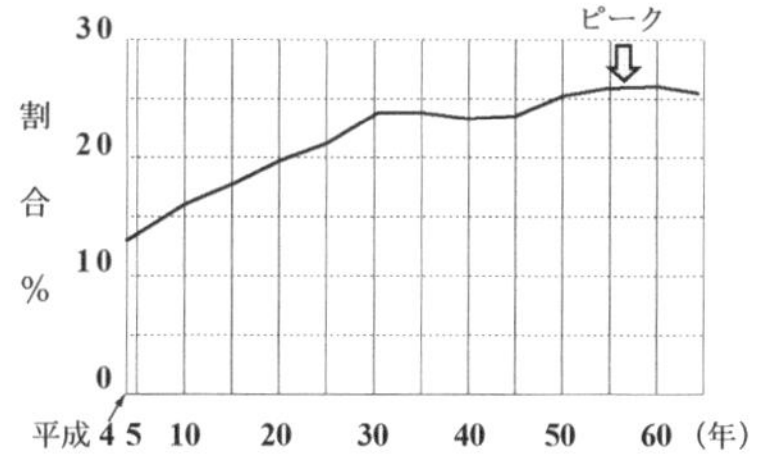

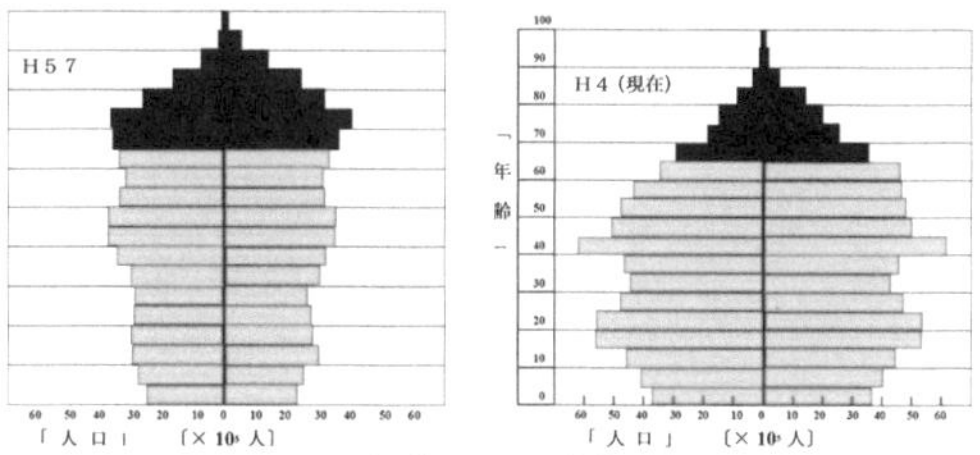

年齢別人口構成
（黒い部分は65歳以上）

生率の見積もりの誤算です。当時、今後もほぼ一定と考えた1・66の出生率は、その後どんどん減少して現在1・42の値になっており、一時期は1・26まで低下したという状況です。また、高齢化と同時に人口減少はすでに10年も続いています。高齢化の緩和と人口の増加のための少子化対策は、日本の活性化のための喫緊の課題です。

A3 映画「ジュラシック・パーク」はありえる話？

～榕城中「理科通信」第29号記事より～
1993（平成5年）・9・22

6500万年前に絶滅した恐竜を現在に蘇らせて、恐竜の動物園を作るというSF映画「ジュラシック・パーク」。バイオテクノロジーのめざましい進歩を考えると、この話全くの夢物語ではなさそうです。

「生命」は、どのようにして誕生してくるのでしょうか。親の体を作っていた細胞の一つである卵《らん》が、分裂により細胞の数を増やしていきながら自然に親と同じ体に変化していき生命が誕生します。不思議に細胞は分裂しながらどのような形になっていけばよいのかをちゃんと知っているのです。その秘密は細胞の中にあるDNAと呼ばれる物質にあります。これは親の体の特徴をコピーするためのいわば設計図のようなものなのです。

さて、恐竜を蘇らせるには、恐竜のＤＮＡが必要です。現存しない恐竜のＤＮＡをどのように手に入れるというのでしょうか。化石の多くはもう生身の生物ではないのでこれから取り出すのは無理です。ところが、生物の体を変化させずに何万年もよく保存したものがあるというのです。琥珀《こはく》という透明で黄色に輝く宝石がそれです。これは大昔の木が出した樹液が固まったものと考えられています。この琥珀の中に昆虫などの小動物がほとんど変化せずに閉じ込められていることがあります。しかし、まさかこの中に恐竜が閉じ込められているはずがありませんよね。

　そうではなく、琥珀に閉じ込められた大昔の蚊のような昆虫を見つけ、その体内からその昆虫が吸ったであろう他の動物の血液を取り出します。６５００万年以上前の昆虫であれば、おそらく恐竜の血も吸っているであろうというわけです。うまいことを考えたものですね。血液も生物の体の一部ですから細胞でできていますし、その中には恐竜の設計図であるＤＮＡが残っているはずです。

　取り出した恐竜のＤＮＡを現在生きている他の動物の卵の中のＤＮＡと入れ替えてやると、この卵からやがて恐竜の赤ちゃんが生まれてくるというわけです。

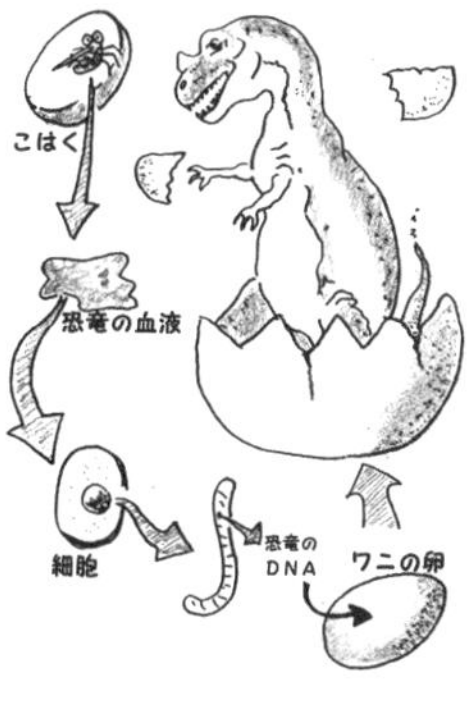

　ところでもしも、あなたの体の一部から細胞の一つを取り出して、うまく育てることができるなら、それはやがてあなたと同じ人間に育つのです。また、あなたの細胞の一つを長い間保存できるなら、何万年もの未来にあなたを蘇らせることも原理的にはでき

るのです。

バイオテクノロジーの進歩により、人間の手で生命の誕生を思い通りに操れるようになるかもしれません。よく考えると怖い気がしませんか。大自然の力により、誕生し進化してきた生物の歴史を、人間の手で作り変えていいのでしょうか。


【補足】生物の体の特徴の基になる設計図としてはたらくＤＮＡは、４種類の塩基の１００万から１０００万単位の配列に対応しています。その配列を高い精度で正確に複製していく仕組みが細胞内の核の中に存在します。それは、細胞分裂の際に二重らせん構造のＤＮＡの鎖が解離していくのに伴い、相補的な性質を持つヌクレオチドを次々と繋げていくＤＮＡポリメラーゼという酵素のはたらきによりなされます。

40億年前の海中で起こった化学反応で作られた有機物が、このような自己複製の仕組みを偶然にも獲得したときが生命誕生の歴史的瞬間であり、その後現在に至る長い生命の連続性を生み出したと言えます。そして、長い生命の歴史の中で、このＤＮＡ複製の過程で時々起こる複製ミスの積み重ねが、進化の引き金になったことも非常に興味をそそられます。ＤＮＡ複製の失敗は、突然変異となって生物の多様性を生み出すと同時に、地球環境への適応という適者生存のふるいにかけられることを通して進化を押し進め、巧妙としか言いようのない仕組みを備えた生物を生み出してきたわけです。

こうした過程も結局は、自然界の法則に従って起こった化学変化の繰り返しの結果に過ぎないといったらそれまでですが、その緻密さ精巧さは、何か人間の思考の及ばない、それを遥かに超えた自然界の真髄に流れる崇高な意思のようなものを感じてしまいます。しかし、そう感じるのも人間のもつ感性という意識のなせる技なのかもしれません。

そうではあっても、人間の計り知れない神秘的とでも言える生命の営みを知ることはまだしも、それに意図的な手を加えることについては、最大限の慎重さをもってなされるべきだと感じています。

A4 自然と人情が豊かで伝統の息づく川上の地で学びませんか

〜川上校区児童・生徒増加推進委員会ＰＲ文より〜

２００６（平成18年）・６・５

我が川上は、豊かな自然環境に恵まれたすばらしいところです。

春先には周囲を囲む山々に山桜が咲き乱れ、多くの野鳥がさえずり、あぜ道には様々な野草が花をつけ、山菜のわらびやタラの芽などもいっぱいとれます。多くの神話が宿る甫与志岳など９００ｍを超える国見山系の山々、その麓にある御影石の絶壁を水しぶきを上げて流れ落ちる清純の滝、また清流の流れる高山川・岩屋川にはたくさんの水生動物が生息しています。手長エビや山太郎ガニ、梅雨時期から初夏にかけては多くの種類のカエルがにぎやかに鳴き出しますが、中でも「フィフィフィ……」と鳴く河鹿（カジカ）の声は涼しげで美しいものです。５月末にはゲンジボタル・ヒメホタルの美しく点滅する様子も見られます。

そんな自然環境の中で住む校区の人々はみな畑仕事などに精出す働き者で、人情豊かです。そして、昔から引き継がれてきた伝統をとても大切にしています。鐘たたきや綱引き・相撲大会で盛り上がる十五夜祭、石之脇の盆窯や正月のおねっこ（鬼火焚）、片野のコタコンなど。体協の活動も盛んで、川上あげて盛り上がる小・中・校区合同の大運動会、昨年度第3位の賞を勝ち取った町内一周駅伝大会などなど。若手が少なくなる現状で、運営も大変厳しくなっていますが、伝統を守り続けようと、みんなが協力・工夫してがんばっています。また、親子会活動が大変充実しているのも川上のすばらしさです。子どもは少なくなってはいますが、各集落ごと異年齢集団の話し合いや様々な活動が今もしっかり続いており、それを校区みんなの親が一緒に見守る姿は、子どもの健やかな成長を支えるすばらしい地域の風土だと思っています。

こんなすばらしい環境の中にある川上小学校、中学校ですから、学校教育の現状は言わずもがなです。子どもたちはみな元気で明るく、仲良く協力し合っていろいろな学習活動に取り組んでいます。少人数のよさを生かして一人一人を大切にした指導が徹底され、子どもたちの指導を素直に受け止める姿勢も手伝って、学習面・運動面でも大きな成果を上げています。

昨今、社会の豊かさとは裏腹に、子どもの健全な成長をはばむ様々な悪環境が広がっています。そんな中で、多くの学校は子どもの教育をめぐる様々な問題を抱えています。しかし、我が川上はそんな状況が信じられないぐらい無縁の所です。

すばらしい自然環境・地域環境の中で、様々な体験活動を通して育まれる子ども同士の温かい人間関係は、他の学校ではなかなか得難いものだと思います。

是非、このすばらしい川上の地で、一緒に学んでみませんか。

【補足】川上は、豊かな自然環境が長い間、保たれてきた所でした。それは、自然と人々の生活の望ましい関係ができあがっているからだと思います。

人々は、自然からイノシシやヤマタロガニ、タラの芽やワラビなど山や川の恵みを頂きながら、決してそれらの命の繋がりを途絶えさせることはありませんし、一方で、稲作によって作られた田圃の環境は、カエルやゲンゴロウ、ミズスマシ、タガメといったたくさんの水生生物の命を育んでいました。人間の生活と自然の営みがうまく調和し、バランスの取れたいわゆる「里山」の体をなしていたのではないかと思います。

それは、現在日本の多くの場所で失われつつある人間と自然の理想的な共存の在り方、そして人間の立場からいえば持続可能な社会の在り方を、示してくれているように思います。

A5 ヒガンバナ一斉開花の源

〜和田中PTA新聞原稿〜
2008(平成20年)・10・7

「暑さ寒さも彼岸まで」とはよく言ったもので、秋分の日を境に急に涼しくなってきました。気候の変化を急に感じるのは気のせいで、本当は1年を通してほぼ一様なはずと考えがちですが、実は違います。1日の昼の長さの変化を見ると、例えば6月末の夏至からの1ヶ月間では約20分短くなるのに、9月末からの1ヶ月では約60分も短くなります。秋分の日前後は、春分の日前後とともに1年で最も気候の変化が速い時期なのです。

さて、こんな速い気候の変化を敏感に感じ取る植物があります。「ヒガンバナ」です。今はもう散ってしまいましたが、秋分の日の頃、一体どこにその株があったのか気付かないうちにニョッキリ柄を伸ばし、紅色でカール状の花を一斉に咲かせていました。不思議なことに、この花には葉がありません。日光の力で成長の元になる養分を作り出す葉。この葉なくして、どうして成長・開花ができるのでしょう? 実はヒガンバナは結実後、その柄が見当たらなくなった冬に細長い葉を広げます。そして春になって枯れるまでの間、冬の弱い日差しで光合成を行い、養分を地下茎にこつこつ蓄えているのです。やがて秋の彼岸がくると、今だとばかりに蓄えていたエネルギーを一気に吹き出して成長・開花するというわけです。

こつこつ努力する充電期間があってこそ、やがて一気に花開くときがやってくるものです。

学校に咲いた彼岸花

9月23日　　9月17日

【補足】ヒガンバナは、日本全国の道ばたや田圃のあぜなどに群生し、秋の彼岸の頃に一斉に花茎のみを伸ばし、大きく反り返った鮮紅色の花をつけます（中には、黄色や白の花も見られます）。元々、ずっと昔、中国大陸から稲作の伝来時に持ち込まれたもので、日本ではその鱗茎のもつ毒性からネズミやモグラなどからイネを守る害獣対策として植えられたと言われています。秋の彼岸にあわせて花茎を伸ばすのは、花茎が土中の温度の変化を敏感に感じ取っているためと考えられます。面白いことに、日本のヒガンバナは、花は咲いても遺伝的に種子を形成する働きがなく鱗茎でしか繁殖する方法をもちません。しかし、中国では種子を形成するヒガンバナが自生していることから、中国で突然生まれた種なしの種がたまたま日本に持ち込まれたのだろうと推察されています。ですから、ヒガンバナは本来の目的は失っているものの、けなげにも自分のなかまを殖やそうと必死で花を咲かせているのです。

そして、多くの植物が一斉に葉を広げ光合成を行う夏場を避けて、日光をさえぎる他の植物の葉の少ない冬場に弱い日差しの下でこつこつ有機物を蓄えておき、秋になってその養分を多くのエネルギーを要する開花のために使おうという生き方は、生存競争に打ち勝つためのヒガンバナなりの工夫だと思います。

将来必要になるときを見越して、無駄をせずに地道に努力して蓄えていこうとする心がけは、私たち人間も大きく学ぶべきところだと思います。

A6 天高く、馬肥ゆる秋

〜榕城中「理科通信」第14号記事より〜
1992（平成4年）・10・7

秋晴れの一日。白や薄ピンクに開花した大輪のフヨウの花が、真っ青な空をバックに一段と美しく、くっきりと浮かび上がってくるようです。

「天高く、馬肥ゆる秋」と言われますが、晴れの日の秋空は、抜けるように青く、そして深く高く感じられます。これはいったいどうしてでしょうか？

一つには、空気が夏に比べ大変澄んでいるからでしょう。日も日一日と短くなり、地面から冷えていくので、大気は安定度が高くなり、上昇気流が少なくなります。特に、移動性高気圧に覆われたときには、大気の透明度が高くなり澄んだ空になります。このような夜は、月がとてもきれいですよね。

もう一つには、秋には非常に高い所に雲が生ずるからでしょう。夏空にもくもくとそびえ立っていた積乱雲に代わって、おもに絹積雲や高積雲が浮かぶようになります。絹積雲は、小さな雲のかたまりが、小石を並べたように集まった雲です。魚のうろこの模様にも見えることから、「うろこ雲」とか「いわし雲」とも呼ばれます。いずれも高い空に浮かぶ雲です。特に絹積雲は、地上から

6㎞以上もの高い所に浮かんでいます。

10月も半ばを過ぎる頃から、秋雨前線も弱まり、秋晴れの日が多くなってきます。そんな日の夕方はまた、あかね色に染まったひつじ雲が一面に広がった夕焼け空も大変情緒深いものです。

【補足】秋の空が高く見える理由は、一つには空気の透明度です。高気圧の発生は下降気流を生じ、雲を消失させて晴れ渡った空を作り出しますが、特に秋に張り出す移動性高気圧は大陸由来ですので、南の太平洋に中心をもつ夏の高気圧に比べて空気中の水蒸気が一層少なく澄んだ空気を作り出します。また、同じように移動性高気圧が発生する春との違いは、春が雪や氷が融けたばかりでその中に含まれる土や砂が舞い上がりやすいのに対して、秋は夏に育った草がホコリの舞い上がりを抑えることによって澄んだ空気を作りやすいと考えられます（一方で、近年においては、この澄んでいるはずの秋の移動性高気圧の空気が、大陸の工業地帯の汚染大気により度々靄《もや》ってしまうことがあるというのは非常に残念なことです）。

秋の空が高く見えるもう一つの理由は雲の高さです。秋の代表的な雲である絹雲や絹積雲は、上空5〜13㎞もの高い所に発生します。

秋のさわやかな気候が、人間の気持ちや活動性にも大きな影響を与えていると思います。

A7 人知れぬ表現の発見

〜皇徳寺中ＰＴＡ新聞原稿〜
２０１２（平成24年）・11・１

ふれあいスポーツランドに一周１０５０ｍのジョギングコースがあります。些細なことですが、なぜ１０００ｍというきり良い距離になっていないのか少々気になっていました。

マラソン大会の季節が到来し、ふとある予想が頭に浮かびましだ。もし、この予想が正しいなら、距離は１０５０ｍより少し長いはずです。

実際に測ってみると、予想が的中しました。なんと40周目で丁度フルマラソンの距離42・１９５㎞になるように作られていたのです。

紀元前のギリシャにおいて戦闘勝利の伝令の任務を負った兵士が駆け抜け、その直後息を引き取ったという距離（これがマラソンのルーツと言われます）。それを人知れずさりげなく表現しようと施した粋な創意工夫に心を打たれます。

一人一人があるいは各学級が独自の色を輝かせて、見る人に多くの感動を与えた文化祭。子どもたちの創造性・発想力には計り知れない可能性を感じます。

中に、勢い目を奪われがちな華やかな表現がある一方、それらの支えにもなっ

た人知れぬ表現があったことも忘れてはなりません。

隠れて目立たない人知れぬ表現に思いをはせ、それを読み解く子どもたちの洞察力にも期待をしたいと思います。


【補足】ジョギングコースの設計について本当のところはどうなのか、直接、ふれあいスポーツランドに問い合わせてみたところ、以下のような回答をいただきました。

「拝啓　お便り、ありがとうございました。以前は、鹿児島ふれあいスポーツランドをご利用されていたようで、誠にありがとうございます。一周の距離が１０５０ｍは、特別に意図があって、この距離にした訳ではないようです。ご推測のような、40周でフルマラソンの距離に設計したとすれば、素晴らしい発想だと思いました。ご期待した結果にならなくて、申し訳ございませんでしたが、お葉書を読ませて頂き、桑鶴様の探究心に感心致しました。近くにお越しの時は、是非ご来園ください。スタッフ一同、お待ちいたしております。　敬具」

予測は残念ながらはずれましたが、ふれあいスポーツランドの丁寧な回答と一市民の発想に関心を寄せていただいた寛容さに心を打たれました。

A8 秘密の文字が浮き出すふしぎな容器に学ぶ
～「経験」は、未知の自分を見いだす教育環境～

～平成30年度　学校便り「嘉鉄っ子」10月号～
2018（平成30年）・10・31

「天高く馬肥ゆる秋」。澄み渡った秋空を眺めていると、ずっとずっと遠くまで続いているように感じます。こんなすがすがしい秋の気候の下、様々な行事やイベントで、子どもたちは、自分の持ち味や能力を大いに発揮してくれています。子どもたちは、どこまでも続く秋の高い空のように、限りない可能性を秘めているものだと、改めて実感することです。

昨日、子どもたちに面白い実験を体験してもらいました。それは、「隠れた秘密の文字が、ある操作で突然、浮かび上がってくる」というものです。次頁の図のような変わった形の容器を使います。容器の底の中央には、ある文字が書かれています。しかし、ふたの下のわずかなすき間から、方向をいろいろ変えてのぞいてみても、その文字を見ることはできません。ここで、容器の中に、水をいっぱい注いでやります。すると、なんと、今まで見えなかったはずの文字が浮かび上がってきます。ふしぎなふしぎな容器です。

このことは、「光の屈折」によるものなのですが、そんな難しいことは、おいといて、この容器を「自分」に置き換えて考えてみるとどうでしょうか？

　人間、誰でも「自分」についてはよく分かっているつもりでも、気づいていない（見えていない）ものがあるものです。それは、ただ見る方向をいくら変えても、見えるようにはなりません。ところが、周りに、今とは違う環境を作ってやると（実験では、水を注ぐこと）、よく見えるようになることがあります。ここで、環境というのは別の言い方をすれば、「経験」ということでしょうか。

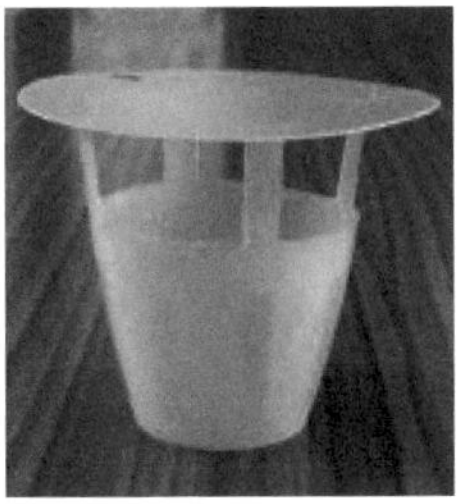

「案ずるより産むが易し」ということわざがあります。「自分にはできない、向いていない」、と思って迷っていたことが、思い切ってやってみると、意外と自分にもできることに気づかされるものだ、ということです。
　でも、1回だけの経験で、決して気づくとは限りません。何回も何回も繰り返して、やっと気づくこともあるはずです。これは、「続ける」ということも、今までになかった新たな環境だと思えば納得できます。
　子どもたちは、これまでも、「経験」という今までにない環境に飛びこんで、自分の再発見をたくさんしてきています。でも、中には「自分には無理だ」と、はじめから、経験や努力を避けてしまっていることはないでしょうか？　心の奥底の隠れた自分が、「早く気づいて」と願っているかもしれません。ちょっと気持ちを切り替えて、これまで自分があまり取り組んでいないことにも、チャレンジしてみたいものです。まだ見ぬ新たな自分発見のために。

【補足】私たちが目にしている物質の姿は、普通多くの特性の中の一部に過ぎません。その物質が自分はまだ気付いていない未知の特性を内に秘めていることは往々にしてあるものです。それは、いくら観察力を高めてみてもそれだけで現れてくるものではありません。今、目にしている基になっている作用とは異なる種類の物理的・化学的な作用を施すことによって、初めて目に見えてくることがあるものです。

人の持つ特性（能力や適性等）についても同様のことが言えると思います。人は自分自身のことは誰よりもよく分かっていると思っています。しかし、それはあくまでこれまでの既知の限られた経験の中で見いだされたものに過ぎません。これまでになかった環境に身を投じること――それは、自分にこれまで経験したことのない外的刺激を与えること――は、自分でも気付かなかった新たな自分の特性を発見するチャンスに繋がると考えます。

A9 「シロバナセンダングサ駆除作戦」に学ぶ　～千里の道も一歩から～

～令和元年度　学校便り「嘉鉄っ子」10月号～

2019（令和元年）・10・31

「天高く、馬肥ゆる秋」ぐずついた天気が続く中、時折晴れ上がった秋空は、どこまでも続いているかのように、高く高く感じられます。

先日、10月12日の朝、マネン崎にて、子ども会による「シロバナセンダングサ駆除作戦」が行われました。海風舎の國宗弓穂さんのご指導の下、約1時間30分の時間が、あっという間に過ぎてしまうくらい、深く根を張ったセンダングサを掘り取る作業に、親子で、夢中になって取り組みました。世界制覇をもくろむセンダングサ（國宗さん言）の繁殖を阻止し、貴重な固有種の植物を助けて、奄美の自然を守ることに、少しでも、貢献できたかなと思います。しかし、あのせまい公園内でさえ、すべてを取り去ることができないくらい、センダングサの繁殖力がすごいということを、まざまざと思い知らされましたね。私たちが行った取り組みは、嘉鉄の浜に広がる無数の砂粒から、たった一握りの砂をすくったくらいのほんの小さな作業だったかもしれません。大島本島内の、いや瀬戸内町内の、いやいや嘉鉄集落内のセンダングサでも、そのすべてを取り去ることは、気の遠くなるくらい大変なことだろうと思います。でも、小さな取り組みでも、それが周りに広がり、１つ２つと積み重なっていくと、やがて大きな力になるものと思います。

こつこつ地道な努力で周りに広げていくことと言えば、逆にこのシロバナセンダングサから学ぶことがありました。草取りの作業を終えてみて、気づいたのは、たくさんのイガイガが体中にくっついていたことです。このイガイガは、センダングサの花からできた「たね」です。センダングサは、自分の体はぬき取られてなくなっても、自分の子どもたちを人間にしがみつかせて、別の場所まで運んでもらおうとしているのです。こうしたうまいやり方で、初め持ちこまれたときは、たった数個であったであろうセンダングサは、長い年月の間に、人や動物の行動にともなって、大島本島中に広がっていったのでしょうね。センダングサの知恵と努力に、あっぱれです。私たち人間は、このセンダングサを超える地道な行動力を発揮したいものです。

【補足】この取り組みは、令和元年11月14日付「奄美新聞」のみんなのひろば欄で、「『駆除続け、なくしたい』～嘉鉄小子ども会シロバナセンダングサ駆除～」の見出しで大きく取り上げられました。この活動が、子どもたちに奄美の多様性に富んだ動・植物の稀少価値を見直させ、奄美の自然を大切にし、守っていこうとする行動に繋がっていくことを望みます。

A10 ドングリごまの科学

〜榕城中「理科通信」第16号記事より〜
1992（平成4年）・11・6

秋も深まってきました。林の中の小道を歩くと、落ち葉のじゅうたんの中、とんがり頭の「ドングリ」がたくさん見つかります。ドングリは、シイの木やマテバシイ、カシ、クヌギなどの樹木の堅い果実の俗称です。ドングリでコマを作ってみるのもおもしろいですね。ドングリのおしりの中央に、キリで穴を開けて、つまようじをつきさしてやるだけで、もうできあがり。

コマの動きをよく観察すると、大変おもしろいものです。音を立てて床の上をあちこちに動き回ることがあるかと思えば、直立してほとんど音を立てずに静かに回ることもあります。かと思えば、床と接している点（支点）は動かさず、回転する軸でぐるぐると円を描きながら回ることもあります（このような動きは、実は地球の地軸にも見られるのですよ）。

単純なようでコマには、不思議なことがいっぱいあります。その中で、素朴な疑問を1つ。「回転しているコマはなぜ倒れない？」。物体が狭い部分で長時間立つことは当然不安定です。実は、この秘密を詳しく考えることは、非常に難しいのです。結論をひとことで言えば、「コマの回転が、コマが重さにより倒れようとしている力を支えている」となります。これと似た現象として、まっすぐに立てて転がしたコインの動きを思い浮かべてみましょう。初めまっすぐに進んでいたコインは、やがて勢いをなくしだすと、すぐに倒れずに、円を描き始めますね。これはコインの円運動が、コインが倒れようとするのをしばらくの間支えているからと言えます。さて、どんぐりゴマのとんがりを紙やすりで削って丸くしてみます。これを横に倒した状態で回してみると、倒れていた軸がやがてまっすぐに立ち上がってきます。このようにコマの回転は、倒れるのを支えるだけでなく、さらに起き上がらせることもできるるのです。

　コマの性質は、いろいろと応用されています。例えば、船や飛行機には、回転するコマでできたジャイロという装置が付けられています。これは、揺れをやわらげ、姿勢を安定させるはたらきをしています。

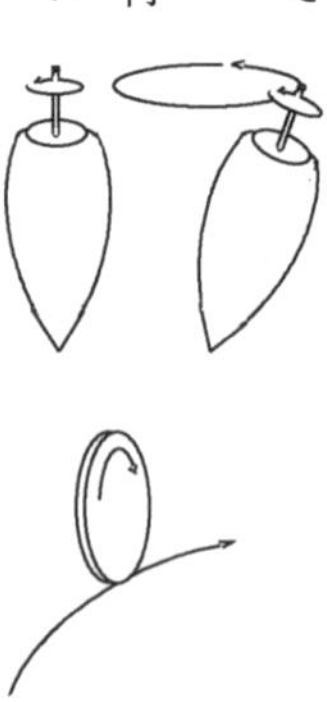

【補足】コマは、ドングリなどの木の実や貝類などを回したときの動きの面白さから玩具として始まったものと思われます。その歴史は古く、日本で最古のコマは7世紀頃で藤原京跡から発見され、世界最古のコマは4000年ほど前のエジプトの遺跡から発見されているようです。遊びを出発点にして力学的研究が進み、地球の歳差運動の発見や飛行機や船の姿勢制御としてのジャイロ効果の応用に繋がっていったのはとても興味深いことです。

A11 イチョウの黄葉はなぜ起こる？

～それは植物の計算された収支バランス～

～「大口中央中学校だより」第8号より～
2017（平成29年）・11・30

伊佐市役所（大口支所）近く国道268号線沿いのイチョウの木がみごとに色づきました。イチョウといえば、郷土伊佐を舞台にして書かれた海音寺潮五郎著「二本《ふたもと》の銀杏《ぎんなん》」が思い浮かびます。小説の中では、北郷家（大口小近く）の雄木《おぎ》から放たれた花粉が、数km離れた上山家（モデルとなった堀之内良眼房の家、大口東小近く）の雌木《めぎ》に運ばれて結実し、銀杏ができるという話が出てきます。毎年、上山家からは、お礼として銀杏の実を北郷家に届けるという風習があったようです。

ところで、イチョウの木などの黄葉はどうして起こるのでしょうか？

イチョウなどの樹木は、葉に多く含まれるクロロフィルという緑色の色素がなくなり、もともと葉に含まれていたカロチノイドという黄色の色素が表面に表れてきて黄葉が起こります。

クロロフィルとは、光合成で有機物を作り出す大切なはたらきをしているところですが、イチョウの木は、光合成効率が低下したこの時期にクロロフィルを分解し始めます。そして、葉への養分や水分の行き来をさえぎるような離層という構造を形成し始めます。そして、やがて落葉へと進んでいくのです。なぜ、イチョウは光合成という大切なはたらきをなくしてしまうようなことを自らするのでしょうか？

樹木が光合成を行うためには、原料である水や養分を根から葉まで送り届ける作業が必要です。その作業には植物の持つエネルギーが使われていますが、ふつうはその量以上に大きなエネルギーを得ることができます。ところが、秋から冬にかけて日射しが弱くなると、費やしたエネルギーより大きいエネルギーの生産ができない、つまりエネルギーの収支がマイナスになってしまうのです。そうすると、樹木にとって、光合成をしない方がむしろ得ということになります。そこで、光合成の仕事を一時中断し、蓄えておいた有機物を大切に保管して、やがて新芽を吹き出す春に備えるのです。

こうした植物の知恵は、私たちの生活でも学ぶところがあるように思います。一方で、「損を承知の上でなおかつ実行する」、「計算された予想をくつがえす可能性を秘めている」といったことが、植物にはない人間のすばらしさかなとも思いますが、どうでしょうか？

【補足】「支出に見合った利益（効果）が得られているか」、「採算が取れているか」等の観点から、必要な事業なのか吟味し、事業の継続かそれとも縮減あるいは廃止が適正かを判断するという取り組みは、２０１０年、国家予算の見直しのために当時の民主党政権が導入した、いわゆる「事業仕分け」です。樹木の

黄葉・紅葉は、植物が長い進化の過程で他との生存競争に勝つために身につけた「事業仕分け」とも言えます。

しかし、人間個人の行動は、必ずしもこうした打算的な考えだけで成り立ってはいないことも事実です。費やされたエネルギー以上の成果が期待できない状況においても、十に一の成功を願って挑戦することができるのも、人間のすばらしさではないかと思います。たとえ、失敗に終わっても、それに向けた取り組みの過程で注いだ努力に、結果という物理的なものだけでは得られない価値を有していることも考えられます。また、統計的な計算でははじき出されない結果を生むこともないとは言えません。そこには、はかり知れない人間の情熱という心の作用が関わっているのかも知れません。

〈冬編〉

W1 マラソンは自分との闘い

〜ロードレース大会前の講話〜
2018（平成30年）・12・8

照りもせず、降りもせず、絶好のロードレース日和になりました。今日は、日頃がんばってきた成果を存分に発揮して、力一杯頑張ってください。きつさを乗り越えた末には、すがすがしい爽快感が待っています。

マラソンは、人との競争ではなく、自分との闘いだとよく言われます。走る速さは、タイムで人と比べられますが、その人のがんばり度は、目に見えないので人とは比べられません。比べられるのは、自分のこれまでの経験や感じ方だけで、自分にしか分かりません。ゴールしたとき、自分の中でのもうこれ以上頑張れないという点数を100としたときのがんばり度が90点だったら、よく頑張ったなと思えるでしょうし、30点だったら、がんばりが足りなかったなあと、不満足に終わると思います。やりきったなという満足感・爽快感が得られるように、自分の中でのがんばり度100点を目指して、頑張ってください。

自分の心の中には、だれでも「頑張るぞ」というマジ男くん・マジ子さんの他に、「きついことは止めておけ、ゆっくり走って楽《らく》していいんだよ」とささやきかけるズル男くん・ズル子さんがいるものです。そのズル男くん・ズル子さんに是非打ち勝って、ゴールすることを願っています。

ここで1つ問題です。スタートしてから、ゴールするまで、同じペースで走ると仮定して、一番大きな力を使うのは、どこの場所でしょうか？　スタート、真ん中、ゴール？　……それは、……スタートでした。人は、止まっているときから走り出して同じ速さに達するまでが、一番大きな力を使う（※）のです。速さが大きく変化するほど、大きな力がかかるからです。そうすると、走っている途中で、きついからと言ってペースを緩めたり、歩いたりしてしまったら、そこからまた走り出してペースを上げていくには大きなエネルギーを使います。ですから、一定のペースを保って走るのが、一番効率的なのです。

タイムを縮めるコツを話しましょう。後半でスピードを上げるのではなく、初めのうちから練習してきたペースよりほんの少しでいいから速いペースで走ります。そして、そのペースを保って走るのです。１００mを走るのに、わずか1秒速く走れれば、ゴールするときは25秒もタイムを縮められます。ラストの１００mで25秒縮めるなんて、とてもできないことですが、１００mあたり１秒なら出来ないことはありません。

皆さんが、自分の中のズル男・ズル子に打ち勝って、自己の記録を10秒でも、１秒でも縮められるよう、期待しています。

【補足】(※)

加速度運動をする物体には、ニュートンの運動法則により、加速度と質量に比例する力がはたらきます。実際の運動においては、一定の速度で走っている間中も、空気の抵抗や摩擦力に抗する力を加えなければなりませんが、走り出す際には、この力に加えて、加速のための力が余計に必要になるわけです。同様に減速する際も、その減速の度合い(負の加速度)に応じた力が必要になりますが、この場合は、空気の抵抗や摩擦力がその働きをするので、進行方向の力は一定の速さで走るときよりも小さくなります。

例えば、60kgの人が、スタート後1秒間で3m/sの速さになったとしますと、空気の抵抗や摩擦力に抗する力とは他に180Nの力を1秒間加えなければなりません。このとき消費するエネルギーは270Jとなり、スタートからゴールまでには、走行を続けるためのエネルギーに、これだけ加えたエネルギーが必要となります。もしも、走行中にN回止まったとしたら、エネルギーはさらに増え、270×N J余計に消費されることになるわけです。

W2 河原で巨大キノコの群生を発見

~榕城中「理科通信」第31号記事より~
1994(平成6年)・12・13

先日、地元にお住まいの森耿三さんが、中学校に大変珍しい植物を見付けて届けてくださいました。一目見て、ビックリ仰天。それは、白いキノコが40～50個ほど集まったひとかかえもある大きな塊でした。一つのキノコの実に大きいこと。大きいものでは、かさの直径15㎝、高さ20㎝、柄の太さ径6㎝ほどもあります。さわった感触は、ゴムのように固くて弾力があります。森さんの話では、川岸の土手に生えていたとのことでした。いったい何というキノコなのか、理科部の先生方もよく分からず、鹿児島市立科学館に依頼して調べていただいたところ、「ニオウシメジ」というシメジの一種であることが分かりました。でっかいシメジもあるものですね。キノコというと毒を持ったものもありますが、このキノコは食用にもなるとのことです（ちょっと固そうですが）。

さて、キノコはカビと同じ菌類に属し、その本体は細い蜘蛛の巣状の菌糸です（かさを持ったあのキノコの形は、この細い菌糸が繁殖に必要な胞子をつけるために一箇所に集まって作られた器官です）。植物でありながら光合成ができませんので、枯れ木や生物の体に菌糸をはりめぐらして養分を吸収して生活しています。

このニオウシメジは土の上に生えていたとのことですが、地下には何か生物の死骸や枯れ木・落ち葉などの有機物が大量に埋まっていたのでしょうね。

ところで、京都大学の宮田隆教授は、遺伝子の研究から、キノコなどの菌類は、植物よりむしろ動物に近い仲間であり、進化の過程で初めに動物と植物が分かれ、その後に菌類が動物から分かれたとする学説を発表しています。キノコが植物でありながら、有機物を食べる動物みたいな特徴を持つことから、この学説もなるほどとうなずけて、興味深いですね。

【補足】宮田隆氏は、進化の情報がつまった「分子化石」といわれる古生物のＤＮＡの分析を通して、そこに残された突然変異の痕跡から35億年にわたる生物進化の歴史を読み取り、進化の仕組みと道筋を明らかにしようとする分子生物学の研究者の第一人者です。この研究を通して、ダーウィンの自然淘汰説に基づく進化論でも明確にされていなかった様々な問題に的確な答えが出せるようになってきています。その中で、氏は、動物・植物・菌類の進化の過程について、これまでその系統樹が明確にされていなかった問題に対して、動物・菌類がまず植物と分岐し、その後、動物と菌類が分岐するという系統関係を明らかにしました。これにより、菌類は動物に近縁で、植物に遠縁の関係にあることがはっきりと示されました。

W3 １年が３６５日になったり３６６日になったりするのはなぜ？

～榕城中「理科通信」第18号記事より～
１９９２（平成４年）・12・15

平成４（１９９２）年も早いもので、あと15日余りでおしまいです。地球が太陽の周り９億４０００万㎞という長距離を時速10万㎞というスピードで１周し終え、はるばるまた今年スタートした地点に帰ってくるわけです（もっとも、太陽自体も宇宙空間〈銀河系〉を動いていますから、全く同じ場所に帰ってくることはありませんが……)。

ところで、今年はバルセロナオリンピックのあった年。つまり、4年に一度、1年が366日と平年に比べ1日多い、いわゆる閏《うるう》年でした。地球が、平年に比べ1回だけ余計に自転するわけです。なぜ、1年が365日になったり、366日になったりするのでしょうか? 地球の公転する距離が変わるのでしょうか。地球の自転の速さが変わるのでしょうか。……そうではありません。いずれも毎年同じです。

実は、1年の日数――地球の公転に要する日数――が365日でも366日でもないのです。正確には、365・2422日となります。これでは区切りが悪いので、切り捨てて365日としました。ところが、これでは地球の公転が一周にわずかに足りない所で今年の終了、来年のスタートとなります。わずかなズレですが、何年も経つうちに次第に大きなズレとなってしまいます。これは季節のズレを意味するのです。例えば、360年たてば正月は秋になり、720年たてば正月は真夏になってしまいます。そこで、このズレを少しでも元に返していく必要があります。1年間で切り捨てられた分は時間で約6時間。これは4年でほぼ1日となります。したがって4年に一度だけ1年を1日増やすことでこのズレがうまく解消するというわけです。よく知っているように、その年は西暦年号が4で割り切れる年と約束されています。

さて、これは実にうまい暦の作り方ですが、厳密にいうとまだわずかなズ

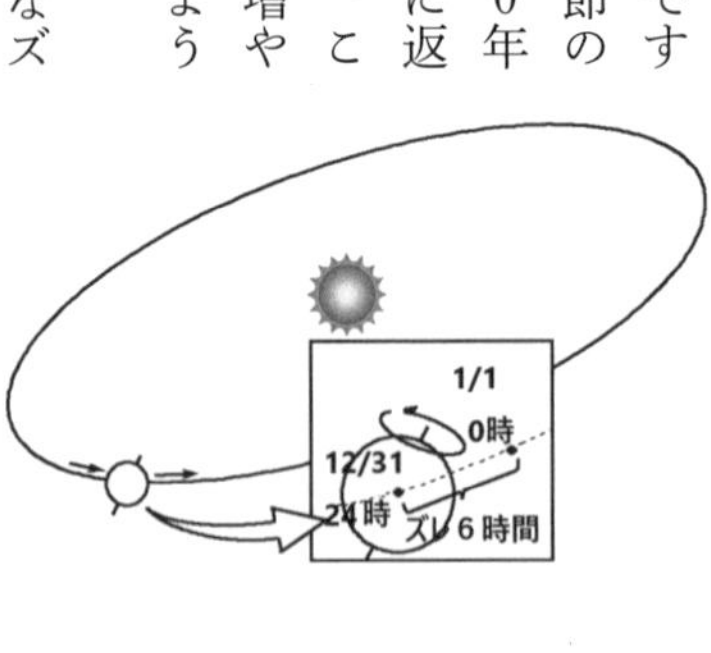

レが残ります。実は4年間のズレは、丁度1日ではなくわずかに短いのです。そのため長い間に今度は行き過ぎのズレを生じます。これは400年間でほぼ3日となります。したがって、400年に3日差し引く必要があります。そこで、「西暦年号が100で割り切れる年は、（この年は4でも割り切れるので本来閏年なのですが）特別に平年に返す。ただし、400年で割り切れる年に限り閏年とする」という一見ややこしいきまりを作ったのです。

さて、やがてくる8年後の西暦2000年は平年でしょうか？　それとも閏年でしょうか？

【補足】西暦2000年は、この400年規則によって閏年であったわけですが、4年ごとの閏年と重なったため、意外と違和感を感じずに気付かなかった方も多かったのではないでしょうか。ちなみに、この100年前の西暦1900年は平年だったわけですが、オリンピックの開催は？　というと、……開催されています。第2回パリオリンピックです。

ところで、現在使われているこのような暦（グレゴリオ暦と言われます）の作り方はいつから始まったのでしょうか。調べてみると、「4年に1回の閏年」のきまりだけを取り入れたユリウス暦という暦が、なんと紀元前46年、古代ローマですでに採用されていました。当時は、この暦で十分で何ら問題はありませんでした。しかし、1500年以上もの長い間使われていくうちに、暦と天文学上の現象がずれてきて、問題視されるようになります。そして、この問題を解決するために、ローマ教皇グレゴリウス13世が、当時の学者を招集して暦の研究を行わせます。こうして、1582年グレゴリオ暦が制定されたのです。グレゴリオ暦は、その後数百年かけて各国で採用され、現在に至っています。

日本でこのグレゴリオ暦が採用されたのは、1873（明治6）年のことで、それまでの暦は、一般に旧暦と言われていますが、中国から伝わった太陰太陽暦（月の満ち欠けの周期を基にし太陽の動きを参考にしたもの）が使われていました。

W4 「明けの明星 あかつきの探査に 思いはせ」～冬空スターウォッチング～

～学校だより「かのや」12月号より～
2015（平成27年）・12・18

夜明け前、午前6時頃、南東の方向（高隈山の反対方向から少し左方向）を眺めてみましょう。山の稜線から、まっすぐに伸ばした腕の手のひらの高さ付近に、ひときわ明るく輝く星が見つかります。明けの明星こと、金星です。非常に明るいので午前7時になっても、白み始めた空の中、たった一つで光っているのが肉眼で確認できます。

金星と言えば、つい先日（12月7日）、HⅡAロケットで打ち上げられた人工衛星「あかつき」が、5年ぶり2回目の金星軌道投入に成功したとのニュースがあったばかりです。日本で初めての地球外の惑星を周回する人工衛星として注目されています。

金星は、大きさ・密度などの類似点から地球の兄弟星とも言われていますが、予想されている地表の様子はと言うと、90気圧にもなる二酸化炭素主成分の大気、その二酸化炭素による温室効果で摂氏４００℃を超える灼熱の世界、風速１００ｍの大嵐が吹き荒れ、厚い雲からは硫酸の雨が降る、といった地球とは似ても似つかない地獄のような世界です。しかし詳しいことはまだ分からないことの多い惑星で、「あかつき」のこれからの探査で、真実が解明されていくものと大きな期待が持たれているところです。

「あかつき」の探査に夢をはせながら、冷たく澄んだ明け方の冬空に宝石のように輝くヴィーナス「金星」をじっくりながめてみましょう。

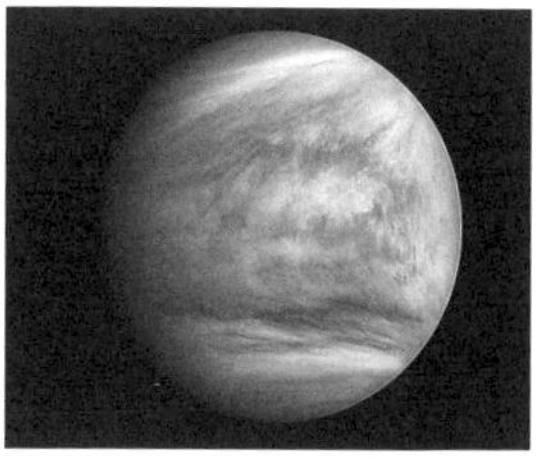

「あかつき」から送られた金星の画像

【補足】金星探査機「あかつき」は２０１０年5月に打ち上げられ、２０１５年12月に金星周回軌道へと投入されました。そして、約10日周期で金星を周回しながら、6台の観測機器を用いて金星の大気や雲、風といった気象現象を調べています。昨年（２０２０年）9月で周回開始から4周年を迎えた「あかつき」は、これまでに金星を約１３０周し、多くのデータを地球に送ってきてくれています。

W5 見えるのは「おばあさん」それとも「女の子」
〜多様な見方を心がけることは、人権を大切にすること〜

〜平成30年度　学校便り「嘉鉄っ子」12月号〜
2018（平成30年）・12・21

突然ですが、下の写真をよく見てください。何が見えますか？　右を向いた「おばあさん」？　それとも、右奥を向いた「女の子」？　はじめおばあさんが見えた人は、いくら目をこらしても女の子の姿はなかなか見えてきません。でも、別の見方はできないかなと思いながらながめていると、ふとした瞬間に、女の子が浮かび上がってきます。いったん見え出すと、どうしてこんな見方ができなかったのだろうとふしぎに思います（はじめに女の子が見えた人は、その逆のことが言えます）。思いこみが強いと、なかなか他の見方に気づかなくなってしまうものです。

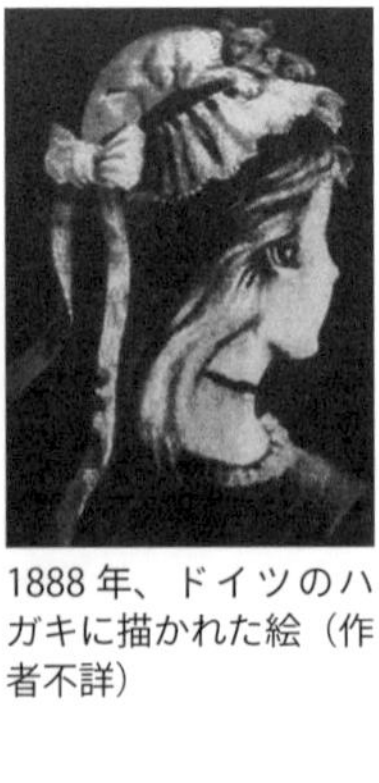

1888年、ドイツのハガキに描かれた絵（作者不詳）

自分たちの生活の中でも、似たようなことがあるかもしれません。自分の周りの人のことに置き換えて考えてみてください。「あの人は、こんな人」と決めつけて見ていることはないでしょうか？　そういう思いが強いと、その人の一面しか見えなくなってしまいます。もしかしたら、自分の見方はまちがっているかもしれないという謙虚で柔軟な見方を心がけていると、ふとした瞬間に、その人の別の面に気づかされることがあるものです。そして、その瞬間こそが、その人のよさの発見かもしれません。そう考えると、多様な見方を心がけるということは、周りの人の人権を大切にすることにならないでしょうか。

学級ＰＴＡの日の授業参観では、保護者の方も参加して、「人権」について学びました。自分中心の見方から、相手の立場を考えた見方への切り替えについて考えました。……これも多様な見方の実践と言えるのでは？

【補足】一つの見方・考え方にこだわって深く掘り下げていくことを「垂直思考」と言います。それに対して、広い視野で多様な見方を試みることを「水平思考」と言います。自然科学追究の際、水平思考を取り入れることにより、意外と早く問題の解決に至ることがよくあります。このような多様な見方・柔軟な見方ができるようになることは、いろんな人の良さに気付き、一人一人の人権を大切にすることにも通じるものと思います。

W6 幽霊坂のなぞ解明に挑戦

〜榕城中「理科通信」第32号記事より〜
１９９４（平成６年）・12・24

幽霊坂って、どんな坂？

中種子町に通称「幽霊坂」と呼ばれる坂があります。下って見える途中に車を止めると車が後ろ向きに坂を登っていくという不思議な坂です。目には見えない幽霊がいて、車を引っ張る？……そんな非科学的なことがあるはずがありません。榕城中理科部では、その幽霊の正体を突き止めることにしました。そして、緻密な調査と洞察の結果、次のような推論をまとめるに至りました。

道路の傾斜を測定したら？

問題の場所は、誰がどう見ても明らかに西から東へ向かってゆるやかな下り坂になっているように見えます（図1）。そこを車が西に上っていくのです。そこでまず、道路の傾斜が実際にはどのようになっているのか調べてみる必要があるでしょう。さっそく現地調査にのり出すことになりました。問題の区間約70ｍを含む約１７０ｍの区間で正確に傾斜を測定するために、検討の末、楠生先生のアイデアにより、水準器とレーザー発振器を使った次のような測定器具と測定方法を考案しました（図２）。

まず、水準器を水平な場所に置いたときレーザー発振器が出すレーザー光線が正確に水平になるような状態で２つの器具を固定した装置を作る。これを三脚にセットして、水準器が丁度水平を示すように角度を調節して、そこから４ｍ離れた地点に鉛直に立てた１ｍものさしめがけてレーザー光線を発振する。ものさしでレーザー光線の当たった点の高さを読み取り、その長さからレーザーが発振される点の地面からの高さを差し引いて勾配（傾斜の大きさ）が得られる。

この方法で、道路の測線に沿って４ｍおきに勾配を測定していったところ、図３のような道路の断面図が得られました。

この図で、問題の区間はA～B間になります。坂は、西に向かって上ってはおらず、ゆるやかに下っています。結局、人はA～B間を東へ向かって下っていくように「錯覚」していることになります。なぜ、このような錯覚が生ずるのでしょうか？

測量の結果から、私たちは次のような説を導くに至りました。これはあくまでも説であり、結論ではありません。（桑鶴）

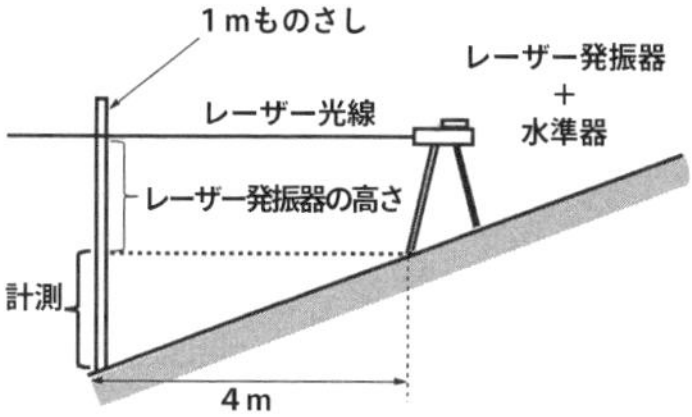

図２

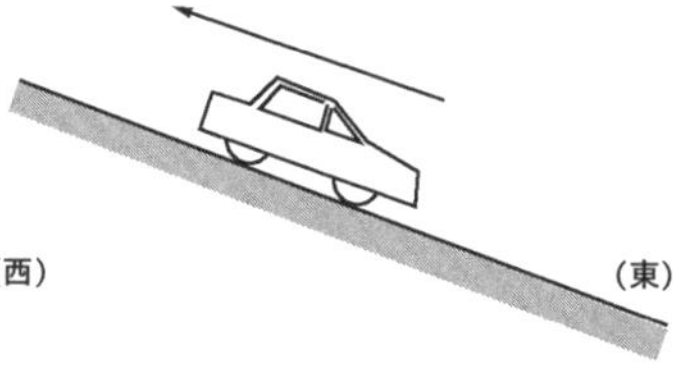

図１

傾斜の二段階の変化が、頂点とくぼ地の誤認を生ずる

図3のように、道路は西から東へ移動していくと、A付近で傾斜がゆるやかになり、B付近でまた急になっています。西から上ってきた観測者が道路に目をやると、視線- - - - -から考えて、Aから先が見えません。そのためA点が道路の最も高い点（頂点）と感じます。A点に来た観測者は、そこが頂点であるという誤認から、水平方向を- - - - -の方向と錯覚します。そのままその傾斜が続けば、やがてその感覚の間違いに気付くはずですが、その感覚が消えないうちに、B点で傾斜がまた急になります。観測者は、B点が錯覚した水平線- - - - -から最も離れるため、そこをくぼ地と誤認してしまいます。

また、この錯覚は、A～B間の微妙な傾斜のゆるやかさとも関係すると考えられます。A～B間の傾斜は、ゆるやかすぎて、人が目隠しされた状態で地面の傾斜を感じ取ることは不可能なのではないかと考えられます。人は、おおまかな傾斜は、耳の前庭器官で感じ取りますが、微妙なところは、視覚に大きく頼っているのです。（楠生、桑鶴）

皆さんも、この冬休みにぜひ足を運んで「幽霊坂」を体験し、原因を考えてみてください。理科部もさらに研究を進め、原因究明に努めたいと思います。

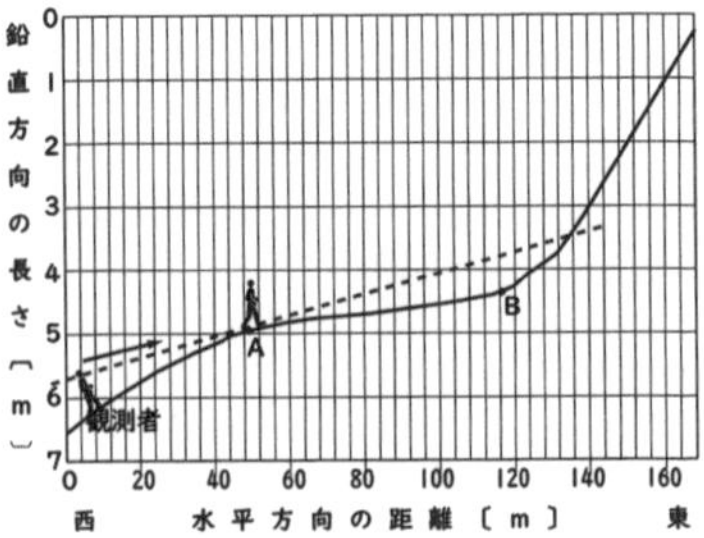

図3

【補足】右に取り上げた奇妙な「幽霊坂」は、ある週休日前日のこと、アルコールの力で科学談義が盛り上がっていた夜の理科部会の席上、博識の同僚、楠生央先生が口にしたものでした。その場所は、中種子町、国道58号線を中種子町に下っていき、20番の入り口を左折して2・5㎞の地点に存在しています。「止めたはずの車が登り坂を勝手に上っていく」その奇妙な現象の原因について、それぞれが持論を展開し、口角泡を飛ばした末に、「論より証拠」ということで、早速、翌日の休日を返上して調査を行うことに、「異議なし」「賛成多数」（3人でしたが、）で、決行を即断したのでした。

ところで、調べてみると、幽霊坂は日本に数多く存在しているようです。物体が登り坂を上っていくように見えるのは、やはり人間の錯覚で、その錯覚が生ずる原因は、ここに記述した内容と大方一致していることが分かりました。学術的には、縦断勾配錯視と呼ばれ、勾配の特別な変化の仕方（緩やかな登り坂の途中から急峻な登り勾配になっている）に加え、周辺の自然風景が判断基準を曖昧にしてしまう働きをすることで、「急な登り坂の手前にある『緩い下り坂』と見てしまう」という錯覚を起こしてしまうようです。勾配だけに注目した場合、錯覚を起こす量的な条件として、勾配の変化率、緩やかな勾配の続く距離などを詳しく調べることによって、人の勾配を感じとる感覚の精度や閾値《いき》といったことが分かるのではないかと思います。しかし、このように人の感覚には、曖昧さや不正確さがあるという事実は、感覚が科学概念を捉える原点になっていることを否定するものでは決してないと考えています。

W7 相手を大切に思う心とは？

～「ちがう見方を認めること」さらに「分からないを認めること」～

～令和元年度　学校便り「嘉鉄っ子」12月号～
2019（令和元年）．12・24

先日、全校朝会でお話ししたことを、もう一度考えてみましょう。

上の絵は、何に見えますか？　とたずねたら、「トロフィー」、「花ビン」と答えてくれました。続けて、「他には何か見えませんか？」とたずねたら、しばらくじっと見ていて、2つの向かい合った人の横顔に気づいてくれましたね？　これは、どちらが正しいというわけではなく、どちらも正しいのです。白い部分に注目すれば、ビンに見えるし、黒い部分に注目すれば、2つの人の横顔に見える。

このことを、人の心や考え方に置きかえてみるとどうでしょうか？　人の見方や考え方は、1通りではないということが分かりますね。十人十色、百人百様というように、人それぞれちがう見方・考え方があっていいんです。みんないっしょでなければならないということは絶対ない。その、人それぞれの見方・考え方をみんなが認め合うことが何より大切です。

……でも、ちがいを認めるということは、口で言うほど簡単なことではなく、本当はむずかしい・努力のいることだと思いませんか。先ほどの絵をもう一度ながめてみましょう。ビンと横顔、2つを同時に見ることはできますか？　……できませんよね。ビンが見えたとき、黒い部分は何もないくらやみですし、横顔が見えたとき、白い部分は何もない空白になります。ビンが見えていた人は、その見方にばかりこだわっていたら、なかなか人の横顔は見えてこない。逆もいっしょです。今見ている自分の立場をはなれて（すてて）、視点を変えて見る努力が必要です。同時に2つの見方は決してできないのですから。

さらにもっともっと心をやわらかくして広げていくと、いくら努力しても努力しても、それでも自分には見えてこない相手の見方・考え方もあるかもしれない、という思いに行きつきます。このことを理解するには、人の心は、丸いボールのようなものだと考えたらどうでしょうか？　どの方向から見ても、必ず自分には見えない部分があります。

自分には、まだまだ知らないことがあるということを自覚することを、「無知の知」と言います。ずっと昔ギリシャの哲学者「ソクラテス」が残した言葉です。これは、「いくら努力しても分からないことが必ずあるのだから、分かろうと努力することはやめよう」と言っているわけではありません。むしろ、知らないことがあるからこそ、知ろうとする努力をやめずにずっと続けることの大切さを言っているのです。そう考えると、「無知の知」という心の広さこそ、相手に対する最上級の思いやりではないでしょうか。そして、このことは、ものごとの本質を追究する学びの姿勢にも通じるものです。

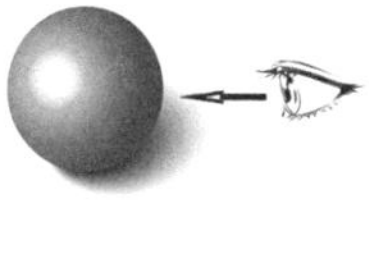

【補足】ソクラテスが「無知の知」の悟りの極致に至ったきっかけは、古代ギリシャにおいて最も重要で神聖な場所とされていたデルフォイの神託所で、神の預言として授けられた「アテネで一番の知者はソクラテスである」というお告げでした。その結果、ソクラテスは、そのお告げの意味を解明するため、賢者とされる人や高名な人を尋ね歩きます。その結果、知らないということをわかっているという点で、一番の知者は自分かもしれないということに思い至ります。ソクラテスは「無知の知」を哲学の出発点として、他者との問答を通じて探求を深めますが、その過程で知らないことを暴かれた識者から激しい憎悪を受けることになります。やがて無実の罪で告訴されたソクラテスには、死刑判決が下り、毒を飲んで自害してしまいます。

告訴されたソクラテスが法廷で弁明する場面を描いたプラトンの著書『ソクラテスの弁明』には次のような記述があります。「その人と対話をして……こう推論しました。『私はこの人間よりは知恵がある。この人は知らないのに知っていると思っているのに対して、私のほうは、知らないので、ちょうどそのとおり、知らないと思っているのだから。どうやら、なにかほんの小さな点で、私はこの人よりも知恵があるようだ。つまり、私は、知らないことを、知らないと思っているという点で』と」

ソクラテスの残した「無知の知」こそ、科学探究の理想的な姿勢であると同時に、他者への尊厳・優しさの気持ちを表した言葉だと思います。

W8 夢広がる令和2年を祈念

〜令和2年　嘉鉄集落「新年祝賀会」あいさつ〜

2020（令和2年）・1・1

新年、明けましておめでとうございます。あいにくの曇り空になりましたが、穏やかで、すがすがしい令和になって最初の正月を迎えました。

昨年を振り返りますと、嘉鉄小学校には、4月に1名、8月に3名、県外からの転入がありまして、全校児童7名となって、活気が増してきた1年でありました。4月の入学式、夏の水泳記録会、9月校区合同の運動会、11月の学習発表会、そして年末のロードレース大会と、いろいろな行事を行ってきましたが、どの行事も大盛会にて終えることができました。これもひとえに、集落の皆さんの多大なご協力、温かいご声援のお陰だと心より感謝しております。

また、昨年は、「嘉鉄大好き」の子どもたちに育ってほしいという思いで、郷土教育に重点を置いた教育活動をこれまで以上に色々と力をいれてきました。

夏に、「郷土嘉鉄・奄美について学ぼう」講演会を2回開催したり、子ども会で、奄美の自然を守る新しい活動もやりました。そして、豊年祭、家回《やまわ》り、権現《ごんげん》祭りなどの地域行事にも積極的に参加させていただきました。お陰様で、子どもたちに少しずつ郷土愛が育ってきていることを実感しております。

新しい年を迎えましたが、今年も、昨年以上に、地域の皆さんの一層のご支援をお願いすると共に、その恩返しに、地域の皆さんにたくさんの元気を与えられるような学校教育を頑張っていきたいと思いますので、どうぞよろしくお願いいたします。

最後に、年の初めに、明るい希望を持てるちょっとした実験をご披露いたします。

昨年、全国的には、いいこと悪いこと色々とありましたが、いいことで私の印象に残っているのは、吉野彰さんが、日本人10人目のノーベル化学賞に輝いたことです。吉野さんが発明したのは、携帯電話等にも使われている、リチウムイオン充電池です。

そこで、この吉野さんの研究には遠く及びませんが、身近な材料で、充電池を作ってみたいと思います。

材料は、水と食塩と鉛筆の芯（これは炭素、炭と一緒です）。うまくいったら、拍手をお願いします。……まず、食塩を水に溶かします。……（溶かしながら）実は、この材料、私たちの身の回りに、いっぱいある物です。食塩水は海の水、炭素は、山の木から作れます。ですから、もしこれから実用的な充電池ができたとしたら、夢の広がる話ではないでしょうか？……みごと、電球がつき電子オルゴールがなりました。（拍手が沸き起こる）もちろん、実用化にはほど遠いですが？

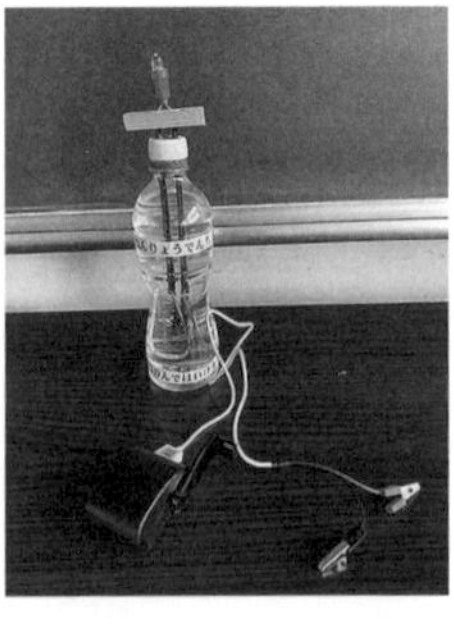

夢の広がる令和2年になることを、祈念いたします。

【補足】吉野彰さんの研究にちなんで、「エネルギー」について少し私見を述べたいと思います。

人は、筋肉の緊張感に伴って現れる物体（弾性体）の歪みの量（ベクトル）でもって「力」を定義しました。そして、筋肉の緊張感を継続してはたらかせたときに生じる「疲労感」あるいは「労働感」に応じて現れてくる力と変位の内積をもって「仕事」を定義し、その仕事をすることのできる能力として意味づけされた量（スカラー）が、「エネルギー」と言えます。

こう考えますと、エネルギー概念も、「力」などの他の物理量と同じように、その起源は、人の感覚であると言えます。測定可能な物理量として定義された時点で概念の範疇が感覚的なものから客観的なものに変容しているわけですが、そのことにより元々その起源が人の感覚であることをつい忘れてしまう傾向があるのは、「力」の概念の場合と同様です。

物理学上極めて重要な法則である「エネルギー保存の法則」は、詳細な総合的かつ分析的な考察の結果見いだされた普遍法則ですが、このことは、人の感覚的な経験――人の労働の源は作業の量に応じて減少し、それは食物摂取による補給により増加するものである――から容易に実感的に理解されるものです。しかしながら、科学史を振り返ってみると、人類は、無からエネルギーをつくり出せるいわゆる「第一種永久機関」の実現に真剣に取り組んでいた時期があることも事実です。

現代社会は、エネルギーに関わる地球規模の問題を抱えています。化石燃料使用による温暖化の問題、原子力発電の安全性の問題、再生可能エネルギーの開発と普及の問題等々。こうした努力と並行して、私たちが今一度見直すべきは、「エネルギーは有限である」、「エネルギーは使った分だけなくなり、補充された分しか増えない」という、ごく当たり前の「エネルギー保存則」への正しい理解ではないかと思います。それは、エネルギー概念の起源である人の感覚的経験に立ち返ることかも知れません。

地球は、生命誕生後、人類誕生前までの約40億年で、太陽から降り注ぐエネルギーを与えられたエネルギーのすべてとして、それを多くの生物や生物以外の事象（気象など）に分配することで、恒常的なバランスの取れた安定した環境をつくり上げてきました。私たちは、この恒常的なバランスの取れたエネルギー収支の在り方を目指していくべきではないでしょうか？　それは、途方もない努力を要することかも知れませんが、何十年も何百年もかかることかも知れませんが。私たち人類の末永い存続のために。

W9 鳥の驚異的能力「飛翔《ひしょう》」の秘密

～榕城中「理科通信」第20号記事より～
1993（平成5年）・1・16

今年は、酉年《とり》。広い空間を自由自在に移動できる鳥は私たち人間にとっては憧れです。鳥の素晴らしい飛行の秘密はどこにあるのでしょうか。

何より重要な秘密は、羽毛にあります。羽毛は、軽くて丈夫にできているだけでなく、顕微鏡で見るとたくさんの小枝によって、網目の構造を作り、空気を押し出しやすくなっているのです（下図）。

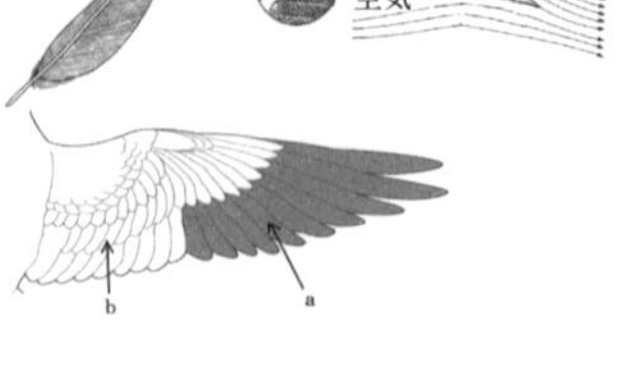

その他、飛行に適した体のつくりがいろいろと見られます。細くてがんじょう、しかも中が空洞になっている骨格は、体をできるだけ軽くすることに役立っていますし、胸にある体重の15〜20％にも及ぶ発達した筋肉（人の場合1％以下）は、翼の力強い羽ばたきを生み出しています。

さて、羽毛で覆われた翼のつくりと動きは、飛行機の飛ぶ仕組みとよく似ています。まず、飛行機を前進させる力（推進力）を生み出すプロペラやジェットエンジンにあたるのは、鳥の場合、翼の先端付近（図のａ）です。ここの部分は、下に羽ばたくとき、一本一本の羽根がねじれ、後方に空気を押しやり、上に羽ばたくとき、羽根が互いに離れて隙間を作り、空気の抵抗を少なくするようになっています。飛行機を上空に浮かび上がらせる力（揚力）を生み出す主翼と同じ働きをする部分は、図のｂの部分です。この部分の横断面は、飛行機の翼と同じように流線形になっています。このつくりにより、上面と下面の空気の流れ方に差を生じ、それが揚力を生み出すようになっているのです（その原理はちょっと難しいですが）。

飛行の他にも鳥には、人間にはない並はずれた能力がいろいろあります。酉年の今年は、この鳥の不思議な能力について調べてみるのもおもしろそうですね。

【補足】鳥や飛行機の翼が、揚力を生み出す仕組みは、次の通りです。翼の断面は、下図のような流線形をしています。この状態で翼が前進したときできる空気の流れは、翼に沿って曲げられる性質があります。図のように翼の後縁が下を向いていると、空気は下向きに曲げられることになります。結局、翼が空気を押し下げることになるので、その力

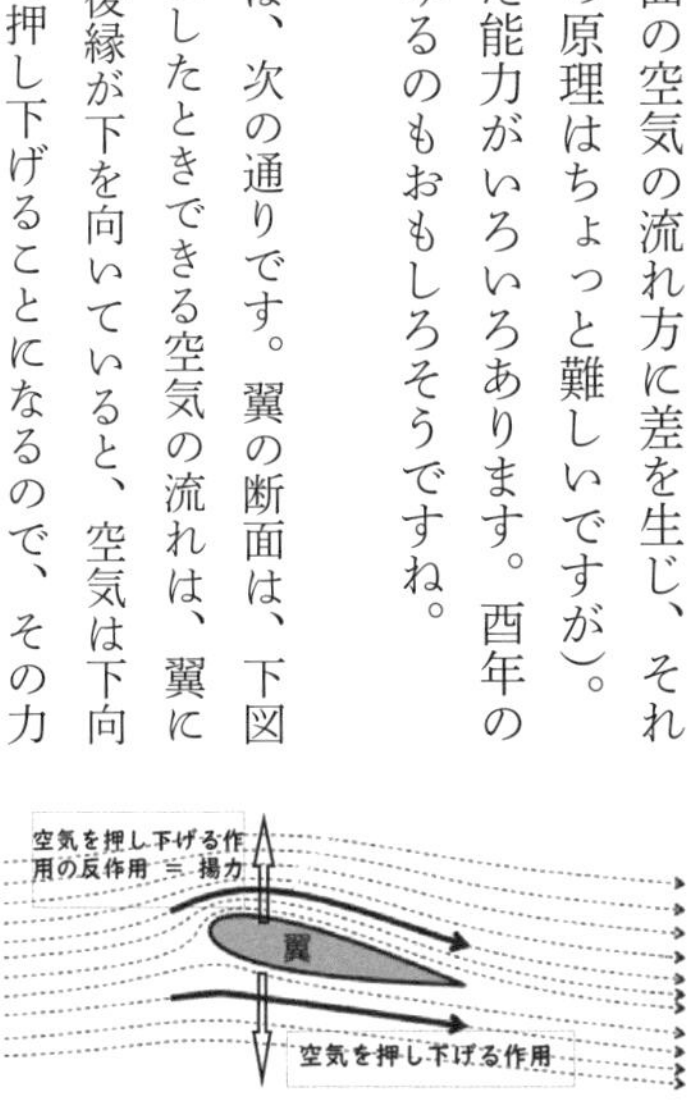

（作用）の反作用の力が生じ、揚力となります。

人間が飛行機を発明するはるか昔から、鳥は、このような仕組みを体に備えていたというのは驚きです。

W10 「念ずれば花開く」～それは他力本願ではありません～

～平成30年度　学校便り「嘉鉄っ子」１月号～
２０１９（平成31年）・１・28

遅ればせながら、新年明けましておめでとうございます。新しい年を迎えて、子どもたちは、今年一年がどんな年であるようにと念じたのでしょうか？

「念ずれば花開く」という言葉があります。一生懸命、願えば、その思いは必ず実現するということです。私も真剣な願いは、いつか天に通じると信じています。……というと、とても虫のいい話のようにも思えます。祈りさえすれば、夢が叶うというわけですから。正に、「他力本願」と言ったところでしょうか。

しかし、これは決して他力本願なんかじゃありません。本気で、「こうありたい」「こうなってほしい」と願う人は、その思いが強いので、実は、知らず知らずのうちに、そうなるように努力しているのです。また、心掛けているのです。その力が周りに伝わって、夢の実現に至るということではないでしょうか。ですから、「自力本願」なんです。

ここで、子どもたちには、下の写真のようないっぱいの水の入ったペットボトルを見てもらいました。中には、半分ほど空気の入ったタレビンが浮いています。このペットボトルに、熱い熱い思いを込めてやると、タレビンがゆっくり沈み始め、それに引かれて透明な垂れ幕が下がって来ました。垂れ幕には、「念ずれば花開く」の文字が書いてあります……みごとに花が開きました。実は、念ずる思い（手の力）が水圧となって四方に伝わり、垂れ幕を下げてくれたのです。

さて、いよいよ3学期がスタートしました。3学期は1年間の締めくくりの学期ですが、また見方を変えると、次の学年に進級するための準備の学期でもあります。子どもたちには、そのことをしっかり頭に入れて生活してほしいと思っています。そのために願うことは、いろいろありますが、一番は、勉強をがんばってほしいということです。

そのときに、このことを思いだしてほしい。例えば、「算数がもっともっとできるようになりたい」と、真剣真剣に念じることです。そうすると、やれば自分にもできるはずという自信が湧いてきて、自然と努力をするようになると思います。気付いたら、家でも思わず机に向かって教科書を広げていたなんてことになったらいいですね。

3学期、子どもたちの、熱い熱い願いから湧き出すがんばりに期待しています。

【補足】ペットボトルを押した際、水に加えられた圧力が、パスカルの原理で四方に伝わり、タレビンの中の空気まで達します。その圧力により、空気が縮められ密度が増すことにより、タレビンにはたらく浮力が重力より小さくなって、タレビンは沈み始めます。

W11 卒業は自分変革の転機「それは一歩の行動から」

〜皇徳寺中卒業文集原稿〜
2011(平成23年)・1・29

生活の改めを心に決めた主人公を、非情にもそれを否定するかのように象の姿をした神様のガネーシャが戒めます。「意識を変えることは無理なこと。人間の意志は本当に弱いものだから。それでもやっぱり人は自分の意識を変えようとする。それは、その方が楽だから。変わろうと頑張っている未来の自分を想像するのは楽なこと。……本気で自分を変えようと思うなら、意識じゃなく『具体的な何か』を変えること。自分がそうせざるを得ないように環境を変えること……」と。これは「夢をかなえるゾウ」(水野敬也著)の中の一場面です。

さて、いよいよ中学校卒業のときです。小鳥がさえずるブルーベリーの通学路、春先、花びらの舞う桜並木、モダンでかっこいい校舎等々、素晴らしい環境の下、過ごした3年間。慣れ親しんだ学校生活との別れは、本当に寂しいものです。でも、それは、これまでの自分から脱皮して自分を変えていける大きな転機でもあります。いやがおうでも環境が大きく変わるのですから。まさに、このときこそ、チェンジするための行動を起こす大きなきっかけ、チャンスです。

ここで、ガネーシャに少し反対して、「意識も大事」。環境の変化の中で踏み出すかどうかは、結局自分のちょっとした「勇気」という意識ですから。つまりチャレンジの心。

191人の一人一人が、卒業するこの時を、新たな一歩の行動で自己変革の転機にして、自分らしさを大いに開花させることを願っています。

【補足】人間の体も結局は、自然界の中の一部であり、自然界の法則に従って反応する物体にほかなりません。従って、自分の行動を変えたければ、そうせざるを得ない環境に身を置くことであるとの論法でしょうか。しかし、そういう考え（意識）を持つのもそこに至る原因となる環境があったからに他ならないとすれば、自ら積極的な行動を起こすことができなくなります。しかし、人間は自然界の法則に従う対象の存在であると同時に、その自然界の法則（因果関係）を探ろうとする存在でもあるという、一見堂々めぐりの状態をまねくような特別の存在です。その包含関係に決して整合性を見いだすことのできない宿命を背負っているように思います。そういう理由から、人間は唯一、自然界との関係性に縛られない、それを超越した積極的で自由な意志を持つことが許される存在だと思っています。

W12 地層から分かる種子島のおいたち（その1）

〜榕城中「理科通信」第21号記事より〜
1993（平成5年）・2・2

私たちの住む美しい種子島の形は、いつどのようにしてでき上がったのでしょうか？

地質学者は、海岸や道路沿いなどに見られる地層を手がかりに、何千万年前という人類が誕生するずっと以前の大昔からの種子島の歴史を推測しているのです。それによりますと、今から6000万年前——恐竜の時代が終わり、代わって哺乳類の仲間が繁殖しだした時代——日本列島の多くは大陸の一部でしたが、その頃、わが種子島の付近は比較的浅い海底だったそうです。しかし、そこには大陸の川が大地をけずって運んできた砂や泥が徐々に堆積しはじめていました。そしてこれが長い間続き、厚い地層を作りました。これがやがて種子島の土台となる部分なのです。この地層は、熊毛層と呼ばれ、島内のあちこちの海岸の岩場——砂岩や頁岩という泥の固まった黒い石——は、その一部が顔を見せたものです。

さて、その後今から3000万年前になって大地の変動が起こり、熊毛層がしゅう曲（地層が強い圧力によって曲がること）や断層（強い圧力で地層にき裂が入り、ずれること）を生じながら、隆起してきました。しかし、当時の激しい地殻変動によって一部がまた沈降して海底になったり、また隆起して陸化するといった変化を繰り返していることが、熊毛層の上に重なる数種類の別の地層から分かります。犬城海岸などからは、この頃の海底の時期にそこに生息していたビカリヤという巻貝の一種が化石として出てきます。

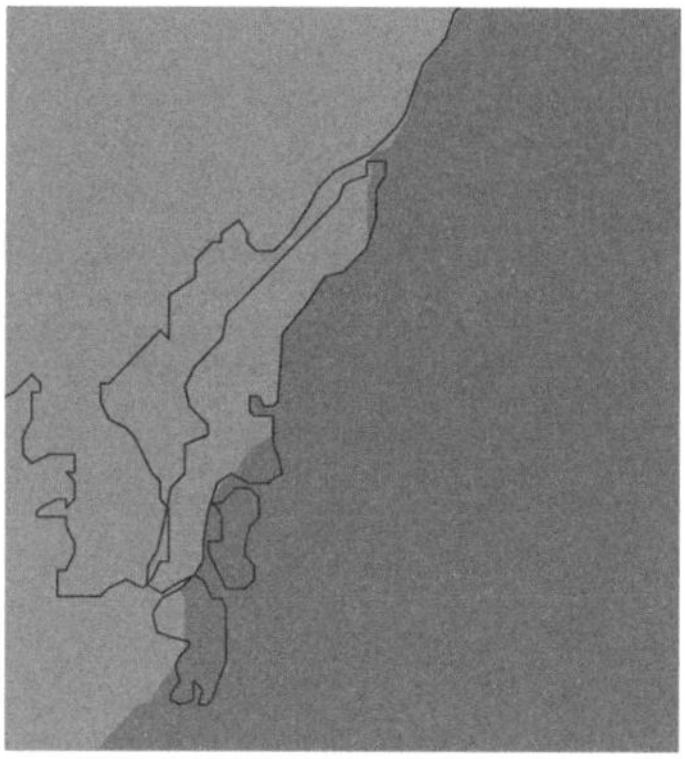

6000 万年前の日本列島

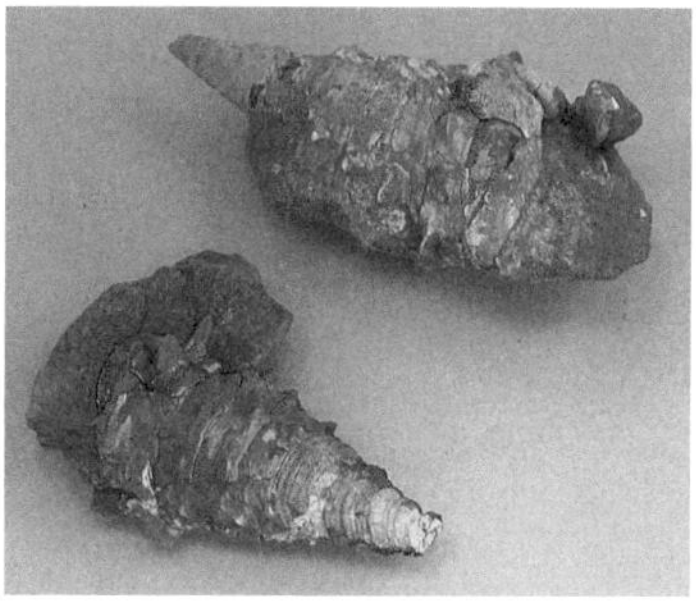

ビカリヤの化石

【補足】中種子町の犬城海岸や南種子町の千座の岩屋では、むき出しになった露頭に黒と茶色の層が交互に並んだ縞模様の地層（砂岩と頁岩の互層）がよく見られます。種子島付近が複数回にわたって隆起と沈降を繰り返したことがうかがえます。

　ところで、詳しく調べてみると※、右記の種子島あるいは日本列島形成のシナリオは、１９８５年以前まで、日本の多くの地質学者が長年信奉してきた「地向斜理論」という古い考え方によるものであることが分かりました。現在、最も信頼性のある考え方は、「プレートテクトニクス」によるもので、移動してきた海洋プレートが大陸の縁にぶつかって沈み込むときプレート上の堆積物が陸側へ押しつけられてできた「付加体」という堆積物が長年の間に積み重なって、現在の種子島そして日本列島が形成されたと考えられています。四万十帯という日本列島の背骨のような地層の帯（種子島のほぼ全域に分布している熊毛層群もその一部）も、マントル対流に由来するこの地球規模の地質現象によって形成されたもので、その動きは今もなお続いています。前述した砂岩と頁岩の互層も、プレートの沈み込みに伴って約500年周期で起こる巨大地震の際の海底乱泥流の堆積物であるといわれています。

（※）参考　堤之恭著「絵で分かる日本列島の誕生」、平朝彦著「日本列島の誕生」

W13 地層から分かる種子島のおいたち（その2）

〜榕城中「理科通信」第22号記事より〜

1993（平成5年）・2・18

地球上に人類が誕生した今から200万年前頃、氷河時代がやってきました。氷期という寒い時期と温暖な時期とが交互に繰り返される時代です。2万年前までに4回の氷期が訪れました。

氷期には、海から蒸発した水が万年雪となって陸上にたまり、海に水が返らなくなるため海水面が下がり陸地が広がります。逆に温暖な時期になると海水面が上がることになります。氷期には、種子島は陸化し日本列島及び大陸とも陸続きとなりました。そのことは、住吉で発見されたニホンムカシジカの角の化石などから分かります（本土や大陸から渡ってきた）。逆に温暖な時代には海面下に沈んでいました。こうして種子島は、日本列島とともに陸と海の一進一退を繰り返しました。

また、2万年前になると鹿児島県本土で火山活動が激しくなりました（大量の火山噴出により陥没してカルデラとなり、やがてそこに海水が浸入して錦江湾ができたのですが）。その火山灰が風によって運ばれて種子島にもやってきて島全土に降り注ぎました。そのことが、地層の中に見られる黄褐色や黒色の帯状の層（ローム層）から分かります。

こうして、いろいろな変動を受けてきた種子島は、今から約1万年前、最後の氷期が終わり、温暖な時代の到来に伴って海水が陸に押し寄せてきたときに、本土から分離して現在の島となったのです。

2万年前の日本列島

種子島の地層から発見されたニホンムカシジカの角
（鹿児島県立博物館所有）

【補足】氷河時代の氷期に、大陸から種子島に渡ってきたとされる動物には、ナウマンゾウの仲間もありました。住吉形之山から7点の化石が発掘され、西之表象と名付けられています。

W14 長距離走から学ぶこと　～人生の教訓に読み換えて～

～PTA新聞「かんな」3学期号より～
2016（平成28年）・2・3

12月10日に行われた校内長距離走大会。子どもたちは、驚異の坂道を乗り越えて、自分との戦いによく頑張り抜きました。

私ごと、子どもたちに負けじと、この冬も、フルマラソンに挑戦しました。そして、この経験から感じ取ったことを整理してみましたが、日頃の生き方に通用することがいかに多いものかと感じる次第です。長距離走は、まさに人生の縮図であるという思いを強くしています。

「一、出発前は練習せず、エネルギーの温存に徹すべし」「二、出発とゴールは同一点。故に上る分だけ必ず下る」「三、長い上り坂は、前方を見ずに足下《あしもと》を見て走るべし。すると、不思議と上りが下りに見えてくる」「四、下り時のブレーキのかけ過ぎは余計な負荷となる」「五、走り出すときの力は、走り続ける力より大きい」「六、きついときは繕《つくろ》わず、ありのままの顔をすべし」「七、中間地点での気持ちの持ちよう。まだ後《あと》半分と思うより、もう後半分の半分で残りわずか四分の一と思おう」「八、暫く続くきつさの後には、楽になる時が必ずくる」「九、走りに意識を集中し過ぎず、他のことを考えていると、いつの間にか思わぬ距離を走り抜いている」「十、初めからの完走ねらいは気が重い。まずは10㎞。できたらもう10㎞。更に10㎞。最後にあと残り10㎞」「十一、沿道の声援、前からは牽引の、後からは背中押しの力となる」

是非、今の学校生活や卒業後の生活の中に当てはめて考えてみてほしいと思います。もちろん、捉え方に「異議あり」の声もあるかもしれません。それも大いに結構です。

【補足】右は、50歳を機に始めた年1回のフルマラソン出場の経験を通して気付いた長距離を走り通す自分なりの秘訣についてまとめたもので、生き方に重ね合わせて感じ取ってもらいたいという思いで書いたものです。その中で、項目三について、少し触れてみます。これは、「遠くの高い目標に目を向けるのではなく、目の前の今できることを一つ一つ実践していくことの大切さ」について書いてみたものですが、これを、物理学上の問題に関連づけて考えてみます。高所から放たれた小球が落下する運動についてです。この小球の運動は、万有引力を発見したニュートンの力学で捉えると、「空間を隔てて存在する地球から、その引力を瞬時に感じ取った小球が、地球の重心方向を目指す運動」となります。一方、現代物理学の捉え方はこうです。「地球を構成する全ての部分から光速で伝搬し、その小球の置かれた場所にまで広がった重力をおよぼす空間（場）の働きによってなされる運動」。

W15 世界に唯一の絶対基準「自分」を大切に

〜鹿屋中卒業文集原稿〜
2016（平成28年）・2・5

「ある朝、目が覚めると、あなたの身体《からだ》をはじめ周りのもの全てが100倍に大きくなっていました」

もし仮に、そんなことが起こったとして、果たしてあなたはそのことに気付くでしょうか？　仮に、あなたが窓を開けてみたとき、そこに片手でつかめるほどの家々が立ち並び、マッチ箱ほどの車が行き来し、小高い丘のような高隈山の近くをカラス大の飛行機が飛んでいる、そんな光景が飛び込んできたとしたら、そのとき初めて自分の身体が大きくなったことを実感するでしょう。しかし、そんなワクワクする想像とは裏腹に、そこにはいつもと全く変わらない風景が広がっているはずです。なぜならば、全ての物が100倍になったのですから。そう考えると、たとえ「一斉拡大」といった異変が起こったとしても、全く気付かないということになります。

さて、このことは何を意味するでしょうか？　私たちが認識している物の大きさは、決して絶対的なものではなく、他との比較によって初めて捉えられるものだということです。物の大きさに限らず、私たちは物事の価値について、無意識のうちに他との比較によってその大きさを認識せざるを得ない宿命を背負っているのかもしれません。自分のものは、大きいものと比べると小さく見え、小さいものと比べると大きく見えてくるものです。

しかし、ここでよく考えてみてください。私たちは、この比較癖《へき》の宿命の中で、つい周りのもののみに目を奪われて真の価値を見失ってしまってはいないでしょうか。

物理学の世界に、相対性理論というものがあります。この理論には、あらゆるものが相対的であるという理念を支える基本原理として、唯一不変で絶対的なものがあります。それは、「光の速度」です。

さて、私たちの認識の世界で、「光の速度」に値するものって何でしょうか？……それは、「自分」という存在ではないでしょうか。何かに取り組んだ結果について、その評価を行うとき、周りとの比較も当然気になりますが、最善を尽くした結果なのか、努力不足だったのか、という自分自身を見つめ直すことこそ大切なことであり、物事の真の価値を見極める基準だと思います。

卒業後、皆さんは様々なものや環境変化に遭遇すると思いますが、どんなときでも世界で唯一の自分基準を決して忘れないでほしいものです。そして、自分らしさの発揮と更なる自分基準の成長を期待しています。

【補足】ここでいう「光の速度」とは、あくまで真空中での話です。この「光速度一定」を絶対的なものとして「自分」に置き換えたことに、何かこじつけめいた無理な置き換えを感じられるかもしれません。しかし、決してそうではありません。なぜなら、光速度は、常に観測者（自分）を基準に測定されるものだからです。

W16 手動エレベーターを動かす力は？

～榕城中「理科通信」第23号記事より～
1993（平成5年）・2・6

荷物を引き上げる道具「滑車」について考えてみましょう。体重60kgのA君は図1のようにして丈夫な天井に固定した滑車で、かごに乗せた30kgの荷物を持ち上げてみました。このときA君が綱を引く力は、いくらか分かりますね（ここで、100gの物体にかかる重力を1Nとすると、答えは300Nとなります）。

さて、A君はこの道具を使って、自分自身の体を持ち上げようと考えました。図2のようにして、かごにA君自身が乗り込み、綱を引っ張ってみたのです。うまくいけば、手動エレベーターのできあがりですね。さて、持ち上がるでしょうか？　持ち上がるとしたら、A君は何Nの力が必要でしょうか。もちろん、A君の出せる力に限界があるってことは考えないことにしましょう。また、かごや綱の重さ、滑車の摩擦はないものとします。

図1
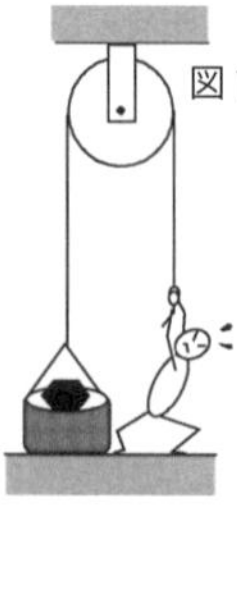

図2

ア 決して持ち上がらない　**イ** １２００Nの力で持ち上がる

ウ ６００Nの力で持ち上がる　**エ** ３００Nの力で持ち上がる

〈解答〉

まずは、A君は自分を持ち上げられるかというと、それは可能です。そしてその力は、A君の体にかかる重力の半分、つまり３００NでOKです。

その理由を考えてみましょう。

まず、図４のように60kgのA君を他の人B君が引き上げるには６００Nの力が必要です（このとき、B君の体重は60kgより大きいとしましょう）。

図３の場合も、A君が引いた力と同じ力でA君自身を引き上げるのですから、F＝６００Nと考えたくなるところですが、実はA君を引き上げる力は左側の綱一つだけではないのです。

はんとう棒登りを思い浮かべてみましょう（図５）。なぜ人が棒を下に引く、あるいは棒を下に蹴るのに、人の体が上に上がるかというと、人が棒を引いたり蹴ったりする力と同じ力で人の体が棒から引き返される、ある

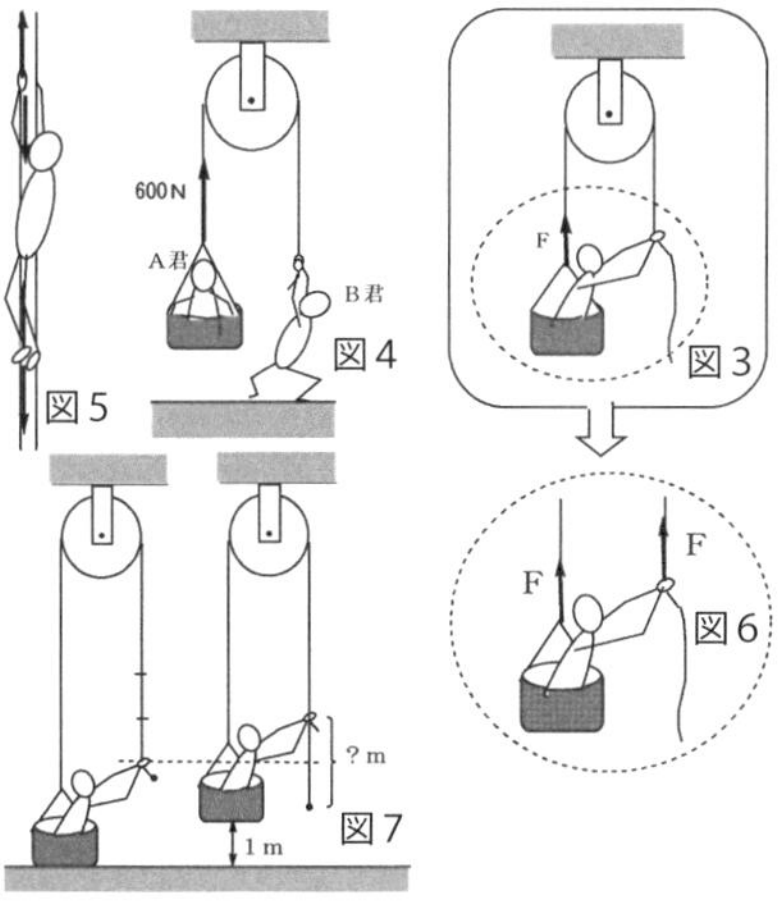

図３　図４　図５　図６　図７

いは押し返されるからです（この力を反作用の力と言いましたね）。

これと同じように、図3のA君は、綱を力Fで引いたときすでに右側の綱から力Fで引き返されているのです。ですから、もしもA君が体重計にのっていたらその目盛りはFだけ小さくなっているはずです。

したがって、左側の綱がA君を引く力Fは600NよりFだけ小さくてよいことになります。

つまり、左右の2つの綱が、A君が綱を引く力Fと同じ力でA君を引き上げることになります（図6）から、Fは300Nでよいわけです。

体重の半分の力で自分の体が引き上げられるというのは、いかにも不思議ですが、決してエネルギーを得しているわけではありません。実は力を得した分、引っ張る綱の長さで損をしているのです。A君が1mの高さまで上がるためには綱を何m引かなければならないか、図7を見てよく考えてみましょう。

【補足】この問題で誤った回答としては、「600N」の他に、「決して持ち上がらない」という回答が考えられます。その誤答が生ずる原因としては、滑車を使わない場合に「自らの力で自分を持ち上げることはできない」（内力のつり合い）という経験からの認識があるためと考えられます。

ところで、国立大学法人鹿児島大学教育学部の理系研究棟には、私が在学中にはなかったこの実験設備が備えられていると聞きました。将来、子どもの理科の学習指導に携わることになる学生の皆さんが、力学的現象の原理の考察に加えて、まずは自らの体験を通して、体で直に感じ取ることは非常に重要なことですし、設置に関わった理解ある大学の先生方に敬意を表したいと思います。

W17 マラソン完走術「グリコーゲン・ローディング」に学ぶ

～学校だより「かのや」2月号より～

2014（平成26年）・2・6

寒い冬は、フルマラソンの季節です。42㎞ともなれば、タイムはさておき、完走することに大変な努力を要する過酷なスポーツです。多くの場合、30㎞付近から急にペースダウンして、走りきれなくなる場合も少なくありません。

このへばりの主な原因は、スタミナ切れです。車で言ったらガス欠、人の場合、ガソリンに相当するグリコーゲンの枯渇です。したがって、完走のためには、走り出す直前に、体内（筋肉中）に、エネルギー源のグリコーゲンをいかにたくさんため込めるかが重要になってきます。

スポーツ科学を研究している福岡大学の田中宏暁先生は、効果的なグリコーゲン蓄積方法として、グリコーゲン・ローディングを提唱しています。それは、レースの3日ほど前から練習をほとんどしない、一方で高炭水化物の食事をしっかり摂ることです。つまり、グリコーゲンの消費を抑えて、吸収に徹するのです。

ここで、もう一つ重要なポイントがあります。それは、3日前の練習中止の直前にすることですが、約30㎞ほどの長距離のランニングを行い、体内（筋肉中）のグリコーゲンを使い果たすのです。そうすることにより、グリコーゲンの充填《じゅうてん》がより効果的になされるというのです。

水に少しぬれたスポンジよりも、水を完全に抜いて乾燥したスポンジの方が吸収力が強く、より多くの水をため込むことができるのと似ていて、おもしろいですね。このことから、あなたは何を学びますか。

【補足】グリコーゲン・ローディングやスポンジによる吸水など、枯渇がより大きな吸収力を生み出す類似の現象は、他にも多く見られます。その原理の共通事項は、「接する2つの空間の間の濃度差によって生ずる圧力の発生」であると言えます。吸収力が生ずることは、このことで容易に理解できますが、最も注目すべきは、「この圧力による密から疎への物質の移動は、平衡状態に達してもすぐには止まず、しばらく続く」、ということではないでしょうか。そのことにより、通常保有できる量（容量）以上の物質が入ってくる。一時的ではありますが。その容量を超えた量は、始めの濃度差が大きいほど大きい。つまり、枯渇の程度が大きいほど大きくなる、という点に大きな意義があると思われます。物理学的には、この現象は、粒子の運動における「慣性」によって説明できるのでしょうが。

さて、この現象を人の生き方における「学び」のモチベーションに置き換えて考えてみましょう。学びのモチベーションには、「競争心」「報酬」「名誉」「知的好奇心」等ありますが、理想は「知的好奇心」だと思います。その知的好奇心が満たされていないという枯渇の自覚の下でこそ、その人の能力を超えた学力に繋がる「知」の吸収力が生まれるものと思います。

W18 ノーベル賞受賞者 山中伸弥氏に学ぶ

～皇徳寺中卒業文集原稿～
２０１３（平成25年）・２・６

皆さんが卒業していく本年度は、医療技術の飛躍的進歩が期待されるｉＰＳ細胞製作に世界で初めて成功した山中伸弥氏がノーベル賞を受賞した記念すべき年です。

「失敗は新たな発見の源」……氏は「仮説が裏切られるところに科学の面白さがある」と言って、失敗から多くの新しい事実を発見し、研究成功の元にしています。前向きな挑戦は、たとえそれが失敗に終わったとしても、何か新たな価値の発見を生み出してくれるものです。

「発想の転換で難題を一機に解決」……氏は、２０００回以上もの難しい実験が要求された困難な局面において、ちょっとした発想の転換で、わずかな回数の実験で解決に至る方法に気付きます。壁にぶち当たって思い悩んだとき、ちょっと立ち止まって全く違う角度から見直してみることの大切さを教えてくれます。

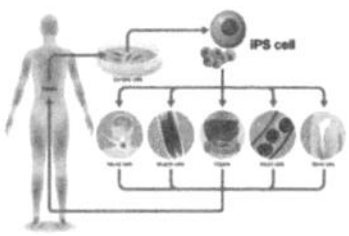

「人間万事塞翁が馬」……「人生、不幸や禍があっても、いつ

何時それが幸福に転ずるとも限らない」という教えです。氏も研修医時代、辛い挫折感を味わっています。しかし、自分の能力と同時に臨床医の限界を感じた体験が、研究者への志に転じていったものと思います。

皇徳寺中を巣立つ皆さん一人一人が、成功者の生き方に学ぶ中で、世界にたった一つの自分らしさを大いに発揮して未来に羽ばたいていくことを期待しています。

【補足】人間の細胞は、約60兆個の細胞でできていますが、元々は、1個の細胞である受精卵が分裂を繰り返しながら、神経や筋肉、皮膚などの体を作る約200種類もの細胞に分化し、変化していったものです。そして、分化が究極まで進んで体の各器官・組織の一部になった細胞は、もはや分裂して他の種類の細胞に変化することは決してできません。しかし、受精卵など細胞が分化する前の初期の細胞は、あらゆる細胞に変化しうる能力を有していると考えられます（これが万能細胞です）。山中氏の偉業は、分化が究極まで進んだ細胞から、遺伝子を操作することによって、iPS細胞という万能細胞を作り出すことに成功したということです。この発明は、病気で機能を失った臓器を健康なときの過去の臓器と入れかえるといった再生医療を現実のものにするといった革命に匹敵する偉業と言えます。

さて、iPS細胞は、細胞のタイムマシンとよく言われます。分化の進んだ細胞を元の状態に返すことは不可能という生物学上の常識を覆したことになりますが、それは細胞の分化を進める時計の針を分化が始まる前まで逆戻りさせたということになります。

ところで、人の生涯の途上にも、自らの自由意思によるかよらないかに関わらず、たくさんの分岐点があります。過去のあの事柄の起こる前まで遡ってそれが起こらないように手立てを取ることが、もしできたなら、今の自分の生き方をどんなにか違うものにできただろうにとふと思うことがあります。

人生のｉＰＳ細胞が発明されたら、どれほどすばらしいことでしょうか。

W19 サクラの開花のしくみ「休眠打破」とは？

〜学校だより「かのや」3月号より〜

2015（平成27年）・2・19

寒さが和らぎ、草木が芽生え始める時節となりました。身近な自然に目を向けると、春の訪れが一歩一歩近づいてくるのが、あちこちに感じ取れます。東門近くの桜の木も、よく見ると、つぼみが少しずつふくらみ開花の準備を着実に進めているようです。

今年の桜（ソメイヨシノ）の開花はいつ頃になるのでしょうか。日本気象協会は、サクラの開花を「平年並み」（鹿児島県は3月25日頃）と予想しているようですが、はたしてどうでしょう？

ところで、サクラの開花は、どのような気象条件と関係しているのでしょうか？　普通に考えますと、春先の気温の高さが大きく関係しているのではと考えがちです。しかし、実は決してそれだけではありません。その証拠に、いくら温暖だからといって南方の常夏の国では、いつまで待っても、日本のサクラは咲かないそうです。

サクラの開花の大きな条件の一つは、秋から冬にかけて一定期間低温にさらされることです。サクラは夏に翌春咲く花芽を形成した後、休眠に入ります。やがて、冬季になり一定期間低温にさらされることで休眠から目覚めるのです。このことを「休眠打破」と呼んでいます。その後の気温上昇と共に花芽は成長して開花に至ります。ですから、もし、冬場に気温が下がりきれないと、目覚めが悪く、暖かい春が訪れても花芽の成長が進まずに、開花が遅れてしまうことになります。開花予想も、今年の12月頃の冷え込みの程度がどうだったかを基にしているのです。

サクラが私たちの生き方として、「寒くて厳しい冬を経験してこそ、花咲く春がやってくる」ということを教えてくれますね。

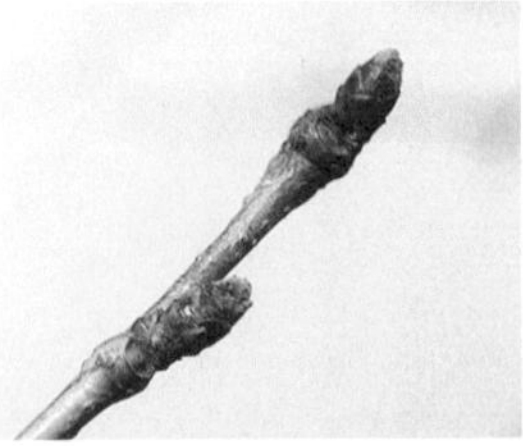
東門のサクラのつぼみ。今年の開花時期は？

【補足】近年、東北地方など北部の方でサクラの開花が早まる一方で、九州など南の方では、開花が遅れる傾向があるそうです。地球温暖化が進むと、地域によっては、開花がさらに遅くなり、開花しても満開にならないことも予測されています。やがて、日本の多くの地域で、サクラの開花さえも見られなくなる日が来ないとも限りません。日本の春の風物詩である満開のサクラの下でのお花見の風景が、昔話になってしまわないように、地球温暖化がこれ以上進まない手立てを一人一人が真剣に考えていきたいものです。

W20 二度と出会うことのない時間・空間をせいいっぱい生きよう！

～令和元年度　学校便り「嘉鉄っ子」1月号～
2020（令和2年）・1・29～

令《よ》き和《なご》やかな時代到来を願いつつ、２０２０年、令和２年がスタートして、早いもので１カ月がすぎようとしています。今年は、４年に１回訪れる閏《うるう》年で、１年の長さが３６６日と例年より１日だけ多い年になります。その特別の年にあわせて、オリンピック・パラリンピックが開催されるきまりになっていますが、今回はその地が、日本の首都、東京となる、一生の間に２度めぐってくるかないかの記念すべき年でもあります。

さて、始業式の日、子どもたちには、１年が３６５日になったり３６６日になったりするわけについてお話ししました。それを知るためには、１年という時間の長さがどういう約束で決められているかということをおさえておく必要があります。まず、地球が自らの周りを１回り（これを自転と言います）する時間が「１日」と決められています。そして、地球が自転しながら太陽の周りをちょうど１回り（これを公転と言います）する時間をもって、「１年」と定められているのです。つまり、地球は、１回公転する間に、およそ３６５回自転するということ

初日の出
（マネン崎より）

になります。しかし、「およそ」とつけたのは、実際は、この回数は３６５回でも３６６回でもなく、３６５・25回と中と半ぱな数なのです。そうすると、１年のスタートの時刻が、ちょうど夜中の12時ではなくて、１日が中と半ぱにすぎたところになってしまうという、ちょっと具合の悪いことになってしまいます。そこでこうなることをさけるために、１年の長さを、実際には少し足りないのですがちょうど３６５日と区切りのよい日数に決め、その足りない分が積みかさなってほぼ１日になる4年目で、１年の日数を１日増やして調整するという方法が考え出されたのです。うまいこと考えたものです。

このように、私たちが毎日カレンダーで確認している日にちや、時計で知る時間というものは、実は地球の動きをもとにしていたんですね。それにしても、私たちが住んでいるこの地球、一見じっとしているように感じますが、実際は、自転や公転をしながら、広い宇宙の中を旅しているなんて、夢のようです。

ところで、あなたが毎日生活している大好きなお家の場所は、明日もあさっても、ずっと同じでしょうか？

ヤドカリのようにお家が動くわけではないので、当然同じと思いますよね。しかし、先ほど言いましたように、地球は、私たちを乗せて動いていいます。ですから、ふつうには気づきませんが、実は広い宇宙の中では、明日のあなたのお家の場所は今日とはちがう所になっているのです。地球の公転にあわせて、その場所は、日一日と変わっていきます。ついにはちょ

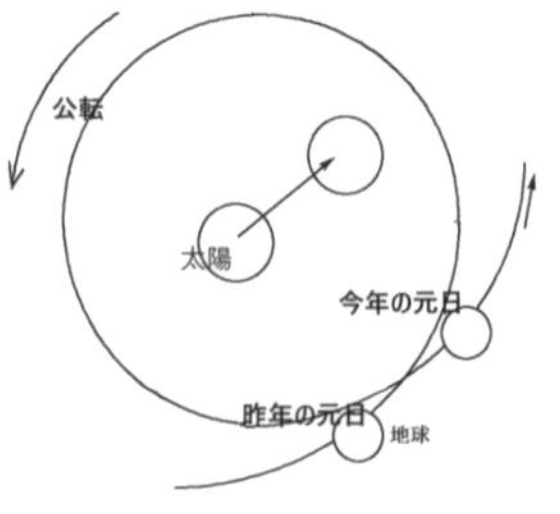

うど1年がたつと、さあどうでしょう？　地球が太陽の周りを一回りすることになりますので、やっとあなたのお家も同じ場所にかえってくるのでしょうか？　実は、地球が太陽の周りを回る旅をしている間に、太陽も地球を引きつれて、もっともっと広い宇宙の中を旅しているのです。ですから、地球が一年後たどりついた場所は、もう昨年とはちがう場所になっているわけです。ということは、あなたの住んでいるお家は、２度と同じ場所にはかえってこないことになりませんか。

今すごしているこの時間が２度とかえってこないのと同じように、私たちが今いるこの空間（場所）も２度とかえってこないのです。２度と出会うことのないこの時間と空間を、かみしめながら、むだにしないように、せいいっぱい生きていきたいものですね。

【補足】太陽系は銀河系の軌道を時速85万kmで公転し、さらに、銀河系は膨張する宇宙に乗る形で、秒速６３０km（時速約２１６万km）の速度で移動していると考えられています。そう考えると、私たちの住んでいるこの地球は、人の一生どころか、人類誕生以来の数百万年間、いや生命誕生以来の35億年間、さらに地球誕生以来の45億年間、一度も同じ空間に戻ってきたことはないと言えます。空間に何ら違いがあるわけではありませんが、毎時間毎時間、毎日毎日、未知の違う空間の間を旅し続けていると思うと、何か新鮮な気持ちになりませんか？

W21 自然科学のきまりから学ぶ人生の教訓・子育てのヒント1

～和田中学校父親セミナー資料前文～

2009（平成21年）・2・22

「勉強が楽しくてたまらない」という子どもは、まずまれです。子どもに学ぶ目的を聞くと、「親から叱られるから」「親が喜ぶ顔が見たいから」（中学生としてはあまり感心できませんが、意外と多いかもしれません）とか、「友達に負けたくない」とか「いい成績とって希望の高校に進学したい」（親が望むこたえかもしれません）とか、中には「つらいことを乗り越えて自分を成長させたい」といった立派なこたえもあるかもしれません。

しかし、つらいことに対して自分にむち打ってがんばることだけが学習であってはならないと思います。「楽しくてたまらない」とまでは言わなくても、少なくとも学ぶことそのものに興味・関心を持ってもらいたいものです。おもしろい、学びたい、それが　学習の動機付けになることが理想であって、私たち教師が目指すものでもあります。

そのためには、「生活を送るうえで役に立っているという実感が持てる」、「理屈抜きに探究心をくすぶる」、「身近な経験と関連づけて納得できる」といったことに目を向けて学習方法を工夫していくことが大事だと思います。そんな学習の楽しみ方の一つとして、理科の学習で次のようなことを考えてみました。

理科の学習では、様々な自然現象の中から法則やきまりを発見させます。それは、意外性や驚きを感じさせることで、印象深く理解させ、本質に触れさせることができるものです。しかし、それだけで終わりにせず、本道からずれて邪道になるかもしれませんが、それを人の日常生活に置き換えて考えてみるのです。そうすると、解釈の仕方で人の生き方にも通ずることがあって、おもしろいなと感じることがよくあります。人生の教訓と言っては大げさですが。そして、見方によっては、子育てのヒントになることもあるかもしれません。

そんな変わった視点で、今日は是非科学の実験をいくつか体験し、子育てのヒントを探ってみましょう。


【補足】学びのモチベーションは、「賞賛」「競争心」「進学」等々考えられます。しかし、二次的な目的を持たない、学び自体が目的といった気持ち、それは「知的好奇心」であったり、「有用性認知」であったりだと思いますが、これらをモチベーションにした学びこそ理想であることを、おとうさん方に、体験を通して感じ取ってもらいました。

W22 自然科学のきまりから学ぶ人生の教訓・子育てのヒント2

〜和田中学校父親セミナー資料前文〜

2010（平成22年）・2・20

「覆水盆に返らず」「雨降って地固まる」「相反する物は互いに引き合う」……。自然現象や自然界のきまりを教訓にしたことわざがよくあります。これって、あくまでたとえ話であって、そもそも科学の本質とは無縁のことなのでしょうか？

自然科学とは、対象である自然現象を数量的に論理的に分析して自然界の仕組みを探ったり、それを応用する学問です。そのため私たちは、科学に対して、絶対的で客観的なイメージを抱きます。まさか、人間の主観的な感覚や感情といったものなど入り込む余地などないはずと誰もが思いがちです。自然はそもそも人間の意識とは関係なく存在しているのですから。

しかし、その自然がどのようにして捉えられ理解されるのか考えてみるとどうでしょうか。それは、人間の五感を通して捉えられ、そこから人間の内に備わった思考活動によって理解されるものです。つまり、人間というフィルターを通して初めて自然の姿が浮かび上がってくるのです。ですから、自然科学は人間の感覚的なものや心理的・情緒的なものと、全く無縁とは言い切れないと私は思っているのです。

もちろん、自然が人の主観的な気持ちに左右されて変化したりするはずはありませんし、人間の力ではどうすることもできない絶対普遍のものが自然の中に流れていることは間違いありません。

ただ、その自然の秩序をどのような枠組みで捉えるかは、人間の特性が大きく関係してくるはずです。例えば、人に寒い暑い・冷たい熱いの感覚があったから、「温度」の概念が自然の仕組みを知る手段として作られたと考えられますし、数の表し方として、10のまとまりごとに桁を1つ上げる方法（十進数）が一般的に使われているのも、元もと人の手の指が10本あったことと関係していると言えます。

そう考えると、自然の原理・法則を、よーく見直してみたときに、全く縁がないように思われていた「経験から学んだこと」と何か通じていたり、解釈の仕方では人の生き方にも通ずることがあったりしても、なるほどとうなずける気がしませんか。人生の教訓と言っては大げさかもしれませんが。そして、見方によっては、子育ての大きなヒントになることもあるかもしれません。

そんな変わった視点で、今日は是非科学の実験をいくつか体験し、子育てのヒントを探ってみたいと思います。


【補足】おとうさん方には、「教訓茶碗」、「光のトリック」、「慣性の法則」などの実験を通して、科学の原理・法則の中に潜む生き方の教訓を感じ取ってもらいました。

W23 「不思議感→解決」体験が人権感覚を育む

〜皇徳寺中父親セミナー「自然科学の学びを通して育みたい人権感覚」まとめ文より〜

2013(平成25年)・2・23

「あれ? どうして?」という不思議感は、これまで知らず知らずに持っていた思い込みの自然認識が覆されるときに生まれます。そして、それが解決に至ったとき、自分が当たり前と思っていた知識(認識)は決して絶対的なものではないんだという気持ちが生まれます。そうした体験の繰り返しが、分かっているつもりの自分の知識に、ふと疑問を投げかけ、もしかしたら自分の知識には間違った部分があるかも知れない、自分にはまだ知らない部分があるかも知れないという謙虚な気持ちを育んでいくのではないかと思います。これは、正しいものを追究していこうとする探究心につながっていくと共に、他者の立場を正しく理解しようとする「人権」感覚につながっていくと考えています。

人間に差別の感情が生まれるのは、他者の立場を自分本位の思い込みの知識で当てはめて見てしまうという特性に起因します。相手の立場を正しく理解するためには、自分の持っていた当たり前という知識(認識)に、意識的に疑問を持つことが必要です。

さらに、そうして新たに得た知識に対しても「もしかしたらまだ自分には知らないことがあるかも知れない」という気持ちを持つこと、つまり「無知の知」こそ、究極の人権感覚だと思います。

W24 跳ぶためには、かがまなければなりません　～ゴムのおもしろい性質に学ぶ～

～平成30年度　学校便り「嘉鉄っ子」2月号～

2019（平成31年）・2・28

満開に咲き誇っていたヒカンザクラの枝に新緑の若葉がつき始めました。まだ、1、2度は、寒の戻りもあるかもしれませんが、刻一刻と春の陽気が広がってきています。そして、子どもたちには、いよいよ現学年の締めくくり―卒業式、修了式―を迎える時期が近づいてきました。

先日、子どもたちにゴムを使った実験を見てもらいました。伸び縮みして日常生活には欠かせないゴムですが、このゴムには、他のものにはないちょっと変わった性質があります。それは、熱を加えたときの性質です。一般に、熱を加えられると、多くの物はふくらみます。ところが、ゴムはその逆で、熱を加えると縮みます。反対に冷やすと伸びるのです。

このちょっと変わった性質を利用した、次頁のような装置を作ってみました。自転車の車輪の針金（スポークといいます）の代わりに、伸ばした輪ゴムを取り付けました。この車輪の片方を温めてみます。すると、車輪はゆっくりと、回転を始めるのです。その仕組みは、……温められた側（右）の輪ゴムが縮み、反対側（左）の輪ゴムが冷やされて伸びます。すると、車輪の枠が左に少し動きます。そのことにより、車輪の軸より左が少し重くなり、下に下がり始め、車輪が回り始めるというわけです。

さて、ゴムのこのおもしろい性質を人の生き方に置き換えてみるとどうでしょうか？　ｉＰＳ細胞を発明してノーベル賞を受賞した山中伸弥先生が、その著書の中で、「跳ぶためには、かがまなければなりません」とおっしゃっています。人は、ちょうどゴムが熱（エネルギー）を吸収して縮むように、ひざを曲げてかがむことで、体にジャンプするためのエネルギーを蓄えることができます。体が伸びきったままでは、決してジャンプすることはできないのです。山中先生ほどの偉い先生でも、今でこそ、再生医療に大きく貢献した偉業で世界中が注目するほどの躍進を成し遂げましたが、そこに至る研究の過程では、多くの失敗や苦労があり、誰にも注目されず、もうあきらめてしまいたくなるようなつらい下積みの時代があったことが、その著書の中に書かれています。

努力しても努力しても、成果がすぐに現れず縮こまってしまうような時期が誰にもあるものです。でも、あきらめずに、努力を惜しまず続けていけば、エネルギーが蓄積され、やがて、いつか、蓄えられたエネルギーを発散して大きく飛躍する日がやってくるものと信じています。

【補足】ゴムはたくさんの分子がつながった立体的な網目構造をしています。したがって、伸びると、網目構造が伸びきって分子が自由に動きづらくなってエネルギーが低くなりますし、縮むと、網目構造がゆる

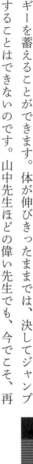

んで分子が動きやすくなってエネルギーが高くなります。

W25 ミツバチの大群と人間の自由意志

〜鹿屋中卒業文集に寄せて〜
2013（平成25）年2月

冬が終わり、やがて休眠中の生物たちが活動を開始する春がやってきます。花の咲きほこった畑には、蜜と花粉集めの仕事に精出すミツバチが飛び交い始めます。彼らはいったい何のためにあれほど一生懸命はたらくのでしょうか？

ミツバチは高度に分業化の進んだ社会生活を営むといわれます。どの蜂も本能的に集団のためにその一歯車として生きるべく運命づけられていることは驚くべきことです。ある時期に彼らは新しい住居を求めて大群を作って飛び立ちます。その光景を想像すると、数万の大群がまるで1個の生物のように見えることでしょう。一匹一匹には自由な意志は存在せず、集団を支配する何者かの意志によって動いているかのようです。

さて、私たち人間はどうでしょう？　私たちは、みな一人一人独自の自由な意志を持つ、かけがえのない存在であるはずです。しかし、このたった一つの「自分」を見失ってしまうことはないでしょうか？　「他人《ひと》がするから自分も……」「誰もしないから自分も……」。こうなったとき、人は何か他のものによって動かされ流される個のない存在になってしまわないとも限りません。

ところで、皆さんが在学したこの三年間は、鹿屋中の長い歴史の中でも、校風が大きく変容した大変革期だったと思います。「立ち止まってのあいさつ」「八時ほぼ１００％登校」「早朝トレーニング活性化」「朝の自主清掃」「整然かつ活気ある授業態度」「校外美化活動や夏祭り積極参加」等々。新たな伝統を作り出し、それを後輩に残してくれた功績は実に大きいものがあります。そんなことが成し遂げられた皆さんですから、旅立つ前途に、どんな試練や迷いが訪れようとも、強い意志を持って行動してくれるものと信じています。

これから先、成長と共に自由度の大きい世界が広がってきます。行動を起こすとき、是非一度立ち止まって、「自分はこれでいいのか」「周りに流されていないか」自問し、自分らしさを貫いてほしいと思います。私たち人間には、集団の流れに合わせる力も、ときには集団から抜け出す力も、さらには集団の流れを変える力だってあるのですから。

鹿屋中を巣立っていく七十八名の一人一人が、確かな判断力を持って、未来に向けて自分らしさを開花させてくれることを強く望んでいます。


【補足】ミツバチの分蜂の際の集団行動は、目に見えない集団を支配する意志によって動いている印象を持っていましたが、最新の研究で明らかになったことを調べてみると、それは少し誤りであることが分かりました。

ミツバチたちは、それぞれの事前調査により見つけた新居の候補地を「尻振りダンス」で伝え合い、集団での話し合いを通して、最終的に新居を決定し、移動を開始するという高度の集団の意志決定プロセスをもっていることが明らかにされています。

一匹一匹に自分本位の自由意志はなく、集団のために行動すべく運命付けられている点は、依然として「個のない集団」と言ってもいいと思いますが、集団の意志を決定する民主的な合議制のシステムは、人間社会の学ぶべき点かもしれません。

W26 多様性を理解し、異質な物どうしを結びつける「石けん」に学ぼう

～令和元年度　学校便り「嘉鉄っ子」2月号～

2020（令和2年）・2・28

最近、地中からはい出した虫たちを求めて、たくさんの野鳥が校庭の芝に集まってきます。寒の戻りがもう一度はあるかとは思いますが、気候の変化に敏感な生物たちの行動が、もうすぐそこまで春が近づいていることを実感させてくれます。そして、今年度もあとひと月を残すばかりとなりました。

先日、2月21日、今年度最後の家庭教育学級を開催しました。今回は、「廃油石けんづくり」ということで、親子で楽しく、実習？　実験？

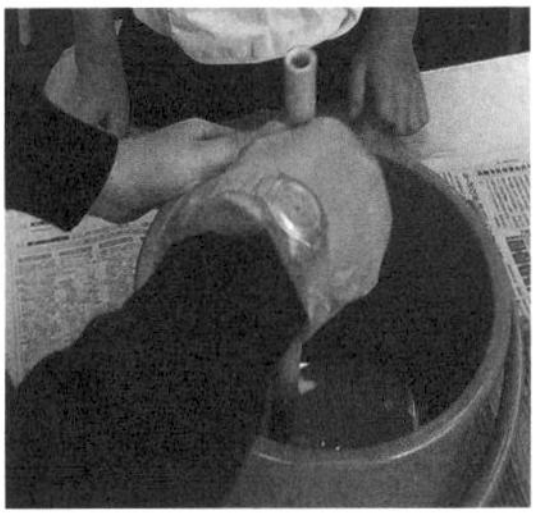

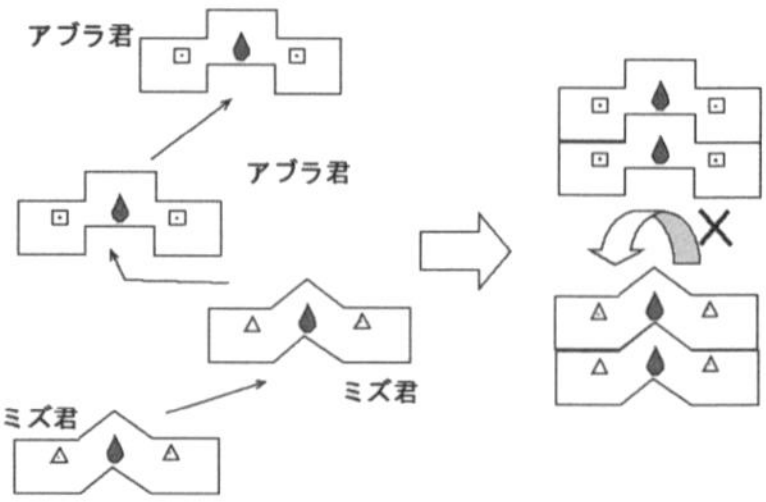

に取り組みました。主要材料の廃油は、諫山さんから、お店（ペンション）の料理で使用したものを提供していただき、大変助かりました。ありがとうございます。

さて、「廃油石けんづくり」の価値、その1。そのままは捨てることができず困りものの廃油を、手洗いや洗濯に使える石けんに、しかも流しても問題のない地球に優しい石けんに変えられるというのですから、まさに、一石二鳥のすご技だと思いませんか？

そして、その価値の2つ目。それは、石けんが、人のすてきな生き方のお手本になってくれるってことでしょうか。実習のときもお話ししましたが、もう一度くわしくお話ししましょう。

石けんは、水だけではなかなかできないがんこな油汚れを落としてくれます。その石けんが、なんと油から作れるっていうのですから、なんともふしぎですね。敵から味方ができちゃうって感じ!?

ところで、油汚れが水だけでは落ちないのはなぜでしょう？　水と油を一緒の容器に入れると、混じり合わず、2層になって完全に分かれてしまいます（油が上、水が下）。このように、水と油が混じり合わないから、水だけでは油汚れは落とせないのです。ミクロの目で見てみると、水どうし、油どうしはくっつきやすいけど、水と油は、お互いくっつきにくいつくりをしています。ミズ君とアブラ君は、とても仲が悪いのです（上図）。

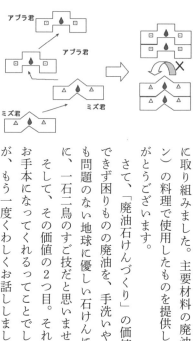

ここで苛性ソーダの登場です。ソーダ君は、下図のように、ミズ君ととても仲の良いつくりをしています。一方で、ミズ君にはないちょっと特別な性質をもっています。それは、アブラ君といっしょにすると、なんと合体して、新しい別のつぶに変身するのです。これがセッケン君です。

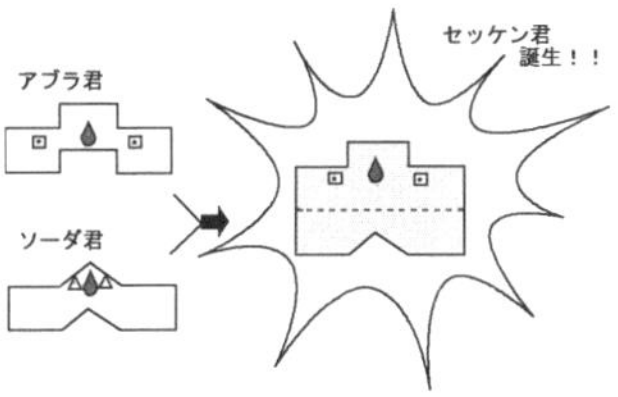

こうしてできたセッケン君ですから、油と水の両方とくっつきやすい性質を備えています。ですから、セッケン君は、ミズ君とも仲良しになれるし、アブラ君とも仲良しになれます。そして、仲の悪い水と油の間に入って、２つをくっつけることができるのです（上図）。

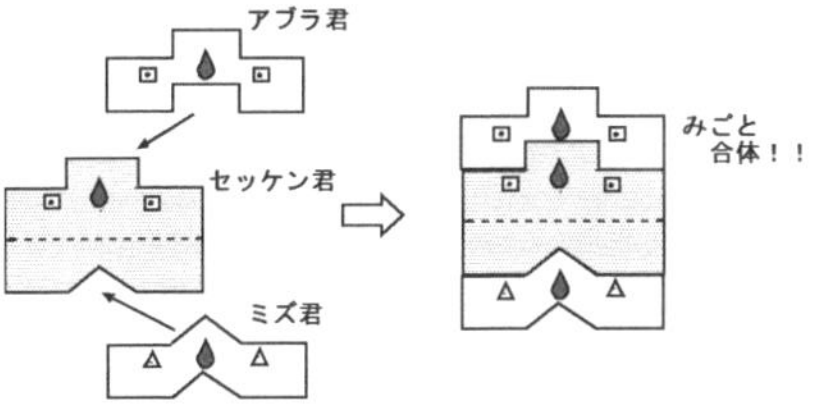

ということで、石けんが油汚れをよく落とせる理由が分かりますね。セッケン君ってすばらしいと思いませんか？

性格のちがういろいろな人の良さを理解して仲良しになれて、さらに、仲の悪い人たちどうしをくっつけて仲良しにしてしまう力を持っているのですから。セッケン君のような人になりたいものです。

【補足】石鹸は、油脂にアルカリを混ぜ合わせたときに起こる「鹸化」と呼ばれる加水分解の反応によって作られます。この過程でできた脂肪酸塩は、アルカリ由来の「親水性」と油脂由来の「親油性」の両方の構造を持っています。そのため、分離しやすい水と油を、その両者の間に入って混じり合いやすくする働きがあります。これが、石鹸が油汚れをよく落とす理由です。

W27 自作の時間割編成ソフト紹介

～時間割編成ソフト「太子」手引書前書より～
１９９０（平成2）年1月

学校において、時間割の編成という仕事は、年度始めの多忙な時期に多くの時間と労力を要するものです。１人の教師の授業が同一時間に入らないように教科のコマを入れ込むだけでさえ一苦労するものを、各教科や各教師からの様々な要望や生徒の立場などの多くの条件を考慮して編成するとなるとさらに多くの苦労を要することになります。たとえ、なんとか編成し終えても時間も限られており、多くの問題点にもがまんしてもらって、一応新年度の授業をスタートせざるをえない場合も多々あるのではないでしょうか。また、１つの時間割を編成するだけでも大変なところに、年度によっては、数人の生徒数の変動により、学級数の増減がありうるといった事態が生ずる場合もあり、１学期スタートぎりぎりまで、その判断ができないために2通りの時間割を作成しておかねばならないこともあります。こうした悩みは多くの学校で共通にあることではないでしょうか。そうした悩みを少しでも解消するために大量の情報処理を高速で正確にこなすことの得意なパソコンがかなりの効果を発揮するのではないだろうかと考えています。

さて、時間割係の苦労は、難しい条件や制限を満足させるためには、より多くの入力の仕方を試してみなければならないということです。時間割のコマ入れの場合の数は実に多く存在します。例えば、全ての教科数が10としたとき、1学級の1曜日（校時数6）に入れる教科を選んで並べる方法はいずれも1時間単位の教科とすると、10×9×8×7×6×5＝151,200通りにも及びます。これがこの試行の全てを実行するとなると、1回あたり1秒でできたとしても42時間も要します。これが10学級×6曜日となると大変なことです。加えて、入力が進むにつれて制限が厳しくなるため、いろいろな試行をすることが大変困難になってきます。編成が困難なとき、始めからやり直した方が良い場合もあるでしょうが、それまでの苦労を顧みるととてもそのような勇気はありません。

こうしてみると限られた時間の中で人のできる試行はとるにたらないものでしょう。また、多くの場合その条件を満足しうる入れ方がどれほど困難なことか、あるいは果たして可能であるのかがなかなか判断できません。

さて、本システムを使ってコンピュータで試行させることを考えてみましょう。もちろんコンピュータを使うと言っても、条件に合った完全なコマ入れを可能にする特別なアルゴリズムを考えているわけではありません。その方法は、人の手作業を1つのルールにしたがって、一つ一つ順序よく試行するようにプログラムしているにすぎません。しかし、チェックを間違いなくしながら、人間より遥かに多くの入力を高速に試行してくれますので、試行錯誤といっても条件に合った時間割の編成が案外スムーズに進められていきます。途中でどうしても編成が困難になったとき、始めからやり直すことなどもためらう必要もありません。もちろん全ての場合を試行することはできませんので条件が厳しい場合、編成が困難かどうか、あるいは可能かどうかを絶対的に判断することはできませんが、非常に多くの試行を基にある程度の判断を下すこともできます。こうしたことから、本システムにより、より理想的な時間割が短時間にむだな苦労をせずに編成できたらすばらしいことです。多くの学校で是非有効に役立てていただければ光栄です。

【補足】右は、教職についてから2校目の吉野東中学校勤務中の昭和62年のこと、校務分掌で時間割係を任されたのを機にPCによる編成作業を思い立ち、ＢＡＳＩＣ言語によるプログラミングを開始して約1年後に完成をみた「時間割編成ソフト」の手引書の前書全文です。開発して2年目から自校での運用を開始でき、学校の年度初めの多忙な時期に多大な労力を割いてきた時間割編成作業の効率化に大きく貢献することができました。この実績を下に、多くの学校で使ってほしいという思いで、手引書を作成し、本ソフトを希望する学校に提供させていただきました。

そして、このことは、自然界の中に存在する電気現象を信号に変えて構築された情報科学が、高度の演算能力を使って、人が構想し思い描いた夢のような処理・作業を現実のものにできることへの確信と、深い感慨を覚えた体験となりました。

W28 信念と地道な努力の先に幸運の芽生えあり

〜大口中央中学校　平成29年度卒業文集より〜

2018（平成30）年2月

「幸運の種は、全ての人の下に、平等に降ってくる。こつこつ丁寧に下ごしらえをした土地にあってのみ、やがてそれは、必ずや芽生え大きく葉を広げる」

これは、幸運との出会いを求めて旅した一人の騎士が、最後にたどり着いた人の生き方の悟りです。(※)

皆さんの前途には、多くの苦労や試練もあるかと思います。しかし、決してあきらめたり、労せずして楽を手に入れる考えを持ったりしてはいけません。どんなときでも、強い信念を持って、信じた道をこつこつ一歩一歩進んでください。その先には、やがてきっと素晴らしい幸運――それはあなたにしかないあなた独自の色や形をもった幸運――が訪れると信じています。

125名、一人一人の無限の可能性を秘めた未来への道に、世界にたった一つのかけがえのないあなた色の幸運の芽が吹き出すことを心から祈っています。

……「グッドラック」

（※）「グッドラック（Good Luck）」アレックス・ロビラ、フェルナンド・トリアス・デ・ベス著／田内志文訳、ポプラ社

【補足】「水中に沈められた砂糖の塊からは分子が水中に拡散していき、やがて全体が均一になる」。均一・平等は、自然界の普遍的姿だと思います。もし、空間中に偏りがあるとすれば、そこに必ず偏りを生み出す原因となる空間の間の何らかの差が存在するためと考えられます。

人の人生も同じことが言えます。幸運やチャンスは、決して一部の人にのみ与えられた特権ではなく、全ての人の下に平等に降り注いでいると考えるのが最も自然なことです。ただ、降り注ぐ幸運・チャンスを捉えて生かすことができるかどうかは、日頃の努力次第なのかもしれません。それが十分でなければ、目の前のチャンスに気付かなかったり、それに見合った心の準備ができていなかったりで、取り逃してしまうのではないかと思います。努力と幸運の関係については、多くの成功者が、言葉を残しています。

「幸運は、常に努力を怠らない人のもとへ訪れる」―ジム・ロジャーズ―

「幸運は用意された心のみに宿る」―ルイ・パスツール―

「努力は必ず報われる。もし報われない努力があるならば、それはまだ努力と呼べない」―王貞治―

番外編

ジョギングは自由思考の発露

～伊佐支部退職校長会機関誌「北極星」投稿文～

2021（令和3年）・1・22

早朝ジョギングを始めて12年。お腹の脂肪燃焼という初期の目的は今は少し変わってきました。朝の冷気を目一杯吸っていると、ふとした瞬間に思いがけない考えが湧き上がってくることがあります。上空から降り注ぐ宇宙線の仕業なのかも知れません。この考えも管理職を務めていた頃は立場上、やれ服務規律の厳正は？　とか、やれ今の教育の動向は？　とかの制約がどうしてもつきまとっていましたが、その縛りから解放された今は、自由気ままなものになっています。

先日湧き出た考えは、新型コロナウイルス感染拡大に関することです。今や人類はかつて経験したことがないような驚異のウイルス攻撃に晒されています。私はこの事象を、自然から人間社会への警告だと考えています。

一つは、人間同士の行き過ぎた交流です。これは、交通網の発達、ネット社会がもたらしたものでもあります。もちろん、人間同士の関わり合いは大切なことですが、その行き過ぎは人が自己と向き合う場を奪ってしまいます。

もう一つは、自然環境の破壊です。脱炭素社会への見通しが一向に見えてこないのもさることながら、一方で、化石燃料から再生可能エネルギーへの切り替えが果たして問題解決に繋がるのかという疑念があります。もし、太陽光や水力、風力といった自然エネルギーが、現在人類が消費しているエネルギーを全てまかなう時代が到来したならば、地球温暖化は解消されたとしても、予測できない別の問題——気象変動など——が浮上するに違いありません。根本の解決策は、人間の肉体が消費する以外のエネルギーの消費を減らしていくこと以外にないと思います。

定年退職した現在、幸運にも中高生を対象に自然科学の授業に携わる機会をいただきました。これからの厳しい社会を生き抜いていかねばならない子供たちに、授業の脱線話として、様々な考えを伝えていきたいと思います。あくまで、一つの考え方であることを断って。何より、自らの考えを持つことの大切さに気付くきっかけ作りとして。

そして、明日は宇宙線による脳細胞の刺激がどんな発想を生み出してくれるか楽しみに、早朝の伊佐路に駆け出したいと思います。

【補足】新型コロナウイルス感染拡大の要因として、人間社会への警告という考えから強引にも二つの持論を述べましたが、その一つ目の内容について、誤解を招く恐れもありますので少し付け加えます。

記述してありますように、私は人間同士の交流の価値を全面的に否定するものでは決してありません。人間は社会的な動物であり、互いの関わり合いなしでは生きていけない存在であることは言うまでもありません。一方で、人間は自力で生きていこうとする力を持っていることも事実です。問題にしたいのは、行き過ぎた交流が、人が自力で生き抜こうとする力を阻害していることはないだろうかということです。

何ごとも「中庸」が大切です。

溢れる情報は、人が自ら考えようとする力を奪っています。課題を自力で解決しようとする力を奪っています。人が自分らしく生きていく力をも奪っているかも知れません。

人が自ら生きようとする力を手助けする、ほどよい交流こそ大切ではないでしょうか。

「コロナ感染拡大と人の過度な交流の因果関係がどこにあるのか？」、「考えが極論すぎはしないか？」という印象を持たれる方も多いかも知れません。確かに当を得た疑問で、この考えは明確な根拠のない推論を用いない、いわゆる直観に過ぎないのかも知れません。しかし、多くの科学の法則の発見が、その始まりは科学者の直観に基づいており、その後に検証されていることを思えば、まんざら無意味なことではないように思います。――もっとも、物理化学的な現象と人の心に関わる現象との因果関係を明らかにすることは容易なことではないと思いますが――

また、コロナ禍の中で多くの方々がこれまでに経験したことのない大きな苦しみを味わっている状況において、特に、人との交流を生活の糧とされている飲食店等様々なサービス業に携わっていらっしゃる方々の想像を絶する苦しみを思えば、このような考えは、その苦しみを逆なでするようなものと批判されかねないかも知れません。

しかし、私は、こうした営業を否定するものでは決してありません。むしろ、アルコールや飲食を通した家族や友人との語らいの場は何よりの楽しみで、そのひとときで生き方に大きな刺激を受けたり、その日の精神的な疲れを癒やし明日からの活力を生み出したりなど、大きな価値を持っていると思っています。

こうしたことが何気兼ねなく自由にできる2年前の状況が一刻も早く戻ってくることを切望している者の

一人です。

ですから、私はこの問題を、単に一面的なこととして捉えているのではなく、交通網や通信網の発達がもたらしたグローバル化や情報化の現代社会の奥底に潜む根本的な問題として、自然界から突きつけられた警告なのではないかと捉えているのです。

コロナ禍の中で、望まないステイホームを強いられ、生活様式が一変しようとしている中、人々の生活に大きな弊害が生じているのも事実ですが、一方で、ほんの一部かも知れませんが、「他者との交流に惑わされて見失っていた自分らしさに気付かされた」とか、「他者との交流に頼りすぎて、自力解決の力をなくしていたことに気付かされた」といった声も聞かれるのも事実ではないでしょうか。

第二章　子どもの心を揺さぶる教材・教具

「生の事象との触れ合いは、心の窓から自然界の真理を覗く唯一の方法です。そのための手立てに多くの力を注いできました」

EX1　ミカンの力で発泡スチロールのリサイクル

平成11年度　鹿児島市科学の祭典に出展

●どんな実験なの？

発泡スチロールは、「軽い」「衝撃に強い」「保温性がある」など、とても便利な素材ですが、ゴミ処理上は「かさばる不燃物」でやっかい物です。この発泡スチロールを、なんとミカンの皮から取った油で溶かして、また再生できるそうです。試してみましょう。

●実験のしかたとコツ

(1)　オレンジオイルで発泡スチロールを溶かそう

①

ミカンの皮をニンニク絞り器に入れて、発泡スチロールの上で押しつぶして、油を噴出させる。

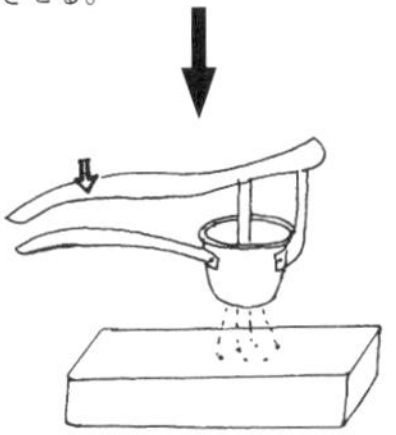

しばらくすると、発泡スチロールが溶けて穴があく。

②

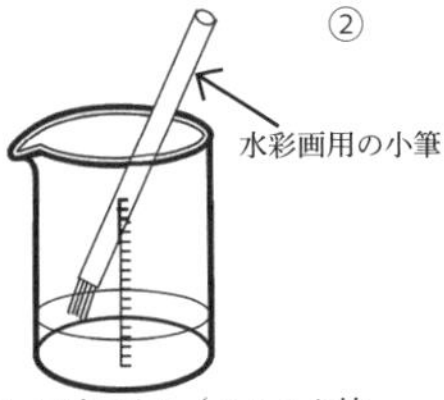

オレンジオイル（ニンニク絞り器などで抽出したもの）

発泡スチロールの板の上に、オレンジオイルをつけた筆で文字を書いてみる。

しばらくすると、文字の部分がへこんでくる。

(2) 発泡スチロールを溶かした液からポリスチレンを取りだそう

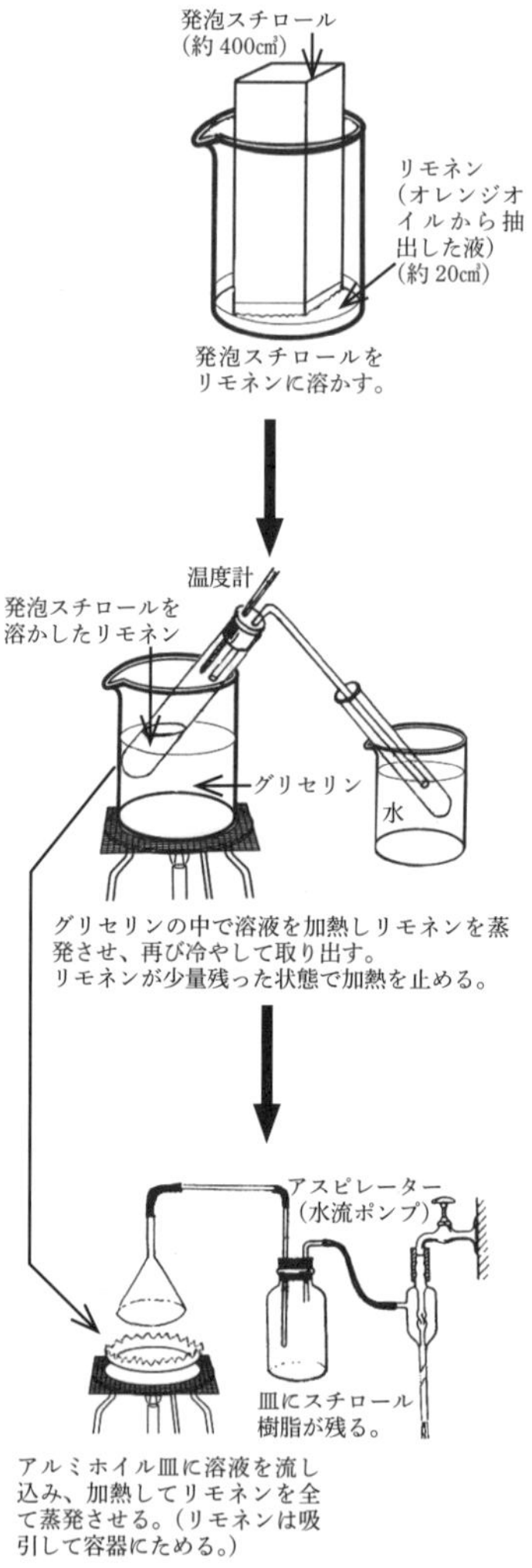
発泡スチロール（約400㎤）
リモネン（オレンジオイルから抽出した液）（約20㎤）
発泡スチロールをリモネンに溶かす。
温度計
発泡スチロールを溶かしたリモネン
グリセリン
水
グリセリンの中で溶液を加熱しリモネンを蒸発させ、再び冷やして取り出す。
リモネンが少量残った状態で加熱を止める。
アスピレーター（水流ポンプ）
皿にスチロール樹脂が残る。
アルミホイル皿に溶液を流し込み、加熱してリモネンを全て蒸発させる。（リモネンは吸引して容器にためる。）

●気をつけよう

① リモネンは、ミカンの皮からとれる天然素材で人体や環境への影響はありませんが、引火性があり引火点が48℃と低いので、火に近づけないように注意が必要です。

② 発泡スチロールを溶かしたリモネンの蒸留は、かなりの高温（約170℃）になりますので、加熱された容器に触れる際は、十分冷ました上で軍手を使うなどしてください。

●もっとくわしく知るために

ミカンの皮から純粋なリモネンを取り出すためには、細かくきざんだミカンの皮と水を混ぜたものを丸底フラスコで加熱する水蒸気蒸留という方法があります。リモネンによる発泡スチロールのリサイクルについて、詳しくは左記のインターネットのホームページを参考にしてください。

http://www.sony.co.jp/soj/CorporateInfo/SonyFun/topic/recycle.html

EX 2 まわるまわる回転の不思議

平成12年度　鹿児島市科学の祭典に出展

●どんな実験なの?

私たちの身の回りには、おもちゃのコマやヨーヨー、自転車や自動車の車輪、さらには遊園地の観覧車や自転する地球にいたるまで、さまざまな回転があります。よく見慣れた現象ですが、回転には不思議なことがたくさんあるのです。回転の不思議をいくつか味わってみましょう。

●実験のしかたとコツ

(1)　逆立ちするコマ　～　回転は重心を高くする

木球の4分の1くらいを切り落として心棒をつけたコマを作り、勢いよく回転させてみましょう。逆立ちをして回り出します。

これは、コマと床の間の摩擦力のはたらきで、コマの重心が高く押し上げられるからです。普通のコマが立ち上がって倒れないのも同じ理由によります。その他、図のようなものを勢いよく回転させると、どんなかっこうで回り出すか試してみましょう。

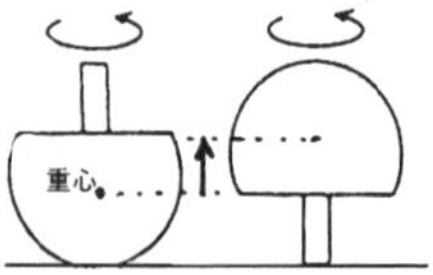

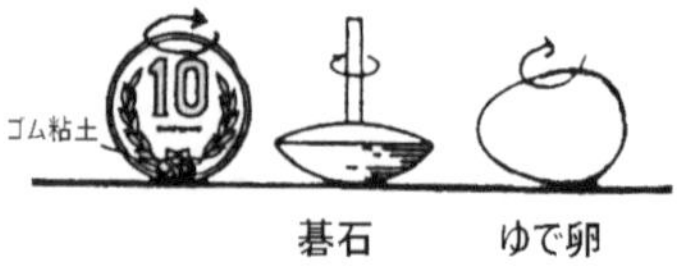

(2) 置いただけで回り出すやじろべえ 〜 回転は伝わる

図のように、やじろべえの腕のおもりに心棒をつけ、その上で下部をへこませたコマがのせられるようにしたものを作ります。2つのコマを同じ方向に回してみると、……コマの回転が弱まるにつれて、今度はやじろべえが同じ向きに回転を始めます。???

これは、心棒とコマの間で生じる摩擦が関係しているのですが……。

(3) 回転した車輪を動かすと体が回り出す 〜 回転体が力を受けると別な回転が生じる

一輪車の車輪を使って作った図のような道具の腕を持って、回転イスの上に座ります。車輪を勢いよく回してもらった後、ゆっくり力を入れて、車輪を上に持ち上げてみましょう。すると、回転イスがゆっくり車輪とは逆方向に回転し始めます。なぜでしょう?

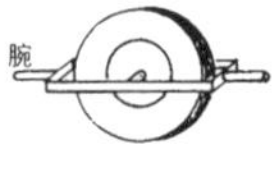

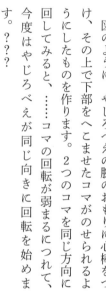

これは、回転の状態を一定に保とうとする物体の性質によるのですが……。

さて、車輪を今度は上から下に降ろすとどうでしょう?

(4) 温めると回り出すゴムエンジン　～　熱で回転が生み出せる

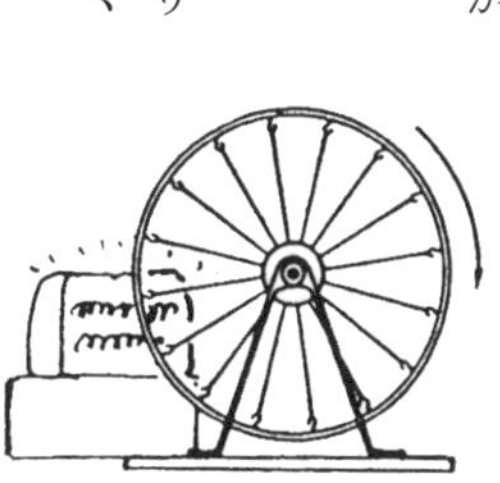

自転車のスポークを取りはずして、代わりにゴムバンドをはり、軸の周りに回転できる装置を作ります。この車輪の片側を電気ストーブで温めると、なんと車輪がゆっくり回転し始めます。???

これは、ゴムが熱により縮むという性質を利用しているのですが……。原理を考えてみましょう。

●気をつけよう

ゴムエンジンの実験の際、熱源での火傷やゴムへの引火には十分気をつけてください。

●もっとくわしく知るために

回転についてのくわしい内容については、左記の記事を参考にしてください。

・(1)(2)(3)について

戸田盛和著「コマの科学」p91～124、p156～158、岩波書店(1980)

都筑卓司著「新・パズル物理入門」p81～82、講談社(1983)

・(4)について
富山小太郎訳「ファイマン物理Ⅱ」p256、岩波書店（1968）

EX3 環境変化で未知のものが見えてくる

平成25年度　鹿児島市科学の祭典に出展

●どんな実験なの？

向こう側にものがあるのが分かっているのだけど、目の前の障害物がじゃまして見る角度をどんなに変えてみても見ることができない。そんなはがゆい経験ないですか？　音《ね》をあげてしまいそうですが、あきらめるにはまだ早い。……目の前の空間の一部を水で満たしてやると、……なんと、どんなにしても見ることのできなかったはずのものが、突如として浮かび上がってきます。ふしぎ、ふしぎ。これは光の性質がもたらすトリックなのですが……。ふと、私たち、人の生き方に置きかえてみると……これまでの環境（空気の中）では気付かなかったこと（能力や個性）が、異なる環境（水の中）に身を置くことで、姿を現してくる。新たな自分の再発見！！　ってなことにもなるのかも？　そんなことも考えながら、是非、光のトリックを体験してみましょう。

●実験のしかたとコツ

(1) まず、ちょっと変わったコップ（?）とお皿（?）を準備しよう

・図の方法で、容器A、Bを製作

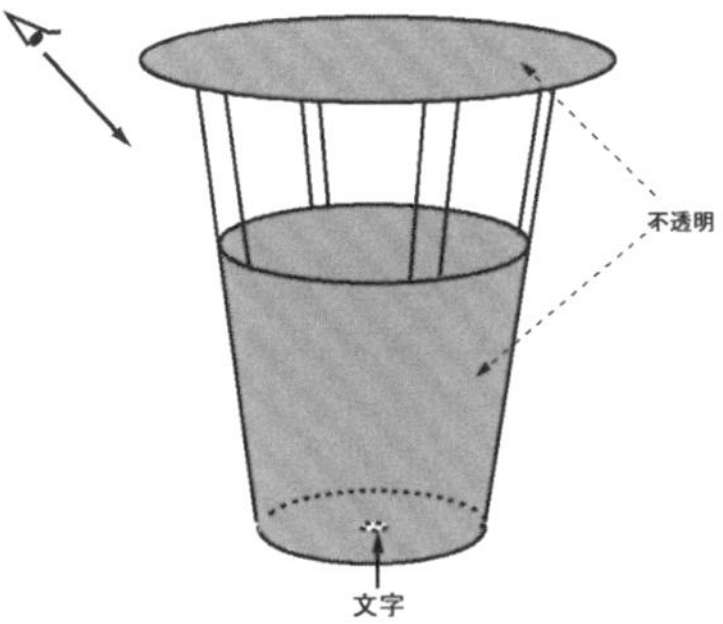

A　ちょっと変わったコップ（?）

① 硬質プラスチックコップの底中央に小さな文字を書いた円形シールをはる。

② コップを図のように加工して、側面を不透明にする。

③ コップの口の直径よりも少し大きい円盤（不透明）をはり付ける。

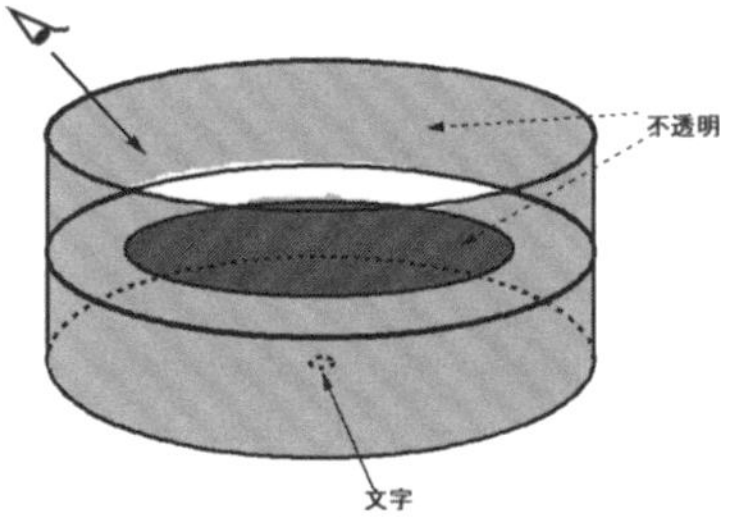

B　ちょっと変わったお皿（?）

① ペトリ皿の底中央に小さな文字を書いた円形シールをはる。

② もう１つのペトリ皿の底中央に、直径がペトリ皿の直径の半分より少し大きい円盤のシート（不透明）をはる。

③ ２枚のペトリ皿を重ね、側面に不透明なビニールテープを巻きつけてつなぐ。

(2) なぞの文字の読み取りに挑戦

・見る角度をいろいろと変えて、容器の底中央の文字をのぞきこもう。

(3) それぞれの容器に水を注いでみると……

・こぼれる寸前まで注いだ水ごしに、再び容器の底中央をのぞきこんでみよう。

なぞの文字が浮かび上がってきませんか。

(4) 原理を考えてみよう

① まず、ものが見えるとは？

「ものにあたって反射した光が、まっすぐに進んで目に届くこと」

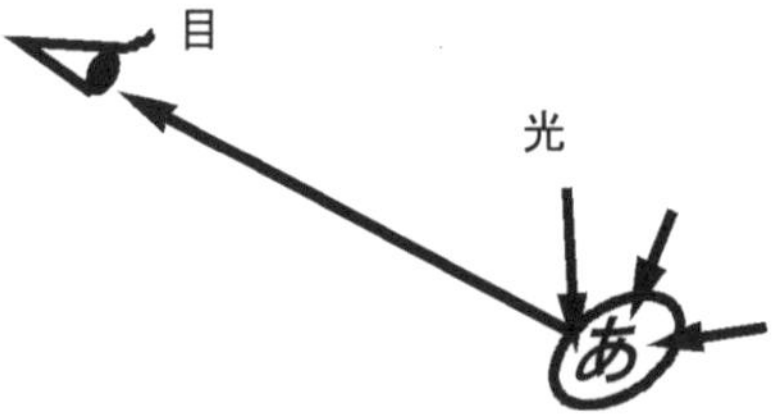

③　水を注いだ後、なぞの文字 が見えたのは？

「文字から出た光が水と空気の境目で折れ曲がったため容器の外に出て、目に届いた」
（**光の屈折**　といいます）

②　はじめになぞの文字が見えなかったのは？

「文字から出て直進する光が、容器の側面や円盤にさえぎられて目に届かない」

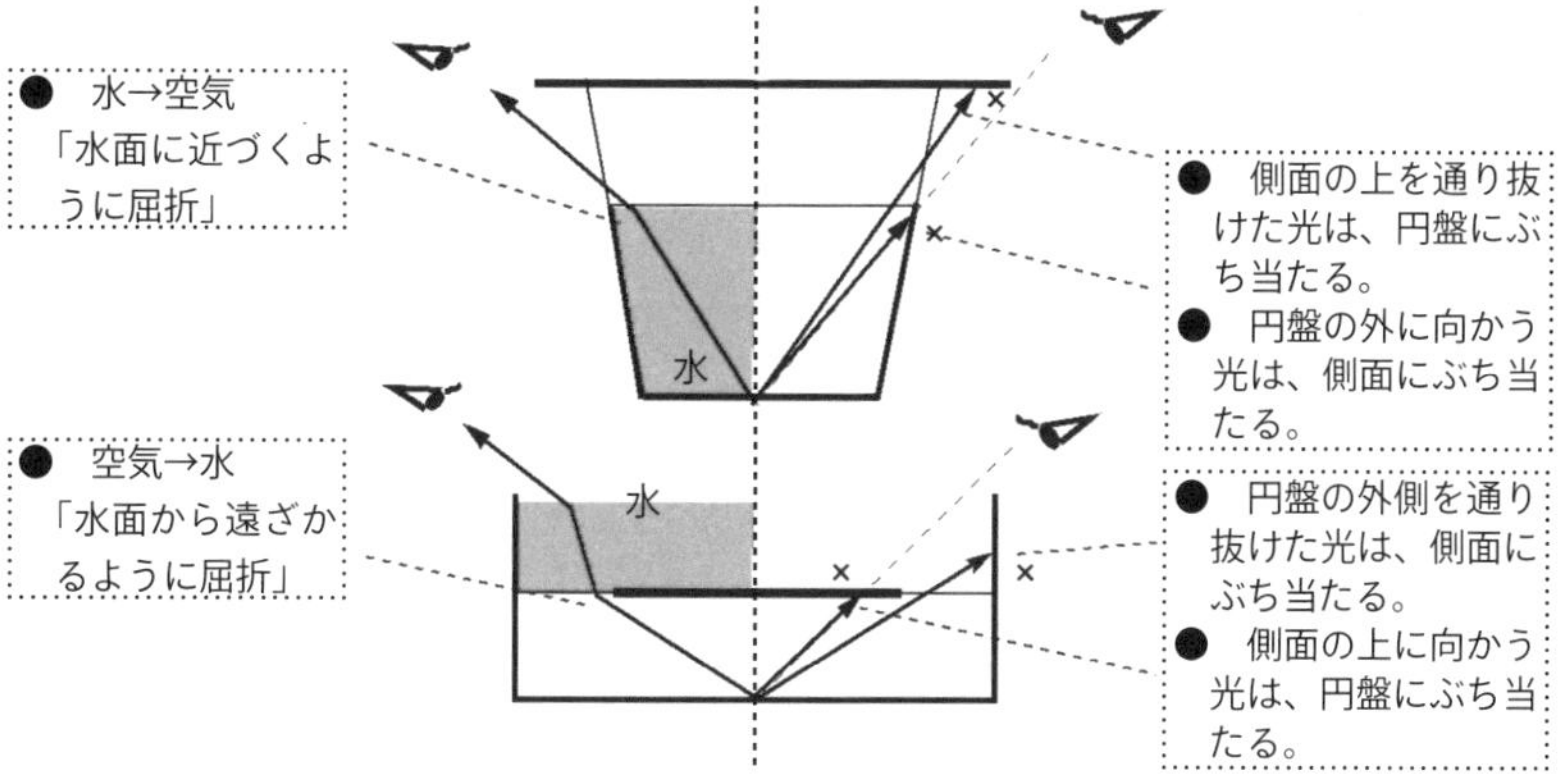

● 水→空気
「水面に近づくように屈折」
水
● 側面の上を通り抜けた光は、円盤にぶち当たる。
● 円盤の外に向かう光は、側面にぶち当たる。
● 空気→水
「水面から遠ざかるように屈折」
水
● 円盤の外側を通り抜けた光は、側面にぶち当たる。
● 側面の上に向かう光は、円盤にぶち当たる。

●気をつけよう

・容器は手に持たずに、水平な台の上に置いて実験しましょう。

・観察が終わったら、次の人のために容器内の水はこぼしておきましょう。

●もっとくわしく知るために

・同様の教具や他の関連する教具について、「科学の祭典鹿児島2001　実験解説集」p49、「かくれた文字が浮き出す光のトリック」でも紹介していますので参考にしてください。

・ちょっと変わったコップ（?）とお皿（?）は、左記の図書の記事を一部参考にして工夫した筆者のオリジナルです。

都筑卓司著「パズル物理入門」P189~190、講談社（1983）

〈補足〉ここで紹介した変わったコップ・お皿の他に、2001年科学の祭典で紹介したオリジナルの道具に「変わった角棒」（C）があります。それについても、左記のとおり示しておきます。

●実験のしかたとコツ

(1)　一部に書かれた小さな文字がどの方向から見ても見えない図1のような道具C（変わった角棒）を作ります

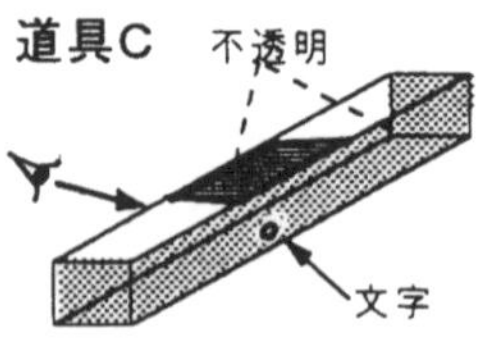

図1

①角型アクリル棒の向かい合う2側面と両端の面を油性マジック（黒）で塗りつぶします。

②棒の透明な面の中央に内部に向けて小さな文字を書き、円形シールを貼って隠します。

③文字を書いた面と反対側中央に棒の厚みの約2倍の長さの不透明シールを貼り付けます。

(2) 道具C（変わった角棒）は、前頁図1の→のようにのぞいても文字は見えません

ところが、水を利用することでその文字が浮かび上がってきます。

「図2のようにして、角棒を水につけると、見えるようになります」

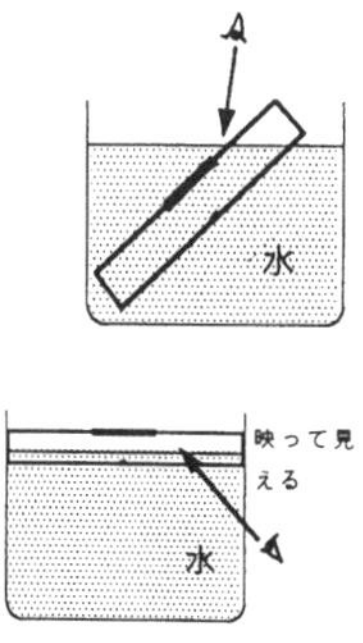

図2

●原理について考えよう

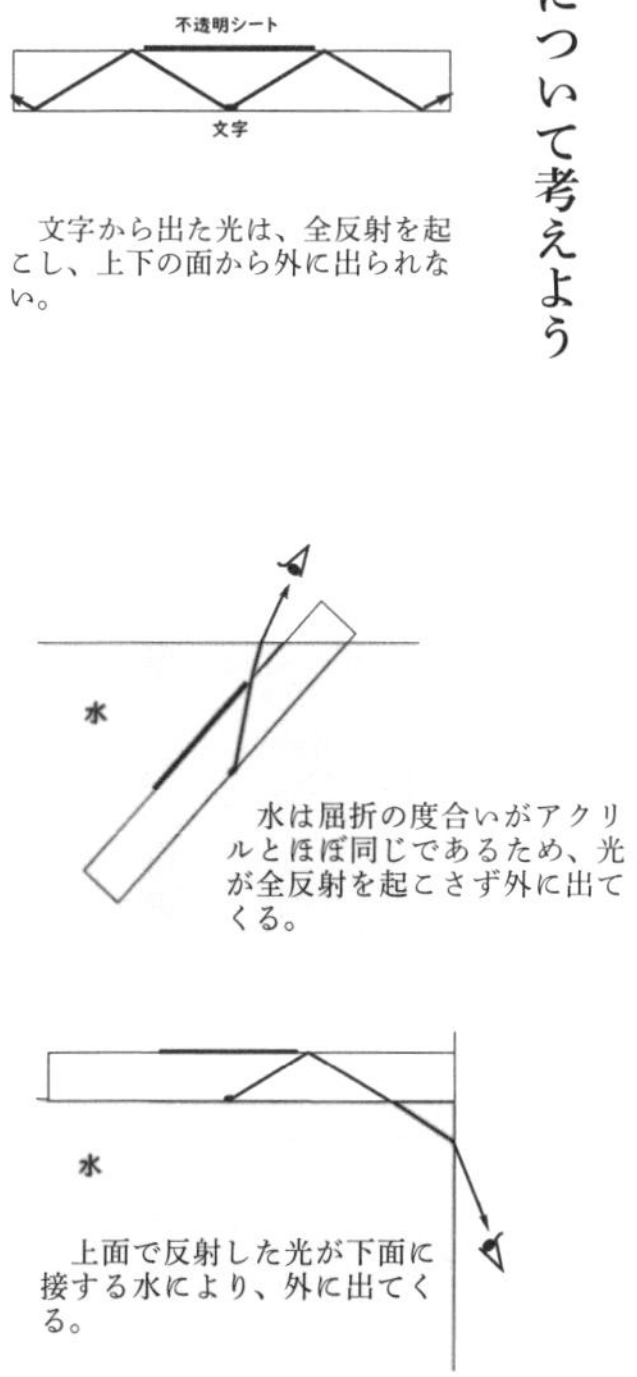

文字から出た光は、全反射を起こし、上下の面から外に出られない。

水は屈折の度合いがアクリルとほぼ同じであるため、光が全反射を起こさず外に出てくる。

上面で反射した光が下面に接する水により、外に出てくる。

図3

EX 4 よじのぼる水・噴き出す水の不思議

平成19年度　鹿児島市科学の祭典に出展

●どんな実験なの？

「水」は、空気のはたらきと関連して、重力、流れ、水圧などの作用でさまざまなおもしろい現象を見せてくれます。その中で、「低い所から高い所によじのぼる水」、「流れ落ちることにより水面より高く上がる噴水」の2つの現象について調べてみましょう。

●実験のしかたとコツ

(1)　容器間で水を移す

上端、下端に弁を付けた2本のペットボトルA、Bがあり、Aにはいっぱいの水（上端の弁のすぐ下）、Bには少しの水が入っています（図1）。

ここで、ゴム栓、ガラス管、ビニール管で作った連結器具（図2）を使って、Aの水のほとんどをBに移す方法を考えてみましょう。

ただし、ペットボトルは倒したり、傾けたりしてはいけませんが、2本を一緒に逆さまにしてもかまわないものとします。

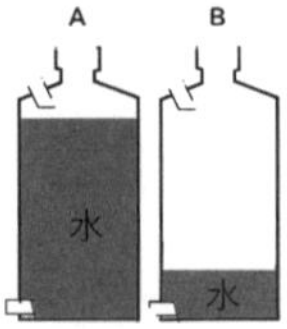

図1

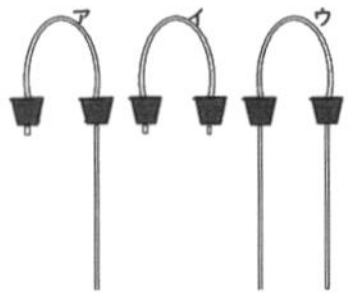

図2

さて、**ア**、**イ**、**ウ**のどの連結器具を使うとうまくいくでしょうか。

イを使うと　……　つなぐだけではうまくいきません。

A、Bを逆さまにすると、みごとに水はAからBに移動

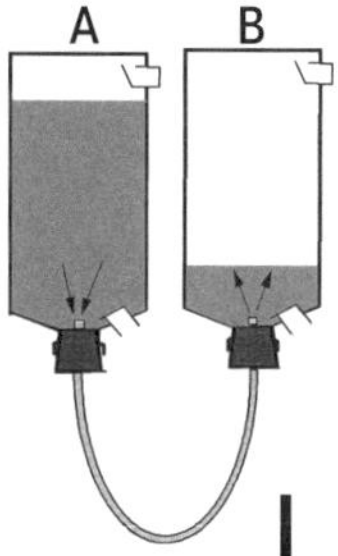

そして、高さを少し変えてやると

大成功!!

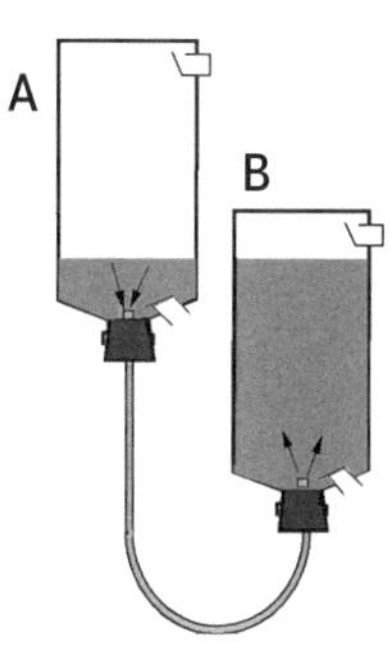

ウを使うと　……　つなぐだけではやっぱり無理

A、Bを逆さまにすると、ほんの少し水が移動したけど……ダメ

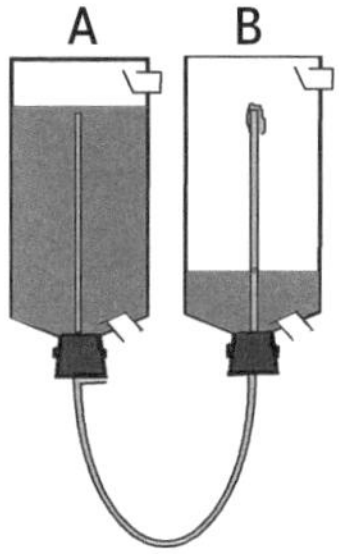

また、元にもどすと……

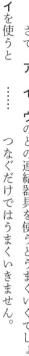

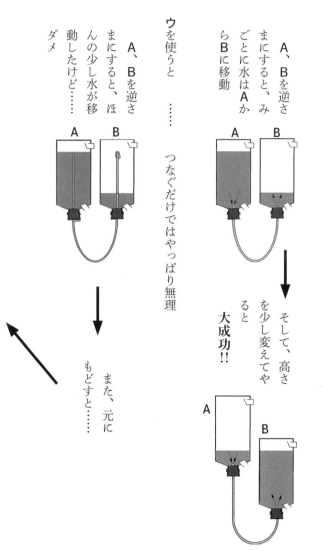

なんと、水が移動し始めました。しかも、管の中をよじ登っている。

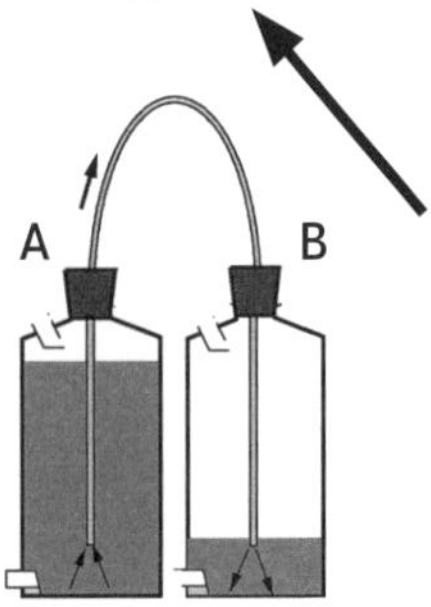

そして、A、Bの高さを変えてやると

大成功!!

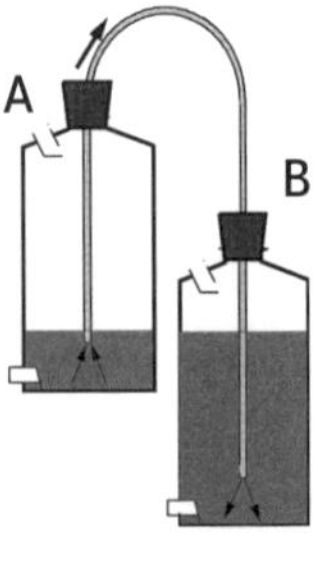

なぜ？？……「**サイフォンの原理**」といいます。

(2) 噴水を作る

さて、ペットボトルA、Bをガラス管の先を細くした連結器具（左上図）でつないでみると……噴水ができます。ここで、ペットボトルAを少し高くしてやると、噴水の高さが高くなります。でも、Aの水面の高さまでがせいいっぱい。噴水を水面よりも高く上げることはできないでしょうか？

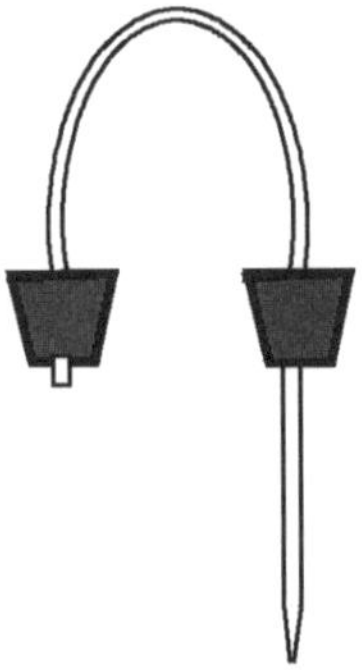

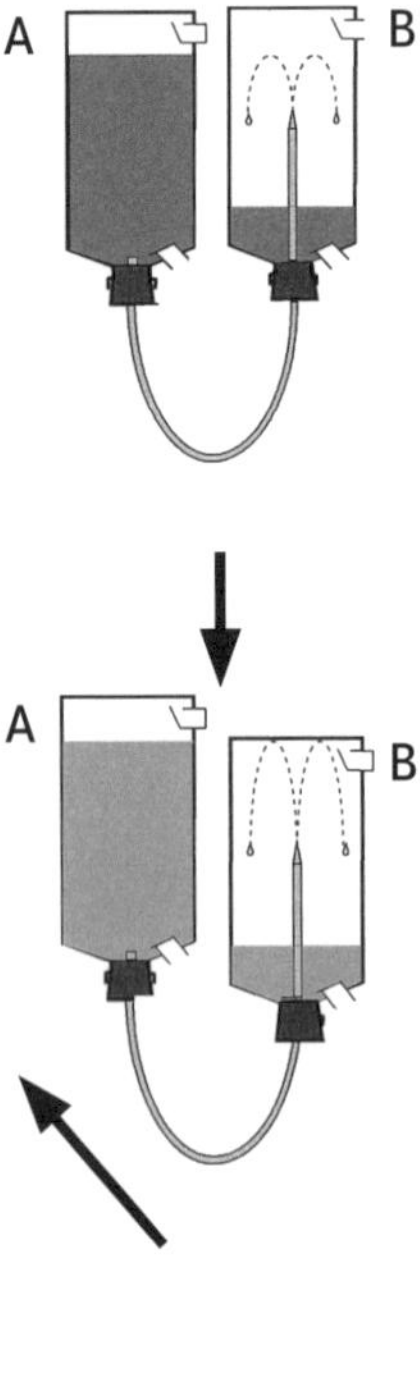

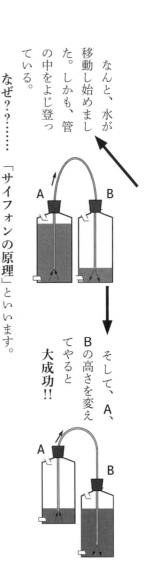

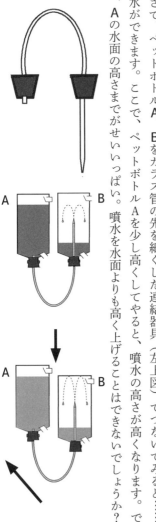

そこで、下図のような装置を作ってみると、なんと、bの上端の水面より高く噴水が上がります。

大成功!!

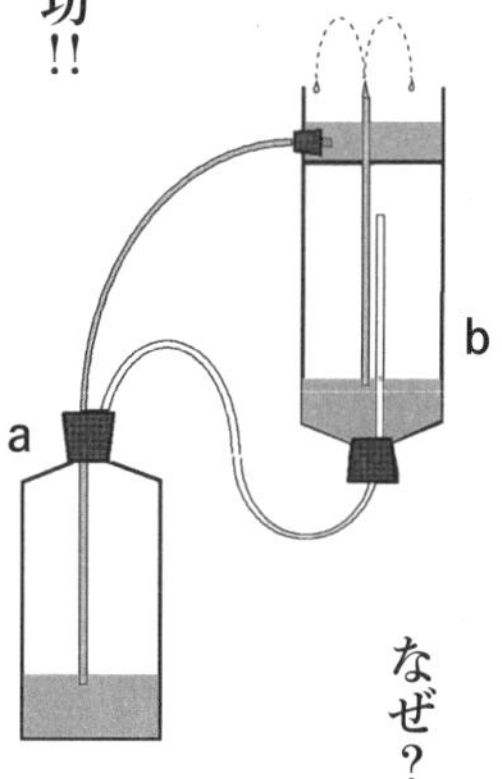

なぜ??……

これは「**ヘロンの噴水**」といいます。

bをさらに高く持ち上げると、噴水の高さはどうなるでしょうか?

●気をつけよう

・ゴム栓ははずれないようにしっかりしめましょう。特に、(2)の実験では空気や水がもれるとうまくいきません。

・水や空気をスムーズに移動させるために、ビニール管が折れ曲がらないように気をつけましょう。

●もっとくわしく知るために

・サイフォンの原理と関連した実験は、「子どもにウケる科学手品」（後藤道夫著、講談社）に教訓茶碗として紹介されています。

・ヘロンの噴水は、「新・パズル物理入門」（都筑卓司著、講談社）の自動噴水など、様々な本で紹介されています。

EX5 コマのふしぎ・ジャイロって何じゃいろ？

平成20年度　鹿児島市科学の祭典に出展

●どんな実験なの？

コマ回しって楽しいですね。簡単なおもちゃですが、不思議なこともいっぱい。その中の不思議その1、「コマはなぜ倒れない？」……この疑問に答えを与えてくれるのに、回転している物にそなわったジャイロ効果と呼ばれる現象があります。いろいろな実験を通して、コマの不思議な性質、ジャイロ効果を味わってみましょう。

●実験のしかたとコツ

(1)　軸の方向を変えまいとするコマの性質を確かめよう

回転させた地球ゴマの軸を手で押してみましょう（図1）。どうなりますか？　コマが意地でも向きを変えないぞとがんばっている感じが分かりますか？　物には回転の強さや方向を一定に保とうとする性質があるのです。

このことは、回転する円盤を組み込んだ図2の道具（ジャイロアレイと名付けましょう）を使うとよく分かります。円盤を回転させた後、軸をにぎっ

図1　地球ゴマ

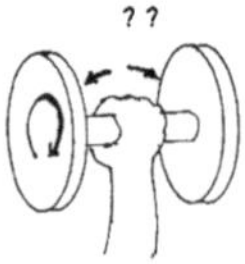

図2　ジャイロアレイ

て手首を動かしてみると、なんとも、ふしぎ、ふしぎ??

(2) 軸方向一定の性質を応用すると……

さて、地球ゴマを回転させておいて、ゆっくり回転する台の上に置くと、……軸の向きはどうなりますか?（図3）これをうまく利用すると、航行する船が方位を知るのに必要なコンパスになります（ジャイロコンパスといいます）。また、運動する物体に運動方向を軸にした回転を与えてやると……動きがなかなかの妙。どんな変化が起きるのでしょう?（図4）

(3) バランスを取る性質を応用すると……

図5は、そのままでは倒れやすい二輪車ですが、車体につけたコマを回転させて走らせてみると……どうなるでしょう?（図5）このようにコマの回転方向が変わりにくいことを利用すると、物のバランスを取るのにも役立ちます。実際にこの仕組みは、人工衛星の姿勢制御や船のゆれを小さくするのに使われています。

(4) 回転軸の方向を無理に変えようとすると……

コマの回転が弱まると重力により軸が少し倒れ、首ふり運動を始めます（次頁図6）。回転軸の方向を変えようとすると、別の回転が始まるというわけです。

地球ゴマを軸を水平にして回転させた後、軸の片方に糸をつけてつるすと、コ

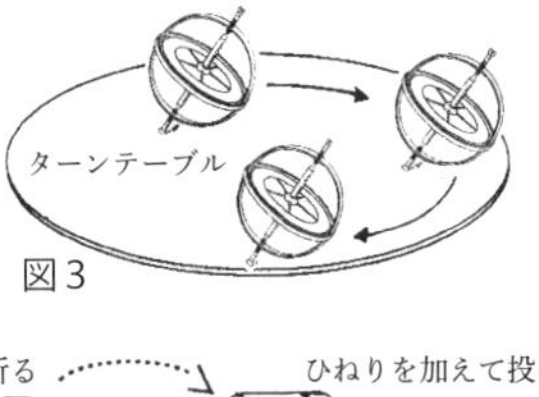

図3

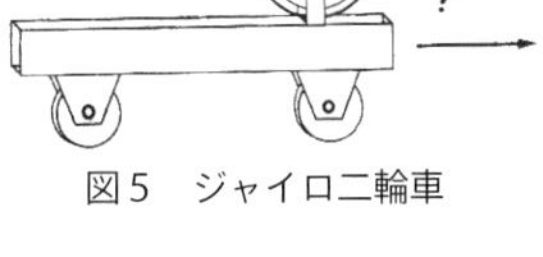

図5　ジャイロ二輪車

図4　紙飛行リング

マの動きはどうなるでしょう？（図７） また、回転イスに座って回転する車輪を持った人が、軸の方向を変えるように車輪を動かすと……ふしぎ、ふしぎ、人の体に何か異変が……（図８）。これらの現象も、実は回転の強さや方向を保とうとする性質によるものです。

図６　首ふり

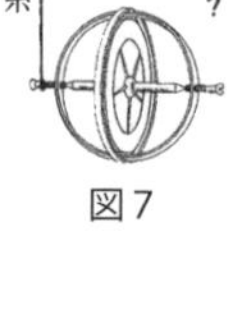

図７

図８

●気をつけよう

・回転しているコマや車輪には手を触れないように気をつけて実験しましょう。
・どの実験でも、物の回転軸の方向や回転の向きによく注目して観察し、きまりを発見してみましょう。

●もっとくわしく知るために

・コマについては、戸田盛和著「コマの科学」岩波書店（１９８０）を参考にしてください。
・図４「紙飛行リング」は、左記のホームページ等で紹介されています。
http://toy7.net/paper/hikou-ring.html

EX6 磁石とコイルで振り子の永久機関？

平成21年度　鹿児島市科学の祭典に出展

●どんな実験なの？

身のまわりには振り子のように一定のリズムで往復運動を繰り返すしくみがよくありますね。このような運動は、理想的には永久に続きそうですが、実際には摩擦や空気の抵抗でブレーキがかかり、次第に振れ幅が小さくなりやがて止まってしまいます。ところが、磁石やコイルを使うと、この運動が止まらないようにすることができるのです。これって、永久機関が実現するってことでしょうか？　この現象の秘密を探ってみましょう。

●実験のしかたとコツ

(1)　振り子のような繰り返しの運動を体験してみよう

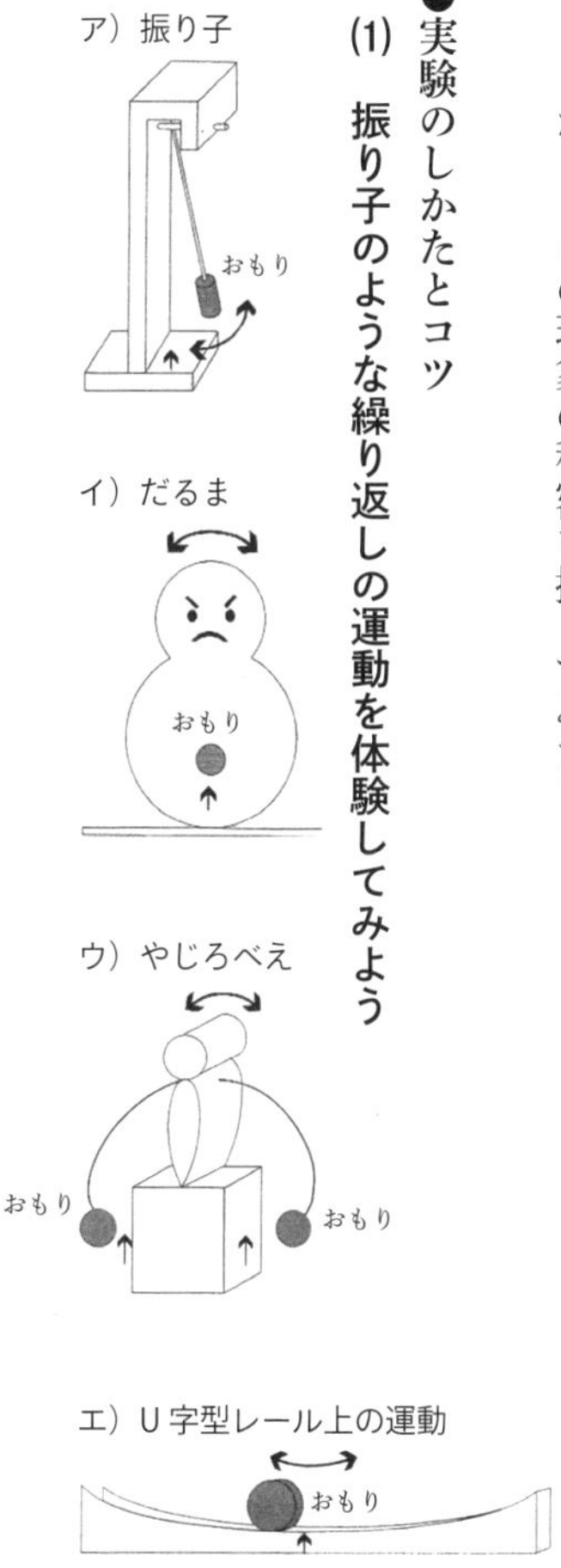

図1

(2)　あるケースXをおもりの近く（↑）の位置に置くと……

運動の勢いが弱まらず、いつまでもリズミカルな運動が続くようになります。この運動、いつまで続くのでしょう？　果たして、永久に??

(3)　どんなしくみになっている?……

実は、図1の装置に使われているおもりは磁石で、ケースXの中には、コイルがつながった回路が埋め込まれていました。（図2）

図2　ケースXの内部のようす

(4)　動きが弱まらずに続く理由は……

ケースXの回路図（図3）で、まず、①磁石（おもり）が近づくと、コイル1に電流が流れます（電磁誘導）。→すると、②トランジスタに電流が流れることで、回路2にスイッチが入り、コイル2に大きな電流が流れます。→その結果、③コイル2が電磁石となり、磁石（おもり）に運動方向の力が加わります。結局、力が弱まった分を補ってくれるわけです。

(5)　これって永久機関??……

(4)の説明で分かるように、コイル2の電流は、電源（電池）から供給されています。エネルギーが外から補充されていますから、残念ながら永久機関とはいえません。つまり、電池が消耗したら、動きもやがて止まってしまうわけです。

(6)　動き続ける……いや動きが長く続く……・振り子を作ってみよう……

図4のようにして、工作してみましょう。リードスイッチは、トランジスタに

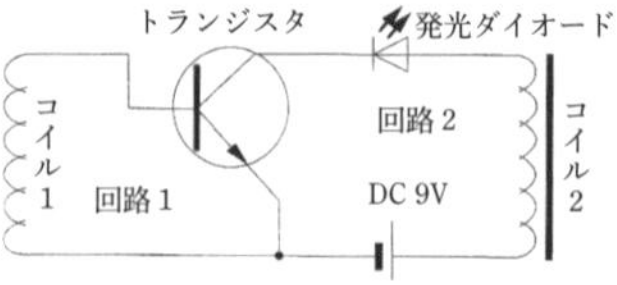

図3　ケースX内の回路図

代わって、磁石の接近時にコイルの電流をONにするためのものです。

●気をつけよう

・自作の「動き続ける振り子」は、磁石の高さを変えて、最も動きやすい状態に調整しましょう。

●もっとくわしく知るために

・自作の「動き続ける振り子」については、同様の仕組みのものが防府市青少年科学館において、2007年1月に行われた週末科学教室「磁石で動く振り子鳥を作ろう」で木村田勉氏によって紹介されています。

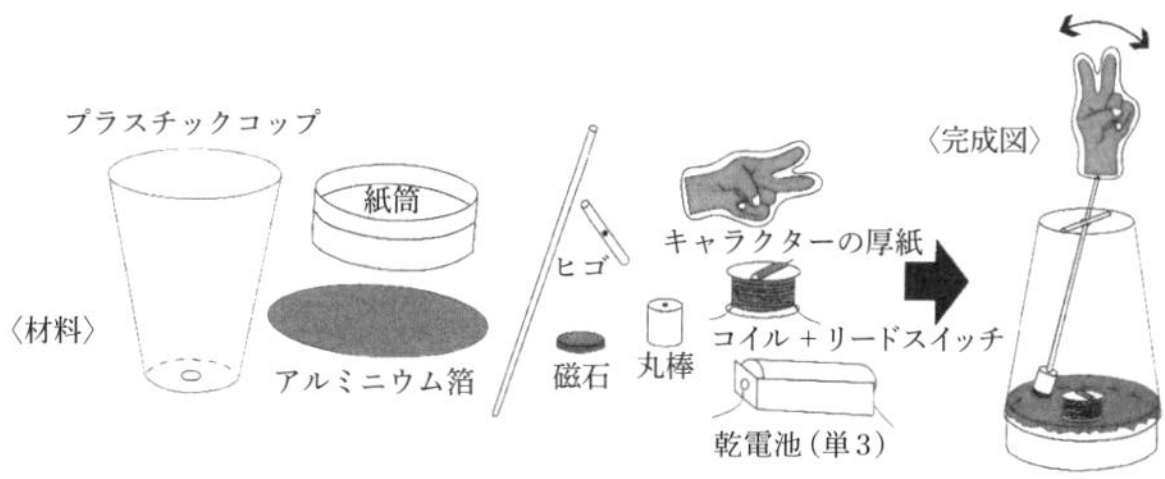

図4　動き続ける振り子の自作

EX 7　熱すると回り出すゴムエンジン

平成22年度　鹿児島市科学の祭典に出展

●どんな実験なの?

軸の周りに輪ゴムを張って作ったリングの一部分を温めると……ふしぎ、ふしぎ。リングがゆっくり回り出します。名付けてゴムエンジン。いったいどのようなしくみで回転が起こるのでしょうか。ゴムの持つ熱に対するおもしろい性質からこのことを探ってみましょう。

●実験のしかたとコツ

(1) まず、ゴムと熱の関係について調べよう

① 伸び縮みさせたときの温度は？

ゴムを伸び縮みさせた直後、唇に当ててみましょう（図1）。伸ばした直後は温かく、縮めた直後は冷たく感じるでしょう。ゴムは伸びるときに熱を外に出し、縮むとき逆に周りから熱を吸収するのです。

② ゴムを熱したり、冷やしたりすると？

下（図2）のようにして、ゴムに熱風や冷風を当てたときの長さを調べてみると、……ゴムは、熱を加えると縮み、熱を引き去る（＝冷やす）と、伸びる性質があることが分かります。

(2) そこで、自転車の車輪のスポークをすべて輪ゴムに代えたものを作ってみます

この車輪の片側を、白熱電球で温めてみましょう。……やがて、車輪が矢印の方向に、ゆっくり回転を始めます（図3）。ゴムエンジンのできあがりです。

図1　ゴムの伸縮による温度変化体感

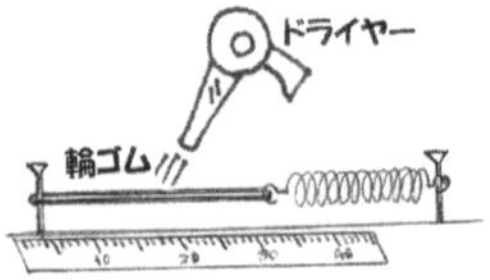

図2　熱の放出・吸収によるゴムの伸縮

これは、加熱されたゴムが縮むことにより、車輪の重心が、軸を中心に加熱部の反対側へ移動するためです。加熱された部分が反対側に来ると温度が下がって伸びるために、回転が連続して続くことになります。

(3) 条件をいろいろ変えて試してみると……

白熱電球の位置を車輪の反対側に変えてやると……、電球の代わりに冷風をあてるなどして冷やしてやると……、回転の仕方はどうなるでしょう?

(4) 改良型ゴムエンジンで試してみると……

図4のように、軽い材質の円盤の中心から四方に輪ゴムとバネをつないだものを張って、改良型ゴムエンジンを作ってみました。さて、同じように片側を加熱すると、どうなるでしょうか?

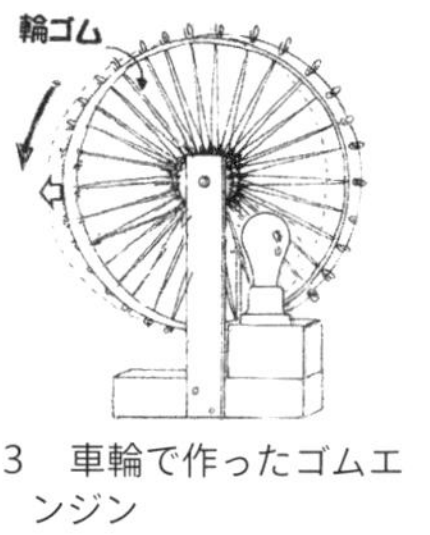

図3　車輪で作ったゴムエンジン

図4　改良型ゴムエンジン

●気をつけよう

車輪を加熱する白熱電球は熱くなっていますので、球部に手を触れないようにしましょう。

●もっとくわしく知るために

ゴムエンジンは、「ファインマン物理学Ⅱ」(冨山小太郎訳、岩波書店)で、熱機関のモデルとして紹介されています。また、「いきいき物理わくわく実験」（愛知・岐阜物理サークル編著、新生出版）には、その製作方法が示されています。

EX 8 食塩水と鉛筆で電気を蓄える

平成23年度　鹿児島市科学の祭典に出展

●どんな実験なの？

食塩水など身近な水溶液の中には電気を通すものがあることを知っていますね。さて、このとき使われた電気のエネルギーはどうなるのでしょう？　全てなくなる？……いや、そうではありません。水溶液の入っていた容器の中に一部は残っているのです。鉛筆の芯などを使うと、この電気をたくさん蓄えておくことができます。これを燃料電池といいます。……燃料電池を作って、電気を蓄えたり、取り出したりしてみましょう。

●実験のしかたとコツ

(1)　まず、燃料電池を作ってみよう

①　濃い食塩水を作ってフィルムケースに入れる。

②　鉛筆の芯2本を、穴を開けたフィルムケースのふたに差し込む。

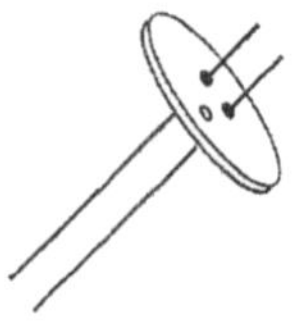

③　①のフィルムケースに②のふたをはめ込む

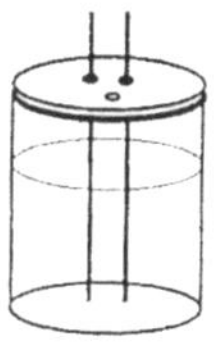

⑤　コードを電池から外し、発光ダイオードにつなぐ。

(2)　いろいろなエネルギーを燃料電池に蓄えてみよう

運動エネルギーを蓄える

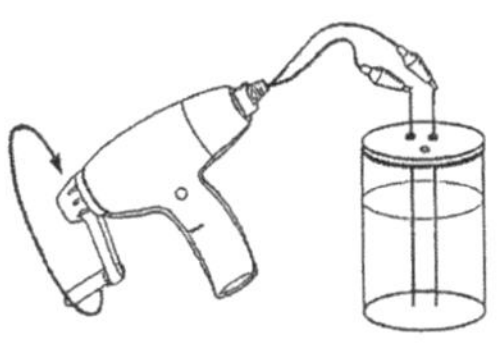

④　鉛筆の芯２本をコードで電池とつなぎ数十秒電気を流す。

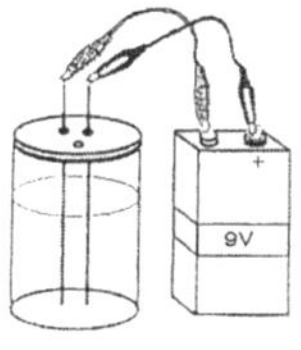

燃料電池の原理

水に電気を通すと、そのエネルギーで水が分解し、電極から水素と酸素が発生します。

水＋電気のエネルギー
　　　　→　水素＋酸素

反対にこれを電球につなぐと、逆の反応が起こってエネルギーが取り出せるというわけです。

水素＋酸素
　　→　水＋電気のエネルギー

(3) 燃料電池でどんなことができる？ 試してみよう……

光のエネルギーを蓄える

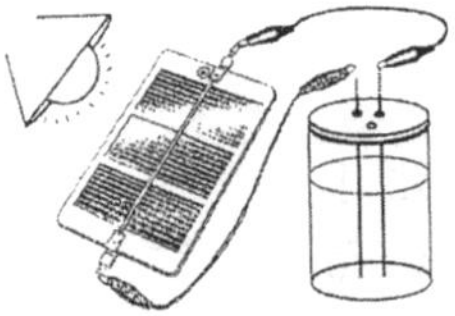

化学エネルギーを蓄える

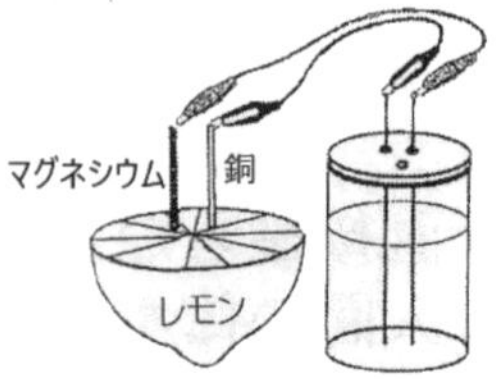

さらに明るく電球をつけてみよう

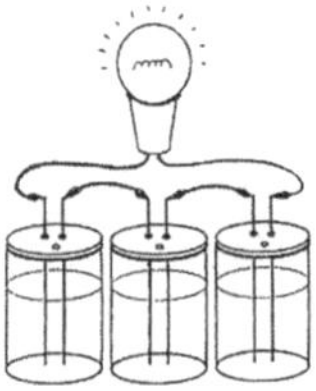

ラジオの音を聴いてみよう

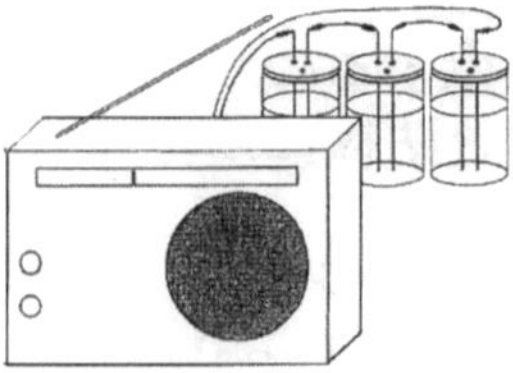

おもちゃの車を動かしてみよう

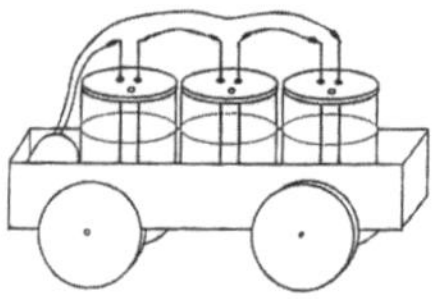

●気をつけよう

・電気を通したとき、＋極側からは有毒な塩素が発生します。直接かがず、換気にも気をつけましょう。

・電気を通した後の水溶液は、決して飲まないようにしましょう。

●もっとくわしく知るために

燃料電池は、いろいろな本やインターネットで紹介されています。左にいくつか、あげておきます。

・「ガリレオ工房の身近な道具で大実験（第3集）」ｐ１０２、滝川洋二・吉村利明編著、大月書店

・「おもしろ実験・ものづくり事典」左巻健男・内村浩編著、東京書籍

EX9 電気信号で足し算・引き算！

平成26年度　鹿児島市科学の祭典に出展

●どんな実験なの？

電卓やコンピュータは、電気信号で、いろいろな計算の答えを、とても速いスピードで出してく

れます。
いったい、どんなしくみで計算ができているのでしょうか？　簡単な足し算・引き算のできる電気回路を作って、計算のしくみを調べてみましょう。

図1

●実験のしかたとコツ

(1)　電気信号での数の表し方

私たちが日頃使っている数字の記号は、0、1、2、3、……9の10種類です。これを十進数といいます。でも、電気は「流れる」「流れない」の2通りしか区別できませんので、電気信号で数を表す場合、0と1の2種類の記号を使うことにします。これを二進数といいます。

ところで、十進数の場合、9より1だけ大きい数は、桁を一つ上げて10（じゅう）と表しますが、二進数の場合も同じように、1より1だけ大きい数は桁を一つ上げて、「10」と表すようにします（これは、イチゼロと呼びましょう）。これは、十進数の2と同じ数を表します。

表1

電気信号で表す数（2進数）	10進数
0	0
1	1
10	2
11	3
100	4
101	5
110	6
111	7
1000	8
1001	9
1010	10
1011	11
1100	12
1101	13
1110	14
1111	15

このようにして、桁をどんどん上げていくことで、二進数でも大きい数を表すことができます。例えば、4桁までの数字を表すと、表1のようになります（右側の数は、十進数での数です）。

(2)　計算の基になる基本回路

数を電球の点灯・消灯で表すとして、2つの状態（入力）をつないで1つの結果（出力）を出してくれる電気回路を考えてみましょう（図2）。それには、次頁図3のⅠ、Ⅱのような2つの回路が考えられます。

　Ⅰは入力側の2つの電球がどちらとも点灯したときだけ、出力側の電球が点灯します（これを「ドッチモ回路」と呼びましょう）。

Ⅱは、入力側の2つのうちどちらかが点灯したら出力側が点灯します（これは「ドッチカ回路」と呼びましょう）。

　さらに、1つの状態（入力）から、1つの結果（出力）を得る回路として、図3のⅢのような回路もあります。これは、入力側が点灯すると出力側が消え、入力側が消えると、出力側が点灯するというものです（これを「アマノジャク回路」と名付けましょう）。

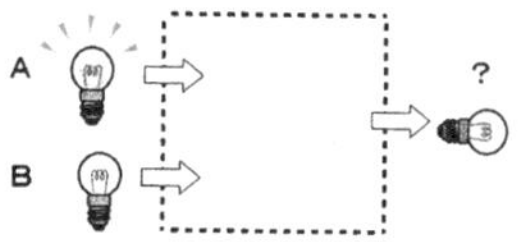

図2

(3) 各桁の足し算をする回路

さて、電球の点灯・消灯で表された入力側の数字を足し算する回路を考えてみましょう。それは、(2)の3つの回路（「ドッチモ回路」、「ドッチカ回路」、「アマノジャク回路」）の組み合わせで可能になります。

まず、1桁の数どうしの足し算は、図4のような回路でうまくいきます（これを「半足し算回路」と言います）。

次に、2桁以上の足し算の場合を考えてみます。1

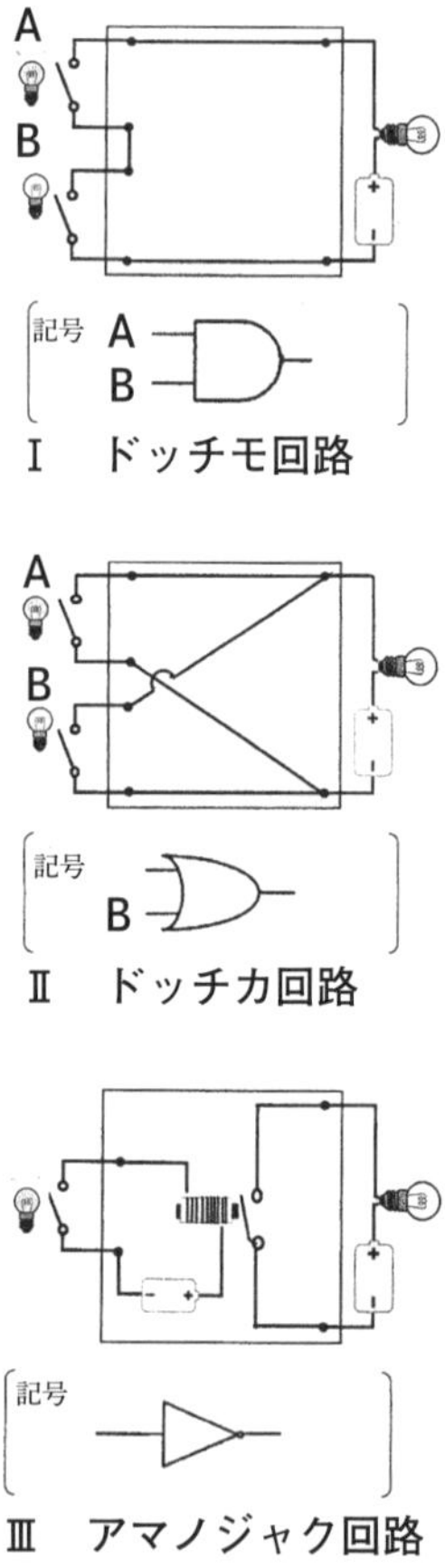

図3　基本回路

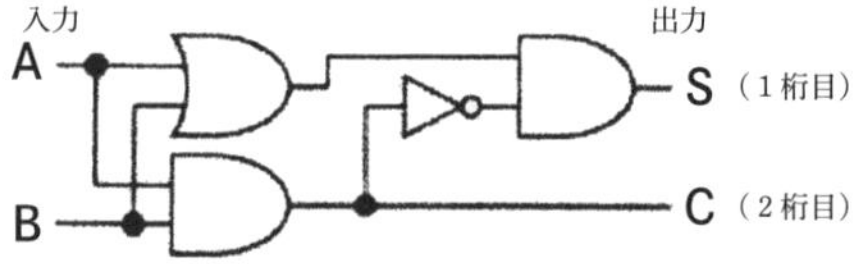

図4　半足し算回路

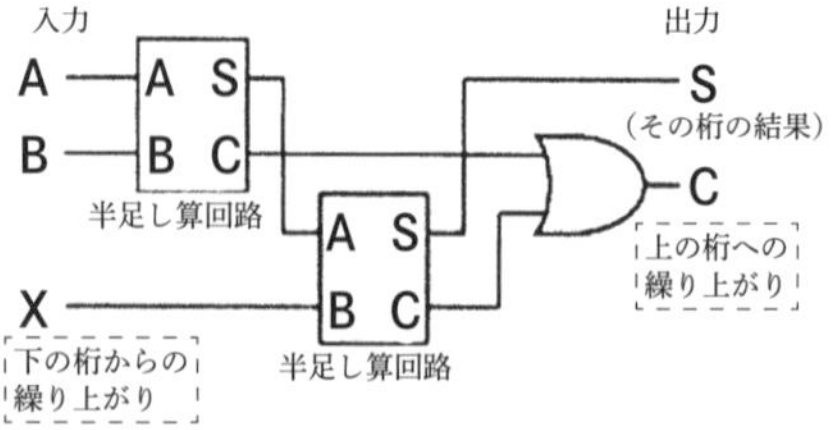

図5　全足し算回路

桁目の計算は図4で大丈夫ですが、2桁目以降の足し算は前の桁の足し算で出た繰り上がりの分も足す必要があります。したがって、図5のようになります。これを「全足し算回路」と呼びます。

(4)　4桁の数の足し算

(3)の「半足し算回路」、「全足し算回路」を組み合わせていくと、大きな桁の数を足し算する回路ができます。4桁の数を足し算する回路は、図7（次頁）のようになります。

(5)　4桁の数の引き算

引き算の場合、計算の手順にちょっとした工夫が必要ですが、整理すると、図8（次頁）のような回路で計算をすることができます。

それぞれの回路を操作して、足し算、引き算が間違いなくできるか確かめてみましょう（図6、下写真）。

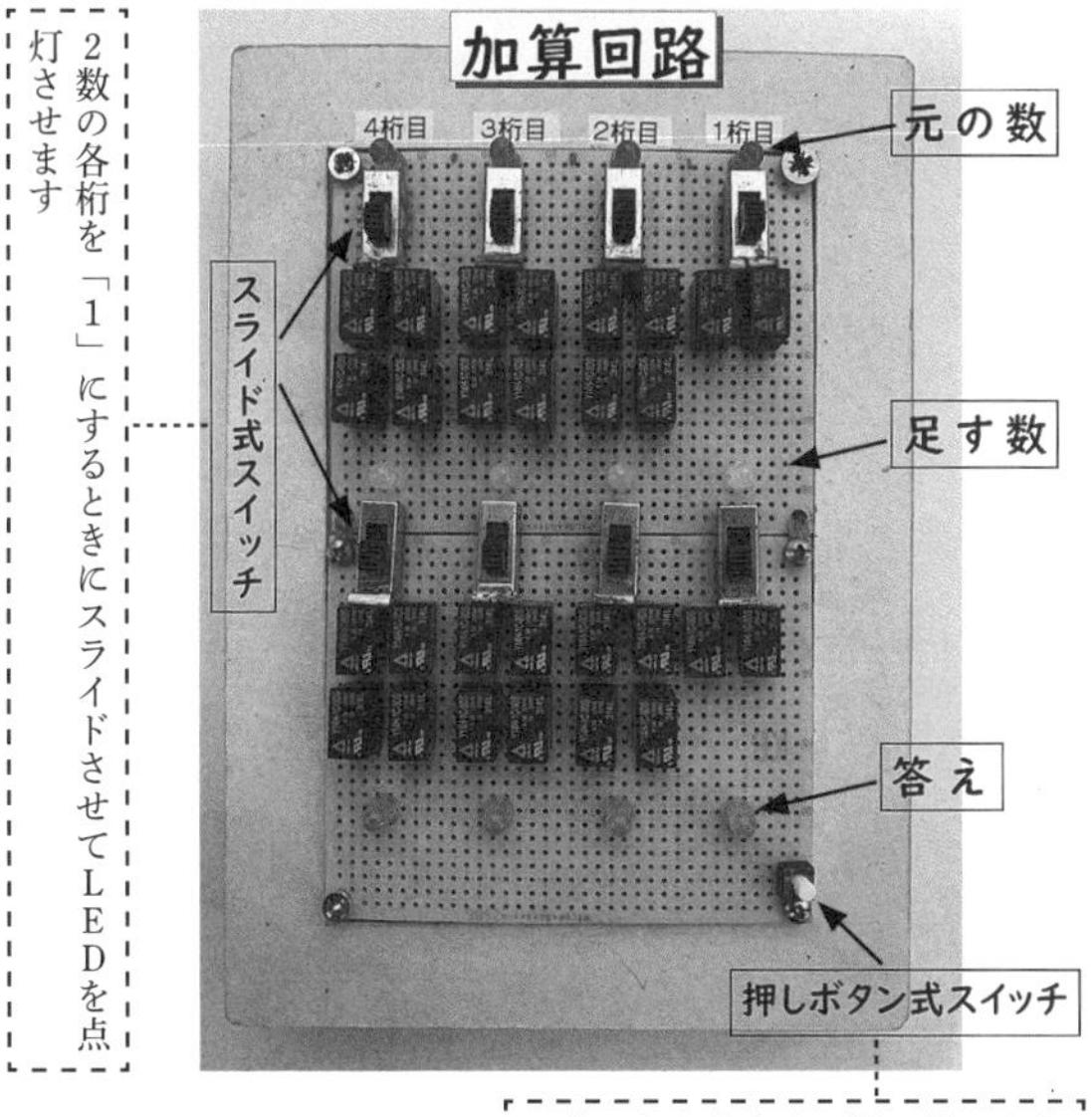
2数の和を算出する際に押します

図6　加算回路を組み込んだ加算器

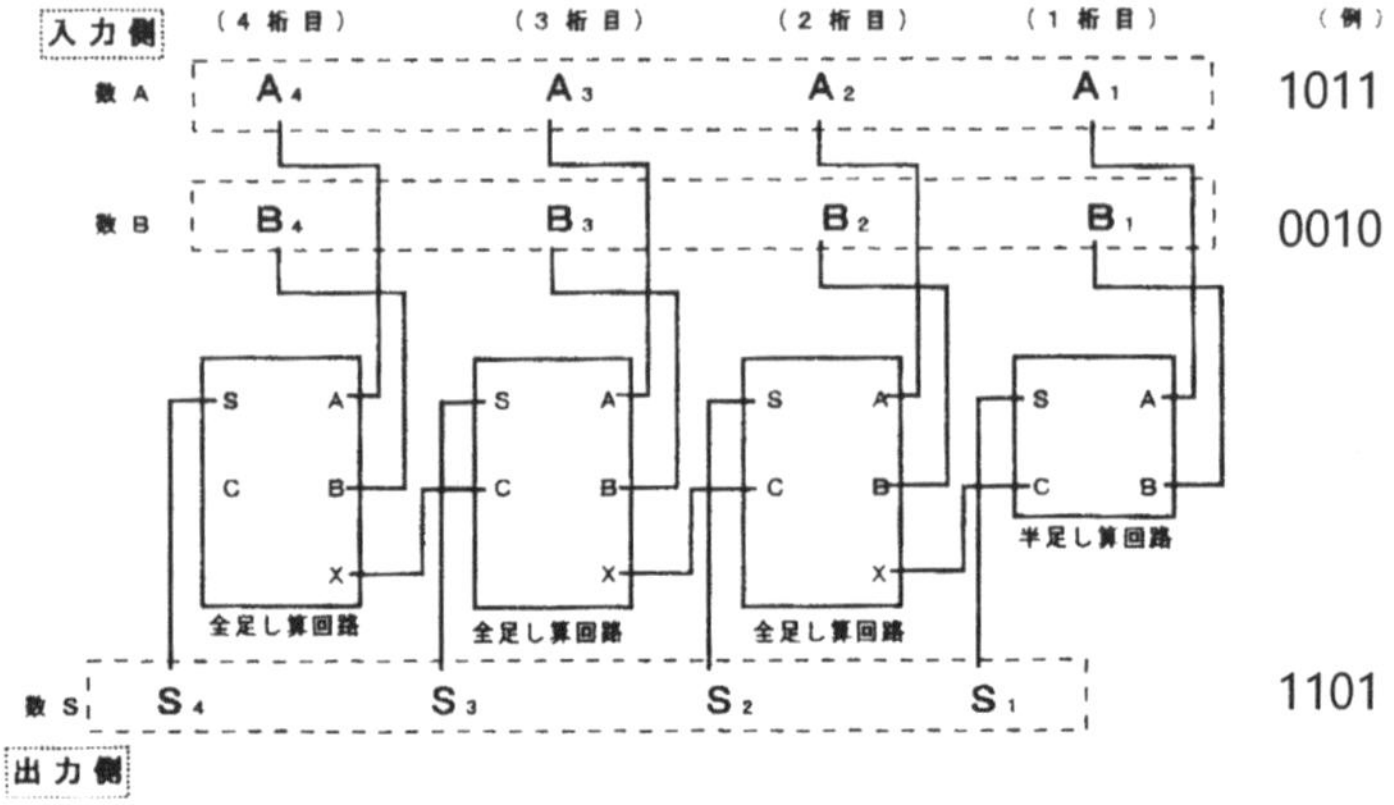

図7　4桁の足し算回路

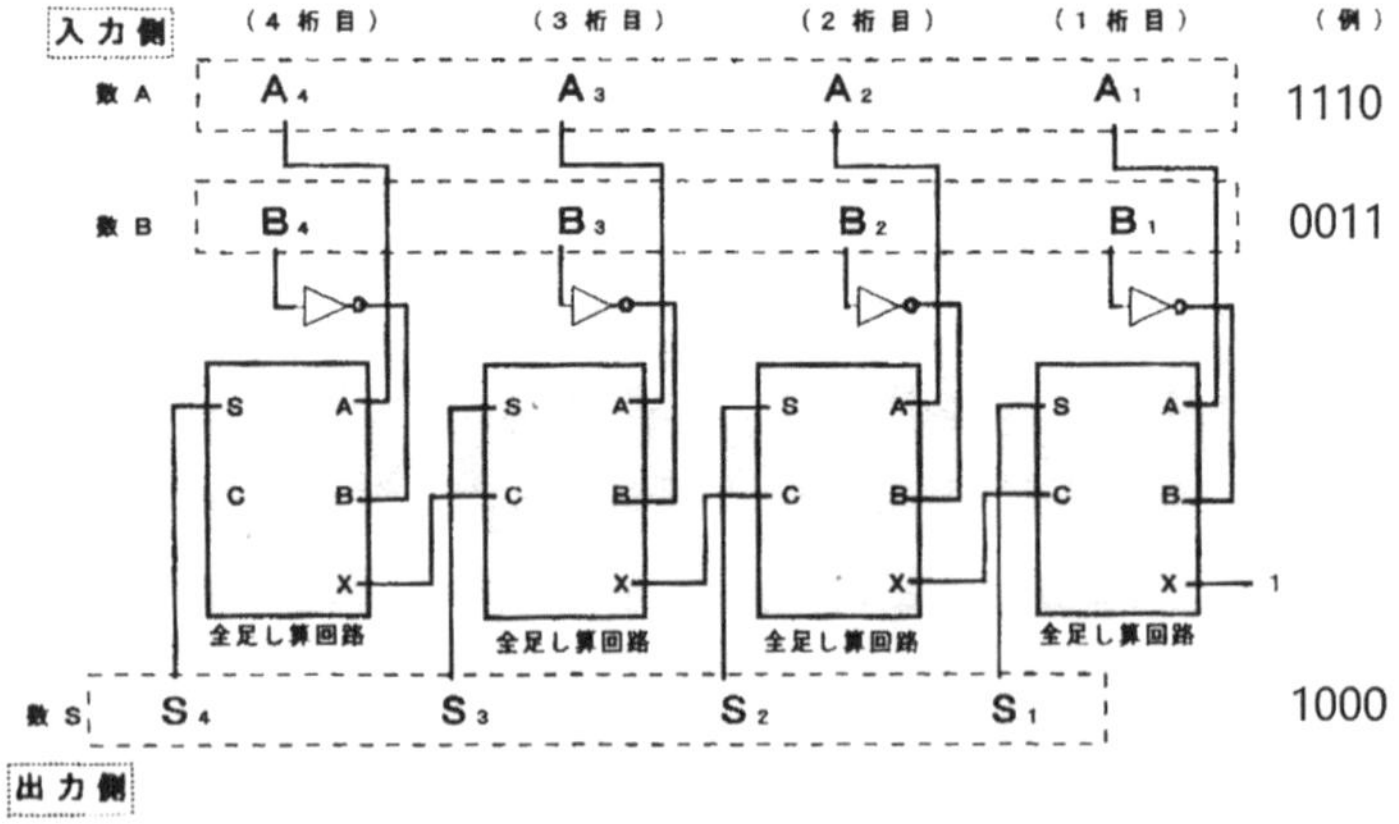

図8　4桁の引き算回路

●気をつけよう

① 入力する数は十進数を二進数に置きかえ、出力した数は二進数を十進数に置きかえて、正しい計算ができているか確かめましょう。

② 足し算回路での実験は、足して15を超えない数字で試してみましょう。

③ 引き算回路の実験では、0～15までの数で、引かれる数が引く数より大きくなるようにして試してみましょう。

④ 入力の数を入れるとき入れたスイッチは、実験終了後は切っておきましょう。

●もっとくわしく知るために

・ 二進数について、詳しくは、中学校「技術・家庭（技術分野）」教科書（開隆堂、p182）で紹介されています。

EX10 コイン選別機の仕組みは？

平成27年度　鹿児島市科学の祭典に出展

●どんな実験なの？

缶ジュースやアイスクリームを買うのに便利な自動販売機。……自動販売機には、10円玉、50円玉、１００円玉等、様々な種類のコインを投入しますが、いつも正しく合計金額を表示してくれます。機械の中には、コインの種類を見分けて選別する仕組みがあると考えられます。いったいどんな仕組みがあるのでしょうか。簡単なコイン選別機を作って、その仕組みについて考えてみましょう。

●実験のしかたとコツ

(1)　コインの選別を体験してみよう

次頁の写真は、1円玉、5円玉、10円玉3種類のコインを選別できるように作った装置です。コイン投入口が左右2つあって、そこからコインを入れると、傾斜した経路をころがっていったコインが端の方から飛び出して、下に置いてあるコップに入るようになっています。

さて、まず、左側の投入口から、3種類のコインを入れてみます。……その結果、コインはいずれも、みな同じ1つのコップに入ります。

次に、右側の投入口から入れてみます。……どうでしょう。3種類のコインがみごとに、別々のコップに分かれて入ります。

右と左の投入口の違いは何なのでしょうか？　そして、どんな仕組みでコインが分けられるのでしょうか？

(2)　コイン選別の鍵《かぎ》は磁石

コイン投入口の左と右の違いは何か、分かりましたか？……コインが選別できた右側のコインの

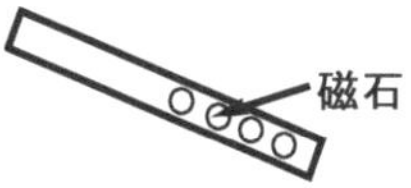

経路上には円盤状の物体が並べて付けてありましたね。……これは実は磁石でした。

磁石がコインの動きに影響を与えるということでしょうか。

そこで、そのことを確かめる簡単な実験をしてみましょう。

(3) コインに磁石を近づけると……

まず、3種類のコインに磁石を近づけてみます（次頁図上）。……いずれも全く反応しませんね（それぞれのコインの材質は、1円玉がアルミニウム、5円玉が真ちゅう〈銅と亜鉛の合金〉、10円玉が銅ですが、いずれも磁石に引き寄せられる性質はありません）。

次に、1円玉を机上の細長い板（レール）の上にのせて、その上に磁石のついた角材をのせて左右にすばやく動かしてみましょう（次頁図下）。……なんと、1円玉が磁石を動かした方向に動くのが分かりませんか（10円玉、5円玉でも動きが小さくなりますが、同じようなことが起こります）。

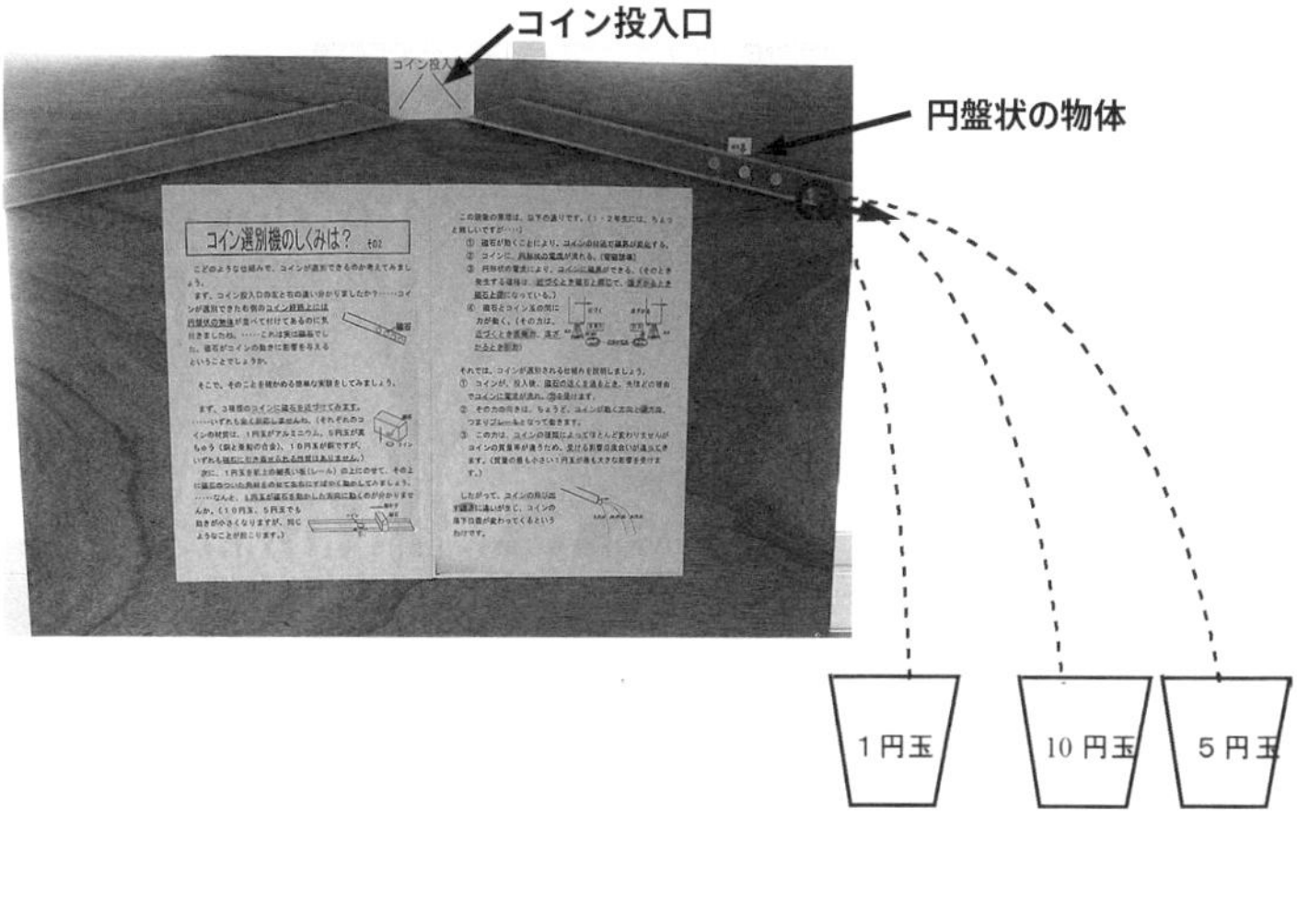

この現象の原理は、以下の通りです（次頁図）。

①　磁石が動くことにより、コインの付近で磁界が変化する。

②　コインに、円形状の電流が流れる（電磁誘導）。

③　円形状の電流により、コインに磁界ができる（そのとき発生する磁極は、近づくとき磁石と同じで、遠ざかるとき磁石と逆になっている）。

④　磁石とコイン玉の間に力が働く（その力は、近づくとき反発力、遠ざかるとき引力）。

(4)　コイン選別の仕組みは……

それでは、コインが選別される仕組みを説明しましょう。

①　コインが、投入後、磁石の近くを通るとき、先ほどの理由でコインに電流が流れ、力を受けます。

②　その力の向きは、ちょうど、コインが動く方向と逆方向、つまりブレーキとなってはたらきます。

③　この力は、コインの種類（材質）によっても違い、さらにコインの質量も違うため、受ける影響の度合いが違ってきます。

したがって、コインの飛び出す速さに違いが生じ、コインの落下位置が変わってくるというわけです。

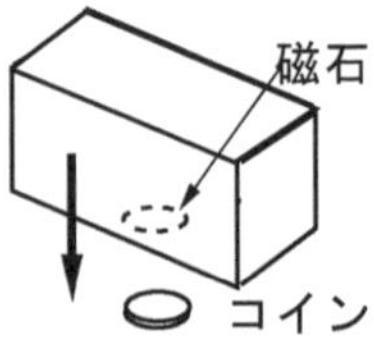

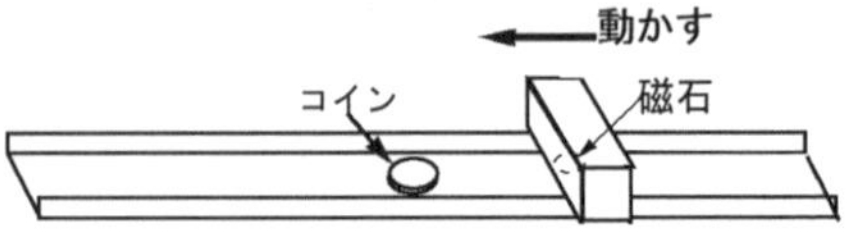

●気をつけよう

◎　コインを投入する際は、一度に入れずに1個ずつ入れましょう。

また、勢いをつけたりせず、そーっと静かに入れましょう。

●もっとくわしく知るために

・コイン選別機については、以下の図書でも紹介されています。

「いきいき物理　わくわく実験」愛知・岐阜物理サークル編著、新生出版、p70

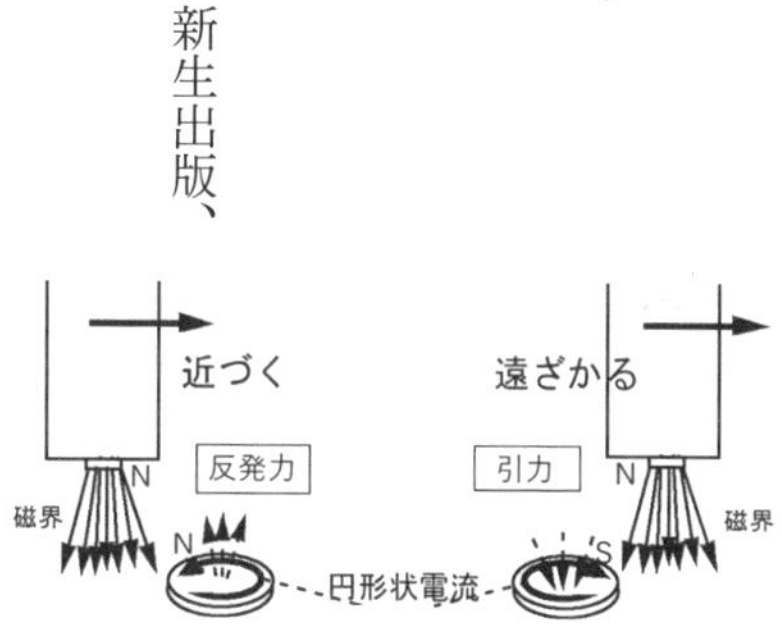

EX11　光で音を伝えよう　～光通信に挑戦！～

平成28年度　鹿児島市科学の祭典に出展

●どんな実験なの？

インターネットや電話の通信方法として、「光通信」という言葉は最近ごく普通によく耳にしますね。中でも電話は、昔と違って、光で音声を伝えていることになります。光で音を伝えるって、いったいどういうことでしょうか？　どうしてそんなことができるのでしょうか？　簡単な実験を通して、その仕組みについて考えてみましょう。

●実験のしかたとコツ

(1) まず、電子メロディーを分解してみよう

電子メロディーは、図のように電池につないだＩＣ部分（送信部）と、音を発するスピーカー（圧電スピーカー）部分（受信部）からできていることが分かります（図１）。両部分を切り離してしまうと、電子メロディーは当然鳴らなくなります。

(2) 有線により音を伝えて、電子メロディーを聴く

ＩＣ部分と圧電スピーカーを導線でつなぐと、スピーカーから電子メロディーが流れ出します（図２）。

これは、ＩＣ部分で作られた電子メロディーの基である変調する電流が電気信号となって導線中を伝わり、圧電スピーカー部分で金属の振動に変わって（逆圧電効果といいます）、音が出てきたということです。

(3) 導線による接続なしで音を伝える

さて、導線なしで音を伝えることはできないでしょうか。

導線を切断して、ＩＣ部分の方に発光ダイオード（ＬＥＤ）を付け、圧電スピーカー部分には太陽電池をつないでみます。そして、ＬＥＤの光が、太陽電池

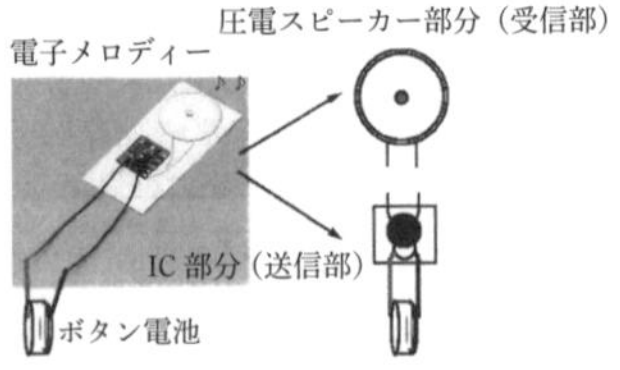

図１

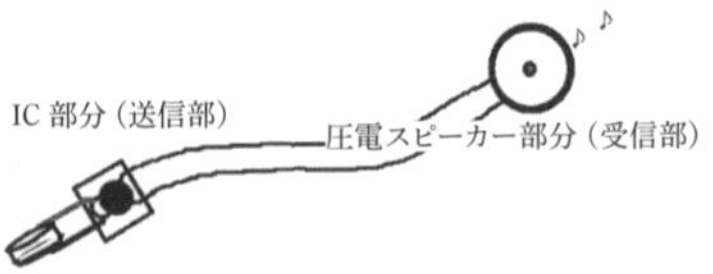

図２

のパネルに当たるようにしてみましょう（図３）。なんと、スピーカーから電子メロディーが鳴り出します。まさに、光が音を伝えたことになります（ここでスピーカー部分は、小さな音でも聞こえやすいように、プラスチック容器の底に穴を開け、そこに圧電スピーカーをセロテープで貼り付けたものを作っておきます）。

(4) 光が音を伝えるしくみは？

ＩＣ部分では、強さや周期が変化する電流が出されており、ＬＥＤの発する光もそれに応じて変動しています（肉眼ではよく分かりませんが……）。そのため、その光を受けた太陽電池側では、同様に変動する電圧、そして電流が生じることになります。したがって、送信部（ＩＣ部分）での電流の変化が、光を通して、受信部（圧電スピーカー部分）で再現されたことになり、音が伝わったということになります。

(5) 送信部、受信部を他の器具に替えてためしてみよう

① 送信部にラジオをつないでみる

ＩＣ部分の代わりに、ラジオのイヤホンプラグからとったコードをつないで、ラジオの電源を入れると、圧電スピーカーからラジオの音が流れ出します（図４）。

② 受信部にラジカセをつないでみる

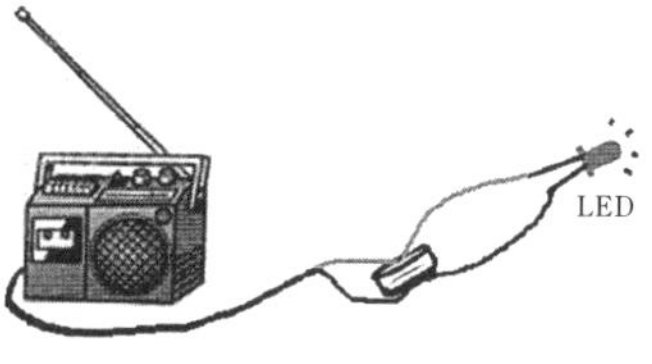

図４

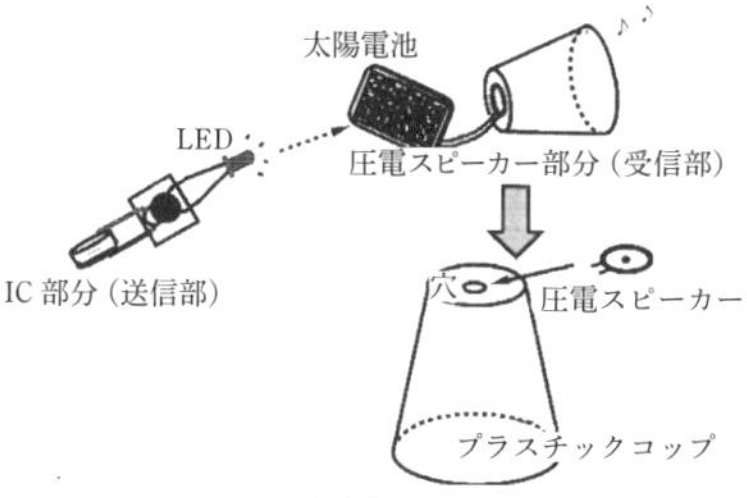

図３

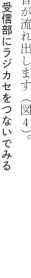

圧電スピーカーをはずして、ラジカセのマイク端子からとったコードをつなぎ、ラジカセの電源を入れてみましょう（図５）。ラジカセのスピーカーから、より大きな音を聞くことができます。

(6) 圧電スピーカーをマイクとして使って、双方向の光電話にしてみよう

圧電スピーカーは、逆の使い方をするとマイクにもなります。つまり、圧電スピーカーの近くで音を発すると、電圧が生じ電流が流れるのです（圧電効果といいます）。そこで、圧電素子をつけたプラスチックコップを２つ準備し、それぞれに、送信部、受信部を取り付けてやると、光のやり取りにより、双方向に音を伝える装置を作ることができます（図６）。

●気をつけよう

◎太陽電池の面によけいな光が入らないように覆いを作るなどしておきましょう。

（特に、蛍光灯の光は交流の周期で点滅を繰り返しているので、太陽電池に当たると雑音として聞こえてしまいます）

◎ＬＥＤの前にフレネルレンズを置くと、光が拡散せずにより遠くまで音を伝えることができます。

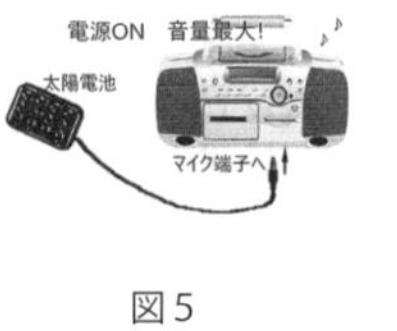

図５

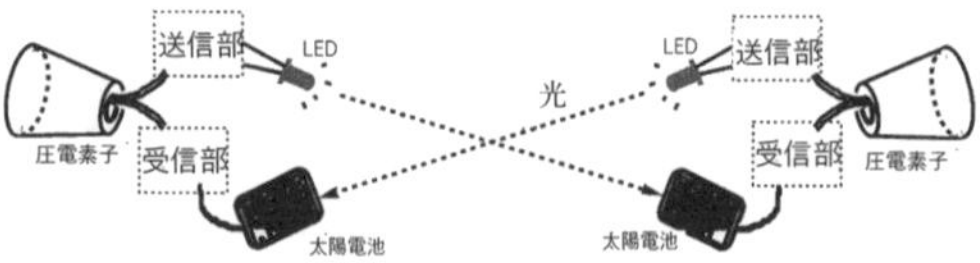

図６

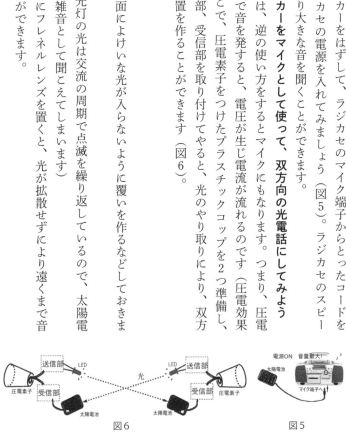

●もっとくわしく知るために

光通信や圧電スピーカーについては、以下の図書やインターネットHPでも紹介されています。

・「ガリレオ工房の身近な道具で大実験」（第2集）、滝川洋二・吉村利明編著、大月書店、p52

・「ガリレオ工房の身近な道具で大実験」（第3集）、滝川洋二・吉村利明編著、大月書店、p10

・「電子メロディで光通信実験」青森・野呂茂樹　HP
http://sky.geocities.jp/noroshigeki34/mokuji11/hikarituusin.pdf

EX12 「軽」が「重」を持ち上げる不思議な装置

平成29年度　鹿児島市科学の祭典に出展

●どんな実験なの？

「小学生の理君が、天井からつるされたロープにぶら下がると、もう一つのロープをつかんでいた稀勢の里関の体がゆっくりと持ち上がる」……なんてことがありえるでしょうか？　実は、装置をうまく工夫すればこんなふしぎなこともできるのです。いったいどんな仕組みで、軽い物で重い物を持ち上げることができるのでしょうか？　まず、試行錯誤で、そんな装置を組み立てて、考えてみましょう。

●実験のしかたとコツ

(1) まず、「軽」が「重」を持ち上げる事象を自分の目で確かめよう

下図のような装置A、Bがあります。最初に装置Aについて、左側に大きい容器を、右側に小さい容器をつるしてみます。右側の容器が上で、左側の容器が下へ移動していきますね。これで、左側の物が右側より重いことが明らかになりました。次に、装置Bについて、同じように、左側に重い容器、右側に軽い容器をつるしてみると?……今度は、右側が下へ、左側が上へ移動していきますね。何と、軽い物が重い物を持ち上げたことになりますね。

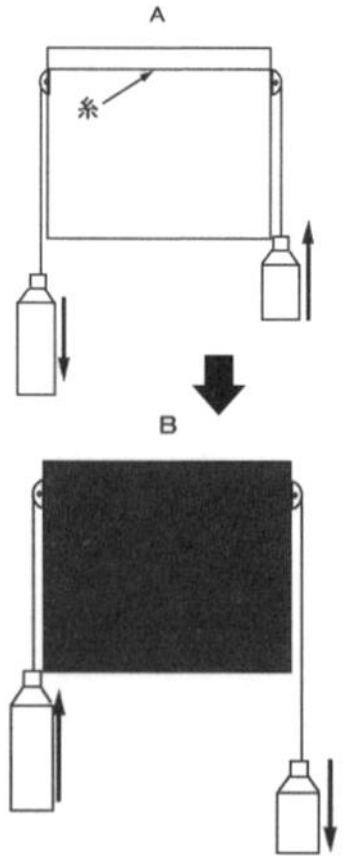

図1

(2) 2つの糸巻き円筒でふしぎな装置を組み立てよう

① 同じ大きさの円筒2つでやってみると……

糸を巻き、中心に穴を開けた大小様々な円筒を準備します(図2)。これを使って不思議な装置の組み立てに挑戦してみましょう。円筒2つを接続し、中心の穴に軸棒を通して台に固定すると2本の糸に軽・重の容器を

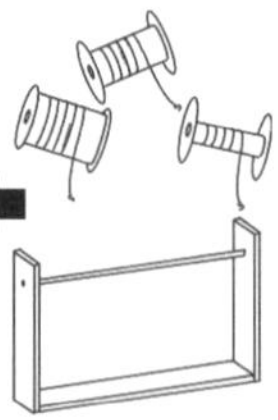
図2

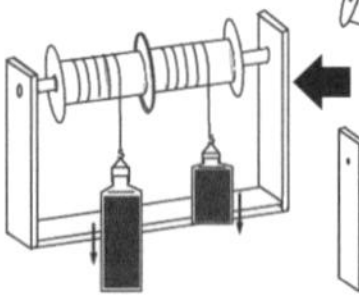
図3

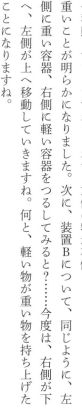

つるすことができるようになります。

まず、図3のように同じ大きさの円筒を接続してみました。……でも、これでは、容器2つとも下に落ちてしまいます。

② 2つの円筒の回転の向きを逆にしてみると……

そこで、1つの円筒の糸巻きの向きを逆にして、同じように2つを接続してみると、うまく2つをつるすことができるようになります（図4）。しかし、容器はやがて重い容器の方に引っ張られてしまいました。……残念!! 円筒の大きさを大と大、小と小の組み合わせに変えても、……結果はやっぱり同じ。

③ 異なる大きさの円筒を組み合わせてみると……

それでは、接続する円筒の大きさを変えて、つまり、「大と中」、「中と小」などのようにして、やってみましょう。そして、大きい円筒に重い容器を、小さい円筒に軽い容器をつるします（図5）。すると、……なんとなんと、以前に増して、重い容器の方に勢いよく引っぱられてしまいました。……さて、ということは?!

④ 「軽」と「重」をつるす円筒を逆にしてみると……

「もしや?」とひらめきましたね。先ほどの装置はそのままで、つるす容器を逆にする、つまり、大きい円筒に軽い容器を、小さい円筒に重い容器をつる

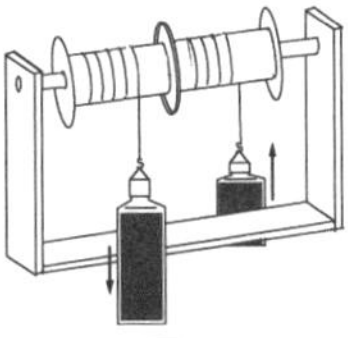

図4

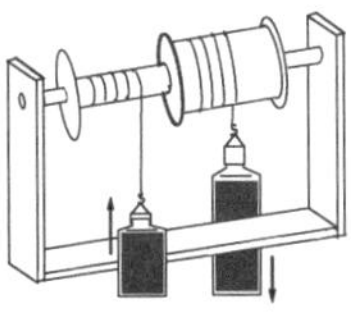

図5

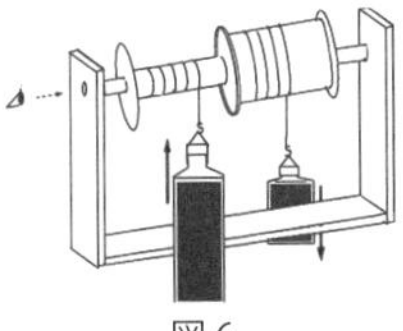

図6

してみるとどうでしょう（図6）……みごとに、軽い容器に引っぱられて、重い容器が上に上がっていきました。……大成功!! 円筒の組み合わせをいろいろと変えて試してみると「大と小」の組み合わせが最も勢いがよいことが分かります。

(3) はじめの装置Bの仕組みを見直してみよう

ふしぎな装置の組み立てが成功したところで、はじめの装置Bの箱の中をのぞいてみましょう。……下の写真のようになっていました。これを、完成した円筒の装置と比べてみましょう。円筒の装置を小さい円筒の方から軸方向に観察してみます（図6）。よーく見比べてみると、同じような仕組みになっていることに気付きませんか。

(4) 軽が重を持ち上げる仕組みのひみつは？

軽が重を持ち上げる装置Bや組み立て円筒装置の仕組みを「輪軸《りんじく》」と言います。下の輪軸の図（図7）で、左右のおもりをよく見ると、輪軸の中心を支点にして、左右異なる長さのところにつるされていることが分かります。図7では、ちょうど右側のおもりが左側のおもりの2倍離れています。

さて、この仕組みは、支点から左右それぞれ1：2の長さの位置におもりをつるしたてんびん（図8）と基本的にはおなじであることが分かります。この場合、てんびんのつり合いは、支点からの長さとは反対の比の重さ、つまり、左が

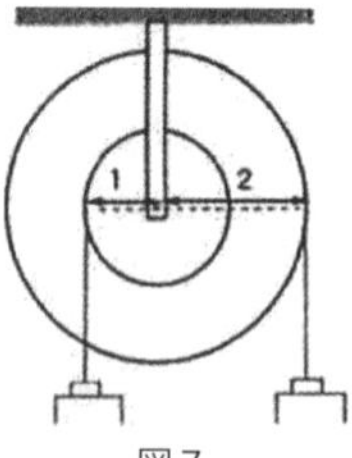

図7

図8

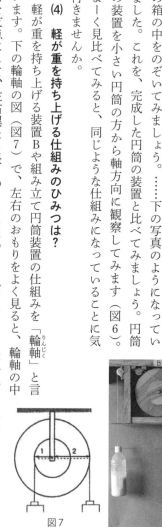

2に対して右が1の割合の重さでつり合うことが分かります。前の図の輪軸も全く同じです。したがって、おもりの重さが、右が左の半分より少し大きいだけで、つり合いがくずれて右側に動き出すということになります。こういうわけで、軽い物が重い物を持ち上げることが可能になります。

●気をつけよう

◎ 2つの糸巻き円筒は、ゆるみのないようにしっかり接続しましょう。
◎ おもりの容器は、装置の組み立てが終わってから、静かにつるしましょう。

●もっとくわしく知るために

輪軸については、以下の図書や教科書でも紹介されています。

・「マッハ力学〜力学の批判的発展史〜」(第4刷)、講談社、p21、46、51、324、332、359
・「平成11年度 第48回 生きる力が育つ主体的な学習活動」(鹿児島市立伊敷中学校研究紀要)、p43、125
・中学校理科 教科用図書「新編 新しい科学3」、東京書籍、p156

なお、ここで取り上げた輪軸を利用した演示教具B及び糸巻き円筒組み立て教具は、筆者のオリジナルです。

第三章　「科学と心」理科教育論

「自然界の真理を追究すればするほど、無知と奥深さを思い知らされます。と同時に、科学と心の密接な繋がりへの信念がより深いものになっていきます」

1　理科教育による「感動」について

〜北薩地区教育論文（教職1年目の論文）〜

1982（昭和57）年12月

一　はじめに

現代は科学技術の急激な進歩の時代です。人間の生活が非常に便利になった反面、その弊害も計り知れない深刻な問題を引き起こしていることも事実です。エネルギー問題、食糧問題、環境問題など、言及するまでもありませんが、それと同じくらい深刻な問題であるにもかかわらず、あまり表面化していない問題があります。それは、人間性の喪失化、人間の倫理の問題であると思います。コンピュータの出現により人間のやる仕事はほとんど全て機械が、より速く、より正確に処理してくれるようになりました。生物学や医学の進歩は、ＤＮＡの組み換え実験や遺伝子の人工操作という恐るべき事を成し遂げました。生物工学の発達は、人間の体のみならず、心までをも機械的・物理的に解き明かそうという動きさえ見せています。

こうした時代の中で、理科教育のなすべき事は何でしょうか？　人間のみが持つことのできる「感動」を重視した教育こそ必要なのではないでしょうか。

二　科学の二側面と理科教育

さて、一般に「科学」と言いますと、私は二つの側面を思い浮かべます。その一つは、自然界の秩序に魅せられ美しい自然法則を追い求めようとする限りない探究です。それは芸術家がただひたすら「美」を求めて絵を描き、木を彫るのと似ており、そのこと自体目的であり、他に目的などあり得ません。そういう意味で「芸術的側面」とでも言っておきましょう。一方、自然法則の人間生活への応用という側面があります。これは、科学を他の手段とするもので、現代の科学技術の発達はこれのおかげです。そういう意味で「技術的側面」とでも言えましょう。人間生活により多くの恩恵を与え、また弊害をもたらしているのはどちらか、もう言及に及びません。

理科教育における「科学」とは、どちらの側面を採るべきでしょうか。後者の立場を採ることも重要なことであります。極度な科学技術の発展の中で、それに振り回されることなく、また置いてきぼりにされることとなく、自分にとって、社会にとって、よい物とは何か判断できるための必要最低限の科学的知識や科学的思考の能力を身に付けさせることは、人間としての自由を確保していくことであります。

しかし、理科教育の目的は、それが唯一とは思えません。科学的知識の中には、日常生活の中でほとんど役に立たないものも少なくありません。例えば、ニュートンの運動の法則を知っていたからといって何の役に立つでしょう。実験器具の正しい使い方ができるからといって何の役に立つでしょう。もっともこれらの知識や能力を要する科学者や専門家になる者にとっては必要でしょう。しかし、中学校教育は科学者や専門家の養成機関ではありません。それでは、いったい何故このような役に立たない知識や能力が必要なのでしょうか。

理科教育の内容として、①科学的知識、②科学的能力、とは別にもう一つ大きな内容があると思います。それは、③科学的心情とでも言えるものでしょう（これらの三つは、指導要領の中学校理科の三つの目標とほぼ一致すると思います）。前述したような深刻な問題を持つ現代社会のなかで、今、理科教育で最も大切なことは、この③科学的心情を重視することではないでしょうか。このことが、自然や人間に対する深い洞察の態度を身に付けさせること、自然や人間及び生命への尊厳や愛情を育てることに繋がると考えます。

つまり、これは科学の前者の側面（芸術的側面）を採ることだと思います。科学的心情を核として、その達成のために、①科学的知識、②科学的能力が必要なのです。それではいったい科学的心情とは何か。それは一言で言えば、自然界の秩序に対する「感動」だと思います。次に、この「感動」について述べてみたいと思います。

三　「感動」について

理科教育における「感動」とは何か。それは、森一夫氏の言葉を借りるなら、「生の自然との出会いによって、自然そのものの美しさ、壮大さ、崇高さ、驚異、それに自然の巧みさや妙趣に打たれること」です。私も学生時代、水平方向に投げられた球がきれいな放物線を描くことに大きな驚きと自然法則の美しさを感じ、また、硫酸銅の三斜晶系の美しい結晶を見たとき、自然の巧妙さに心を打たれたのを覚えています。この感動とは、人間の感性が呼び覚まされることで、ただ人間だけが持ちうる特権であります。いくらコンピュータが人間以上の科学的知識や思考力を持ち得ても、自然の中に秩序を見いだし、そこに美しさを感じることはできません。

また、この感動は、内発的に「もっと知りたい」という欲求を生む基（もと）でもあります。それは、「高校受験に合格したい」とか、「いい成績をとりたい」とかいう、それを手段としたあるいは社会的承認のための欲求ではなく、純粋にそれ自体、目的化した欲求であります。

こうした感動を子どもたちに与えるにはどうしたらよいか。そして、その確認（評価）は、どのようにしたら可能か。など、多くの課題があります。次に、この目標達成のための工夫について述べたいと思います。

四　目標達成のための工夫

前述のような考えを基に、子どもたちの理科教育にあたってきましたが、まだ教職に就いてから1年にも至らず、何をどうやったらよいのか全く分からない状態でした。こうしたら目標が達成されるであろうという具体的な仮説や計画を持って継続的な研究をしてきたわけでもありません。断片的に、成功を期待して行った授業もほとんど失敗に終わり、研究の結果などとしてまとめることは、ほとんど不可能であります。しかし、敢えて目標達成に向けて、今考えていることを中心に、実践の反省を含めてまとめてみたいと思います。

(一) 自然の事象との生の出会い

理科において自然事象との直接的な出会いこそ、より大きな「感動」とより真の理解を子どもたちに与えるものだと思います。そして、この出会いこそ、次の説に述べる問題意識の醸成の大きな条件の一つだと思います。森一夫氏は、現代理科学習論の中で、高校の物理の先生がダイナミックな演示実験をしてみせたときの感動について述べています。高い時計台の上に長さ10メートル以上の綱を縛りつけ、他の一端に重い荷物を結わえた、ばかでかい振り子を、「ブーン、ブーン」と大きく、そして小さく振らせて見せたという。氏は、これにより振り子の等時性をそれまでの「知識」を超えて、身をもって「悟った」と言っています。私は、子どもたちにできるだけ多くの事象に触れさせようと努力してみましたが、正直なところ自分自身初めてという事象も少なくなく、試みの多くは失敗に終わりました。

その失敗の一例に、「水柱による気圧の確認の実験」があります。水銀を使ったトリチェリの実験と比べ、水による実験は経済的にも安全面においても好ましく、10メートル以上の高さと長いビニールホースさえあればできると考えました。計画を立て、装置を作り、校舎の屋上に上げて実験を開始しました。ところが、実際にやってみると、考えていた以上に難しく、予想しなかった多くの問題が出てきて、1週間の格闘の末、あきらめてしまいました(※)。しかし、この間、授業中は全く言うことを聞かぬ生徒たちが自分の周りに1人、2人、3人……と集まり出し、やがて、「先生、今度は○○してみよう」と一生懸命、手伝い始めました。実験は失敗に終わったものの、自分自身、失敗を繰り返す中で、10メートル近くまで持ち上げられた水の圧力の強さを目でそして体で感じ取り、気圧の大きさを身をもって知ることができました。生徒たちもきっと感じ取ることができたと思います（もっとも、気圧まで関連付けられたかどうかは、少し疑問ですが……）。

（※）【補足】

現在になって、この実験の失敗の原因と改善策が思い浮かびましたので、記しておきます。失敗の大きな要因は、ホースの中に気体が発生するのをどうしても避けることができないということに尽きます。その気体の発生源は二つ。一つは、外部からの空気の侵入、もう一つは、内部の水からの発生です。一つ目については、ホースの口をゴム栓でふさぎ、周りを針金で固くしばったものの、わずかな隙間からの空気の侵入を0にすることは容易ではありませんでした。この改善策としては、約20ｍのホースに水を満たし、両端の口を水槽の水につけて、真ん中付近で二つ折りにした部分を10ｍほどつり上げるという方法で、ほぼ完璧に解決すると思われます。二つ目については、中に入れる水として、一度煮沸して空気を追い出したものを使うということです。この方法で、低圧沸騰による水の気化以外の水中からの空気の発生を抑えることができると考えられます。

（二）問題意識の醸成

「なるほど、そうだったのか」という感動は、それ以前に、「どうしてだろう」、「おかしいな」という疑問、つまり問題意識があって、より強く現れてくるものだと思います。問題意識が生まれると、それが課題解決の意欲を生み、生徒の主体的活動のある授業が期待できます。そうして得られたものほど大きな感動を伴うのではないかと考えます。

問題意識を促すことの大切さは分かっていても実際には非常に難しく、うまくいったことはほとんどありません。問題意識は、生徒自身の内発的なものでなければ意味がありません。教師の側が与えた外からのものであっては、生徒の課題解決の意欲は望めません。たとえ生徒自身の口から引き出すことはできなくても少なくとも彼らの中に漠然とでも問題を意識できる状況を作り出した上で課題は与えるものでなくてはならないと思います。しかし、ついつい一方的に「なぜ○○なのだろうか？　考えてみよう」と切り出してしまいます。そもそも、生徒が問題意識を持っていないから、「そんなことどうでもいい」、だから、考えようとしない。そして授業から離れていきます。

さて、それでは生徒に問題意識を促すには、どのような手立てが必要でしょうか。私たちが「あれ？」という疑問を持つのは、今までの先行経験とは一見矛盾する事象に出会ったときです。生徒の予想を裏切るような授業展開の試みの例を挙げてみます。

学習活動	時間	指導上の留意点
2．本時の学習課題を設定する 酸とアルカリを混ぜ合わせると、どんな性質の水溶液になるだろうか？ 3．予想を立てる ・中性になるだろう ・同量ずつであれば、中性になるだろう 4．うすい塩酸と水酸化ナトリウムの水溶液を混ぜて、リトマス紙の色の変化を調べよう（生徒は、両液をちょうど同量量り取って混ぜることが予想される）。 5．予想に反した結果が出たのはなぜか考える。		・規定度の異なる塩酸と水酸化ナトリウムの水溶液を準備する。 ・自由に混ぜさせる。 ・水溶液の「濃さ」「性質の強さ」の違いに目を向けさせる。

これは、「酸・アルカリ・塩」の単元の指導案の一部です。こうした展開計画により、生徒が問題意識を持って意欲的に中和点を探そうとする活動を期待しました。

問題意識の醸成には先行経験の見直しも非常に大切だと思います。実際にはあまりうまくいきませんでしたが、実践した例を挙げてみます。それは、物体の自由落下運動のきまりを発見させる場面です。紙切れと石ころの落下の様子を想起させて先行経験の確認をした後、同大の小さな鉄球とプラスチック球の2個を天井から同時に落とす演示をして見せる。何度やっても、2個の球はほぼ同時に机上に落ちる。ここで、「あれ?」と感じた生徒が少なくともあったと思います。生徒は、「落下の速さは本当に質量とは関係ないのだろうか? いや、やっぱり軽い紙切れは、重い石ころよりゆっくり落ちるではないか」という矛盾に陥る。そこで逆に、「それでは、質量が同じだからといって果たして同じ速さで落ちると言えるだろうか?」と問うて同じ大きさの紙切れを2枚持ち出し、生徒の目の前で一方を丸めて2つを落としてみる。実際やらなくても生徒は先行経験として結果を知っている。しかし、ここでそれをもう一度見直すことにより、落下の速さは質量とは関係なさそうであることに気付き、さらに、2つの紙切れの違いが空気から受ける抵抗の違いであることを確認する(実際に生徒の口からこのことは聞くことができました)。そこで、「それでは、真空にしてやったら、紙切れも鉄球も同時に落ちるだろうか?」と問うと、「まさか」とそれでも半信半疑。実際にやってみせると多くの生徒が「あれ?」と言って驚いた後、「へ〜、そうなのか」と納得の様子。このことを通して、身をもって自由落下のきまりを確信し、感動を覚えた生徒が少なからずいたのではないかと思います。

ところで、これらの試みが本当に生徒の問題意識を促したかどうかははっきり掴むことはできません。それは、こういう事象提示をしたら生徒が疑問を持つだろうと思って準備したことが、案外自分独りよがりのものであることも多いからです。

(三) 問題の解決のさせ方

子どもたちに問題意識を促すことに成功したとします(実際にはこのこと自体難しいことですが)。次の課題は、それをどのようにして解決させるかということです。生徒に自分たちで解決する糸口を与え、彼ら自身の手で解決へ導くことこそ、より大きな「感動」を与えうると思います。しかし、実際は一方的に解決の方法を説明し、実験結果の考察も生徒の口から十分引き出せず、こちらでまとめてしまうという場合が多々あります。また、問題を実験で解決するのではなく説明で解決させる場合はもっと難しさを感じます。疑問に対して即座に解答を与えてやることは容易です。しかし、それでは生徒は感動を伴った真の納得には至らないでしょう。大事なことはできる限り生徒自身の力で解決させることです。既習内容で解決可能な場合にはその知識を持ち出すことに気付かせる発問の工夫が、全く新しい内容の説明が必要な場合には生徒がそれを受け入れるだけの十分な状況の設定が大切だと思います。これらのことは、今の自分にとっての大きな課題です。

(四) 生徒の実態・心理

さて、理屈は分かっていてもなかなか生徒に「感動」を与える授業ができないのは何故か。それは自分の主観的な生徒観のみに頼って真の彼らの実態や心理を知らないからだと思います。興味を持つだろうと思って話したことに全く興味を示さなかったり、納得するだろうと思ってやった説明に首をかしげたり、発問に対して期待した反応が返ってこず自分でそれに答えて一方的な説明をしてしまったりすることが多い。彼らの実態や発想の仕方、思考過程というものをもう少し柔軟な姿勢で捉え直す必要があります。

実態の一つとして、当たり前のことと知っていることが非常に多いため、それらを問い直させることが非常に難しいということがあります。彼らの知識が、彼らをしらけさせ、感動を伴った真の理解にとって弊害となっていることもあるのではないでしょうか。関連して、「なぜだろう」、「どうなるのだろう」という疑問を持たずに、教科書や参考書で結果を知ってしまう。

当たり前と思っている知識の問い直しや教科書の使い方など、考える必要があると思います。

(五) 評価の工夫

さて、最も大きな課題は、「果たして感動の評価は可能か」ということです。知識・理解や態度・能力の方は、ペーパーテストや技能テストにより客観的な評価が可能です（一口に知識・理解と言いましても、それが本物かどうかの評価は簡単ではありませんが）。それに対して、「感動」という心情的側面の評価となるとそういうわけにはいきません。授業中における生徒の顔の表情やしぐさで判断することも考えられますが、あくまでも主観的なものにすぎません。

そこで、「感動」と知識・理解の関係について考えてみます。感動を伴った知識・理解は、本物であるに違いありません。何故なら、自然の秩序・法則の理解なくして感動はありえないからです（そうでない感動は、問題外です）。ここで、その逆について大胆な仮説を立ててみます。つまり、「真の知識・理解は感動を伴う」とするのです。

真の理解を評価するテストは、どうあるべきでしょうか。ただ単に機械的操作や語句の再生的テストでは真の理解に基づいた知識かどうか判断できません。真の理解は、感覚に惑わされることなく原理に基づいた正しい判断ができるものと考えられます。そうしたテスト作成を工夫してみました。その一例を示します。

　慣性の法則の理解を見るテストとして、「1、物体に力がはたらかない、あるいは合力0のとき、静止している物体は静止し続け、運動している物体は等速直線運動を続けようとする性質を何というか?」の質問に対しては、ほとんどの生徒が正しい回答をしている。しかし、「2、図の物体Aは糸がピンと張った後は、どのような運動をするか? ただし、摩擦力は一切ないものとし、台の平面及び高さは十分な長さがあり、物体やおもりと滑車はぶつからないものとする。」という問いに対して正しく答えた生徒は、32人中わずかに1人というありさまでした。この場合、真の理解者は1人ということになるでしょう。

　テストの工夫としては、このように授業では直接触れていないが、真の理解があれば答えられるであろう問題、また一問一答式の問題ではなく文章で答えられる論述式の問

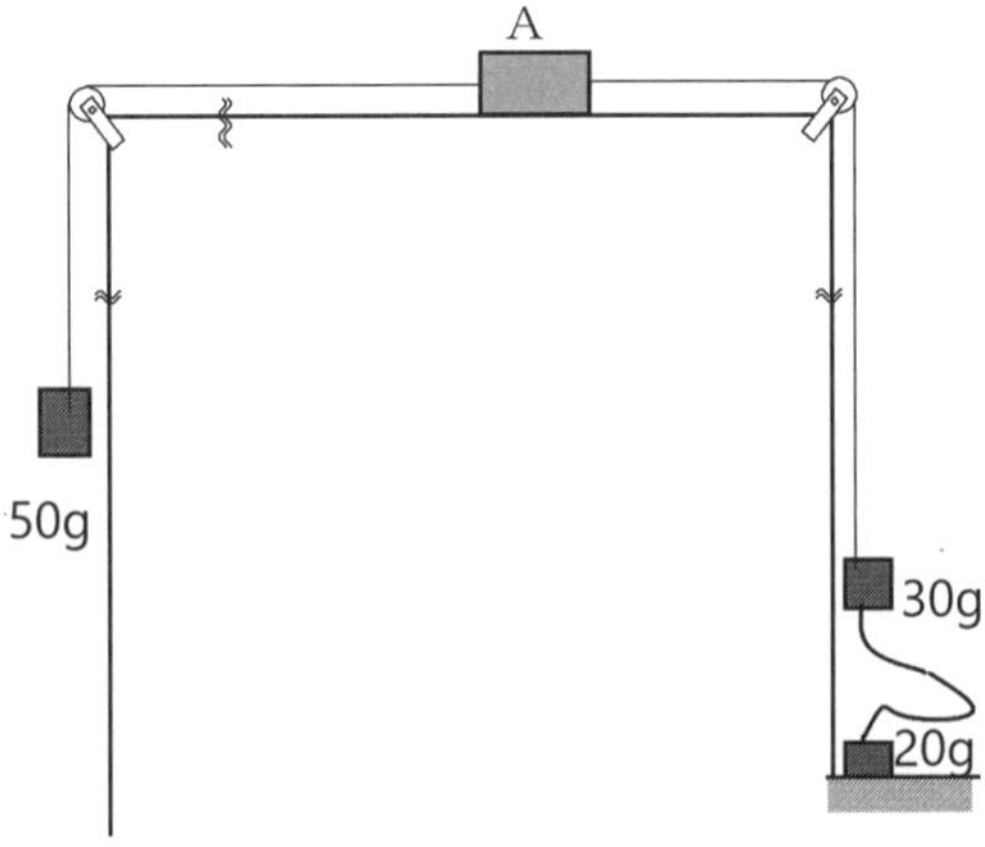

題が考えられます。しかし、これらは必ずしもうまくいかず、真の理解の評価、ひいては「感動」の評価がいかに難しいか痛感しています。

五　おわりに

理科教育における「感動」の重要性と目標達成のための工夫について私見を述べてきましたが、ほとんど実践的裏付けもなく、結論めいたことも書くことができません。ただ多くの困難点や問題点があることは明らかです。一つには、「感動」がいったいどれほど自然愛や人間愛の育成に貢献できるのか。また全ての生徒に「感動」を与えることが本当に可能なのか。そして何より大きな問題は、それらをいかにして客観的に評価できるのかということです。これらについては、これから解決していく必要があります。

2 「力」の概念形成における体感の重要性について

〜北薩地区教育論文（教職2年目の論文）〜

1984（昭和59年）2月

一　はじめに

理科の学習において、「力のつり合い」についてその内容を正しく理解していると思われる生徒に、教室を離れた日常会話の中で、「両国国技館の土俵の屋根はとても重そうだが、なぜ落ちてこないのか？」と聞くと、「丈夫な2本のワイヤーが屋根が落ちないように支えているから」という答えが返ってきます。もちろんこの回答は、日常的認識としては常識的なものであり何ら間違いがあるわけではありません。おそらく、誰もがこのような回答をすることでしょう。しかし、科学的な説明としては十分とは言えません。問題は、この生徒が力学的な説明を求められたとき正しく答えられるかということです。本校の生徒の実態から考えておそらく、前述した同じ回答が返ってくるか、あるいは「あれっ？」と首をかしげてしまうに違いありません(1)。

このように、理科の授業において科学概念に十分理解が得られていると思われていても、いざ日常生活での自然事象の経験や認識を喚起されるような問題にぶち当たると、そのあやふやさが表面化してきます。このことは、科学概念の形成が、日常の五感を通した自然認識と断絶しがちになっていることを意味するものと思われます。

この原因は、いくつか考えられますが、まず、①「授業に取り上げられる実験教材が日常なじみの深いものが少ない」ということが考えられます。なじみの薄い教材は、身近な教材に比べ、五感を通した既存のとらえ方・見方が弱く、十分感性をくすぶることなく、単に視覚的測定だけから抽象的な科学概念を導くことになりやすいものです。2つ目に、①とも関連しますが、②「実験教材が生徒の五感を強く刺激するものでない」ということも少なくありません。3つ目に、③「感性的経験を十分授業に取り上げることはできても、それを科学概念に繋げていく過程がうまくいかない」ということです。感性的認識というものは単にその単元の導入として取り上げられるだけで、それが徐々に認識の転換をくり返しながら科学概念に近づいていく過程に十分注意が払われず、抽象的科学概念の指導のみに力が傾けられがちになっていると言えます。さらにもう一つ、④「科学概念の形成と感性的経験の関係の重要性について、教師自身が十分に認識していない」ということも考えられます。これは、とりもなおさず自分自身の反省です。

以上のような観点から、自然についての日常的認識（感性的認識）と科学概念との断絶をなくすには、どのような指導が必要か。また科学概念形成にとって、感性的認識はどのような意味を持つのか。「力学」の内容に的を絞って考察を試みたいと考えます。

二 「力」の概念の形成過程

人に2つの物体の重さの大小を秤《はかり》を使わずに比較させせたとき、正しく答えられるという保証は何もありません。例えばその物体を持ったときの体のコンディション（疲れているとか、元気だとか）によっても感じ方が異なるものです。このように人の感覚は科学的方法としてはあまりあてにできないものです。しかし、このことから科学概念形成にとっても人間の感覚は無意味なものとするのは大きな間違いであると考えます。このような感性的認識の軽視は、ややもすると科学概念を我々の感覚とは全く無縁のものとして絶対化することに繋がります。果たしてこの感性的認識なくして科学概念の形成がなしえるのでしょうか。それには、この科学概念が一個人の中でいかに形成されてきたかを辿ってみる必要があると思われます。

さて、「力」について、自然事象におけるその法則性を考えてみますと、「それは全てあやふやな人間の感覚などとは無関係に、より誤差の少ないばねはかりなどの測定器具の使用により得られた実験結果の帰納により見いだされたものである」と言われると、尤もな気がします。しかし、それでは何故、測定器具で得られたものが「力」だと言えるのかと問われますと、感覚的用語なくして説明することは不可能なことに気付きます。そもそも、「力」という語は、測定器具を使った力学の学習以前に、「力持ち」「力を入れる」「力が足りない」「力いっぱい」などのように日常生活の中で使われている感覚的認識に対する用語であります。もっともこの場合の「力」は人間あるいは動物の活動（人の手により作られた機械や乗り物も含めて）のみに使われる点や、その意味する内容の点では、自然事象の中で現れる「力」の概念とは異なっています。しかし、日常経験における「力」の感性的認識なくして力学における「力」の概念は生まれ得ないことは前述のことを考えると明らかです。誰しも、自然との最初の出会いは純粋に感覚で捉えた感性的なものです。私たちがこの感性的認識とは無関係に、自然の中に普遍の科学概念がもともと存在するものと捉えがちになるのは、「過去の様々な感性的経験による認識が無意識のうちに存在し、そのためにもはや感覚による直接的経験の必要性を感じないのである」ということに気付かないからです。人間は、この様々な不完全であやふやな、しかし生の感性的経験を、内面において単純化・一般化し、それを他の未経験の自然事象の中に無意識のうちに類推していきます。そして、より一般的普遍的な概念に高めていくものと思われます。この概念によって私たちは自然界に秩序を見いだしていくものと思われます。科学概念の形成の過程は、この人間の感性的認識の他の事象への類推の過程であると捉えたいと考えます(2)。

私たちは、実際には体験できない他人の体感や感情を感じ取ることができます。それは、自分の感性的・心理的なある状態を経験するときと同じ体の動きや表情をそこに見るからでありましょう。自然事象への感性的認識の類推も本質的には同じことと思われます。こう表現すると一見科学とはそぐわないアニミズム的なものを感じますが、当然のこととして、自然事象に意志や生命を見いだすという訳ではありません。自然事象の中に自分の感性を投影することによって自然事象を捉えていこうということです。

そこで、力の概念形成の過程をこの類推の過程として考えてみましょう。力概念の形成の出発点と考えられる感性的要素とは、物を押したり引いたりしたときの体感、いわゆる筋肉の緊張感と言えるでしょう。私たちは、自分が他の物体に力を加えているとき必ず外に現れる現象と同じ現象を他に見るとき、そこに力を類推し得るものと思います。この肉体的経験がなければ決して他の現象の中に力を類推することは不可能と思われます。例えば、静止していた物体が急に動き出すとき私たちはその物体の動く方向に何らかの力がはたらいたことを知ります。これは、私たちが物を押したり引いたりしたときの体感と物の動きが内面的に結びついているからでありましょう。

静止状態にはたらく力についてはどうでしょうか。私たちは押し縮められたばねが接している物体を押していることを容易に認識できます（図1）。それは何故でしょうか。私たちが不動の物体を押すときを考えてみましょう（図2）。このとき、そのままでは力を加えていない状態と外観的相違はほとんど見られませんが、不動の物体が急になくなると私たちの押していた手はその方向に動いてしまいます。さて縮められたばねは支えられている物体がなくなると元に返ることを私たちは経験から知っています。それ故、静止状態のばねに私たちの体感する力を類推し得ると考えられます。

もう一つの例で考えてみましょう。天井から糸で吊り下げられた物体は重

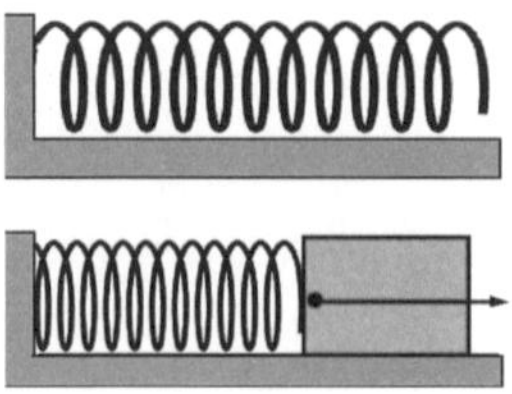

図1

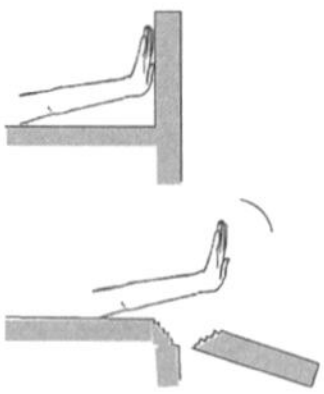

図2

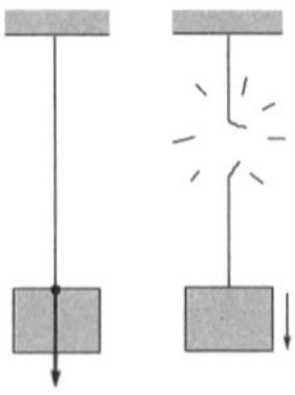

図3

さにより糸を下方に引いていることを私たちは知ります。これも前述と同様の理由で、糸が切れると物体が下方に動くことを経験上知っているからです（図3）。

こうして、力の大きさが弾性体のひずみの度合いや物体の重さで捉えられ、それを基にした実験を通して全ての自然事象に力を類推していけるようになると考えられます。

生徒が正しい力の概念を身に付けていないとしたら、それはこの類推の過程のどこかにつまずきがあると考えられます。次節において、この類推の過程をもう少し詳しく考えていく中で、子どもの実態の分析を試みます。

三　生徒の認識傾向

「力」についての学習を終えた1～3年の生徒を対象に、正しい力の概念が身についているかを見るために次のような調査（次頁からの2頁）を実施しました（調査1、2ともに、昭和60年1月に実施）。

調査1の⑴からほとんどの生徒が同じ長さに伸ばされたばねにはたらく力については理解しています。ところが、類似した問題を感性的経験を想起させるように工夫して出題した調査2の結果は全く異なります（調査2は、調査1の結果が意識の中で調査2に影響を与えないように調査1の1週間前に実施しました）。

〈調査１〉

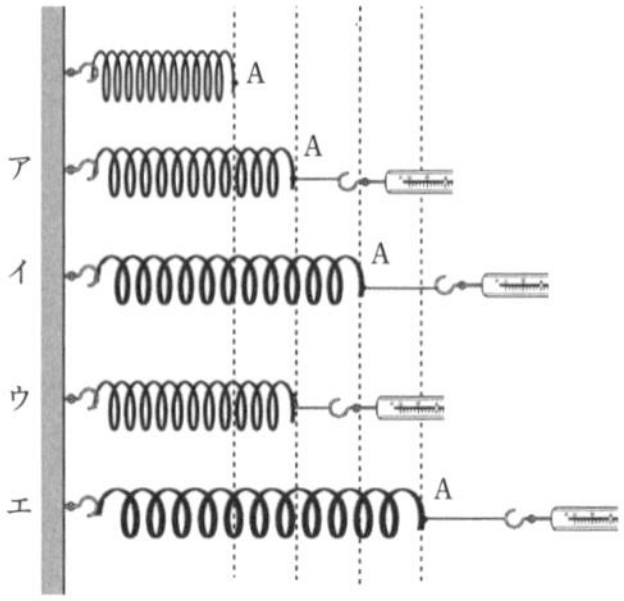

図のようにばねをア〜エのように引き伸ばした状態で支えている。次の問いに答えよ。

（１）バネの右端Aがアと同じ力で引かれているのはイ〜エのどれか？

（２）ばねの右端Aがアの２倍の力で引かれているのはイ〜エのどれか。

〈結果〉

（１）	１年	２年	３年	計	割合（%）
正（ウ）	32	40	18	90	92.8
誤	4	2	1	7	7.2

（２）

正（イ）	14	8	6	28	28.9
誤	22	34	13	69	71.1

（全生徒数：98名）

（調査２について）同じばねを同じ長さに伸ばしていることを明示しているにも関わらず多くの生徒はばねの引き方の違いに惑わされて誤った判断を下しています。⑴、⑵ともに正解の生徒は98名中僅か11名（11・２％）でした。

　このことから調査１のほとんどの正解者もばねの伸びを単に機械的に力の大きさと結びつけて捉えているか、あるいは引き方をいずれも人の手が同じように引いていることを想定して答えていると考えられます。いずれにしても、感性的認識からの類推を十分推し進めて科学概念に至った末の回答ではないことが窺えます。生徒は、この類推の過程のどこでつまずいているのか調査２の結果から分析してみましょう。

〈調査 2〉

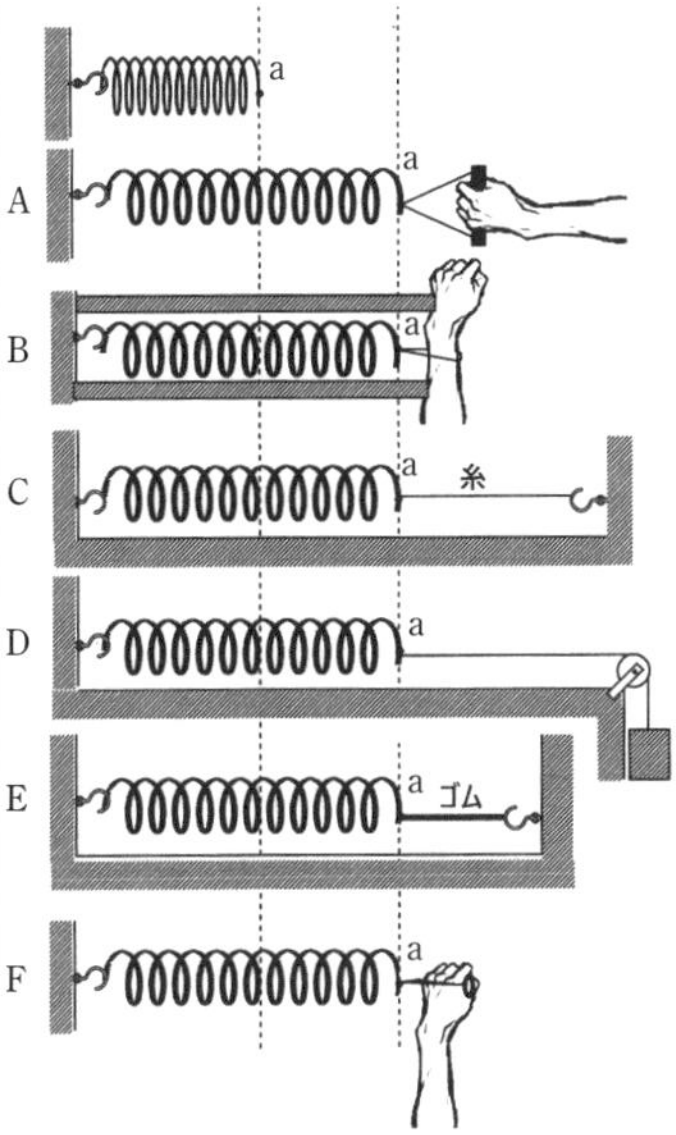

同じばねを同じ長さまで引き伸ばした状態で左図のようにして支えている。次の問いに、答えよ。

（1）ばねの右端 a を右方に引く力がはたらいていないのはどれか。あるだけ記号で答えよ。

（2）A、B、F で、ばねを右方に引く力の大きさの関係はどうか。等号（＝）、または不等号（＞）を使って答えよ。

（例）A ＞ B ＝ F

〈結果〉

（1）	A	B	C	D	E	F	◎ ない
1 年	4	17	28	9	23	5	0
2 年	4	21	25	2	22	0	9
3 年	2	9	10	3	12	4	4
計	10	47	63	14	57	9	13
割合(%)	10.2	48.0	64.3	14.3	58.2	9.2	13.3

（2）	A=F>B	◎ A=B=F	A>B=F	B=F>A	F>A=F	F>A>B	F>A=B	A>F>B	A>B>F	その他
1 年	9	3	4	5	4	1	1	1	3	5
2 年	10	13	4	3	1	4	4	1	1	1
3 年	7	6	1	0	2	1	0	1	0	2
計	26	22	9	8	7	6	5	3	4	8
割合(%)	26.5	22.5	9.2	8.2	7.1	6.1	5.1	3.1	4.1	8.2

※正答は、◎印

（全生徒数：98 名）

Dについては多くの生徒が力を認識できています（問い(1)の結果より）。それは前節で述べたように物体の重さに体感からの経験が類推できるからであると考えられます。Eについても同様の類推が可能と思われますが、その結果は逆に多くの生徒が力を認識できていません。これは、ゴムがばねに比べて非常に弱い（伸びやすい）というイメージを浮かべ、ゴムが引くというより、ばねに引かれているという認識が生まれたにちがいありません（もし、ゴムを強いばねに替えるなら、結果は変わってくるでしょう）。これに対して、BとCを「力なし」とする回答者が非常に多くなっています。その原因をDとの比較から考えてみましょう。図4のように物体を滑車を通した糸で引いている場合、手が物体から引かれていることを私たちが認識し得るのは、引いている手の力を少し緩めたとき反対方向に糸が動くということからであることは前節でも述べた通りです。ところで、図の②のように壁を引く場合、引く力を緩めてもほとんど糸が動きません。それ故に私たちは手を引いている力の存在を類推することは①ほど容易でないことが分かります。ところが、もし図の破線（┆）より右の状態が人に全く見えず、しかも人が引く力を少しも変えない状態に保つとしたら人は自分が物が落ちるのを支えているのか、あるいは不動の壁を引いているのか判断を下すのは全く不可能となります。つまり①②の糸の状態に何ら違いを見いだすこ

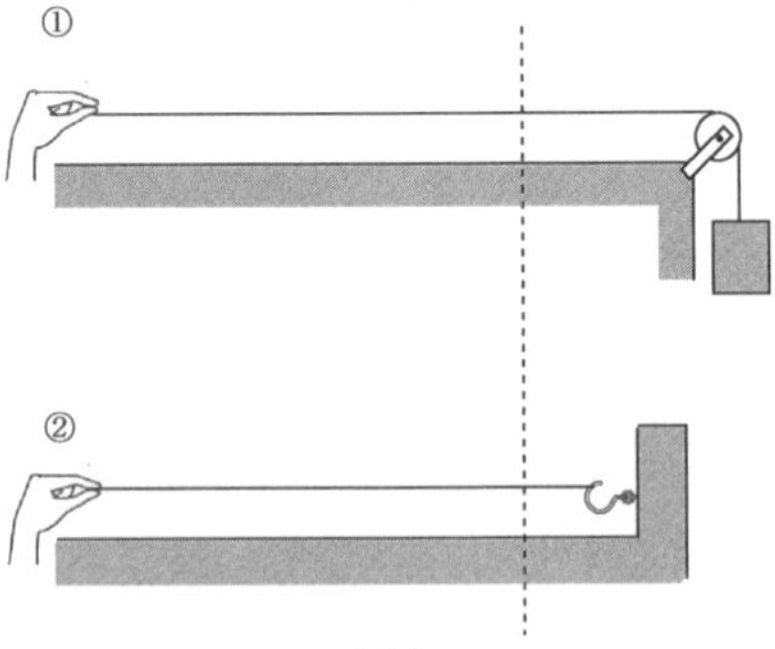

図4

とはできません。それ故に②にも①と同様の力の存在を認めざるを得ません。この類推の過程は、多種多様な自然現象をばらばらに捉えるのでなく単純化したものにまとめていこうとする思惟のはたらきであると考えられます。(3)

生徒は、この過程でつまずいていると考えられます。この類推の過程は容易ではありませんが、感性的認識を科学概念に高めていく最も重要な過程でもあると思います。

問い(2)の結果からも、生徒がまだ体感的力の認識からほとんど脱却できていないことが窺えます。

ところで、もちろん生徒たちにこの調査において正しい回答を期待した訳ではありません。むしろ、このつまずきの段階は正しい科学概念形成にとって大切なものと考えます。このつまずき、あるいは内面的迷いや疑問の過程を通して感性的認識から類推されたいくつかの表象を止揚《しよう》して、正しい科学概念の認識に近づいていくものと言えます。もしも、この過程がないとしたら、その理解は感性的認識とは無関係に単に機械的操作的理解になってしまうのではないでしょうか。

そこで、生徒に正しい科学概念を身に付けさせるためには、体感による力の感性的認識の場を学習過程の中に十分に位置付け、それからの類推の過程に十分な配慮をすること。急激な科学概念への飛躍を避け、常に感性的認識を想起させる見直しの過程を大切にすることであると考えます。

四　力の学習指導の流れ

前節の考えに基づいて力の学習指導の流れを考えてみました。その指導計画は表の通りです（次頁）。

体感的認識を十分与えるために全学習過程を通じて、エキスパンダーとレンガを使用しました。まず、エキスパンダーを引かせたり、レンガを持たせたり、あるいはレンガをエキスパンダーに吊り下げることによる両者の力の比較を通して、力の大きさをばねの伸びや重さで表せることを体感からの類推として確実に捉えさせます。さらに、力の表し方においては、矢印の長さが単にばねの伸びや重さとしての力の大きさではなく体感の大きさと結びつけて捉えられるように配慮しました。そして、この学習に基づいて「力のつり合い」の条件を発見していく中で正しい力の概念が形成されるように配慮しました。

五　反省と今後の課題

力の学習指導を進めるにあたって、2、3年生においてはつるまきばねを利用したのに対し、現1年生にはエキスパンダーとレンガで全学習過程を通しました。力の概念形成にとってどれほどの違いが出てくるか比較してみますと、第三節の実態調査を見る限り、その違いはほとんど見られな

題材と内容		感性的認識からの類推の過程	配当時間
1　力とは何か			3時間
第1次	○　体感を通した力の性質についての理解	・　力の体感による認識	(1)
第2次	○　重さを基にした力の単位についての説明 ○　力の大きさとばねの伸びの関係についての実験及び測定結果の処理	・　体感的な力の認識をばねの伸び及び重さによる現象の中に類推	(2)
2　力はどのように表されるか			3時間
第1次	○　力の表し方についての説明	・　体感的な力の表象を矢印で表す。	(1)
第2次	○　重力及び遠隔力，重さと質量についての説明 ○　力の単位についての見直し		(2)
3　力のつり合い			6時間
第1次	○　同一方向にはたらく力の合成・分解	・　体感による予測を定量的に測定し，法則性を発見。	(1)
第2次	○　異なる方向にはたらく力の合成・分解	・　力の矢印の長さの意味を体感的経験から正しく捉え直し，平行四辺形のきまりを正しく理解	(2)
第3次	○　力の合成・分解についてのまとめ		(1)
第4次	○　2力のつり合い ○　力の相互作用	・　弾性体や重力の体感による力の類推から，さらに非弾性体への力の類推。→相互作用	(1)
第5次	○　3力のつり合い	・　合成・分解の適用から3力のつり合いについて理解。 ・　あらゆる静止状態の物体に力を類推し，力のつり合いからその状態を捉える。	(1)

いようです。しかし、エキスパンダーを利用した体感重視の授業が力概念形成にとって無意味であることにはならないでしょう。反省される点は、体感的認識は十分得られましたが、それを他事象へ類推させていく過程が不十分であったことでしょう。この類推の過程をさらに細かく分析し、小さなステップを踏んでいくことが今後の課題として残されます。

また、力の合成・分解における平行四辺形のきまりが十分に理解させることができなかったようです。特に、力の矢印の意味を正確に捉えていない生徒が多かったといえます。その証拠に、矢印の長さを糸の長さと混同している傾向が多々見られました。こうした力の表し方の定着は、法則を再度、自然事象の中に適用させ、確認させていく過程を大切にすることにより次第になし得るものと思われます。

また、感性的認識から科学概念形成への類推の過程では、学習活動の中で生徒の感性的捉え方では矛盾を生じさせるような日常経験の提起により、見直しの場をさらに組み入れていくことが大切だと考えます。

しかし、また正しい力の概念を数時間の短い学習過程を通して確実に身に付けさせることはできないことも尤もなことです。生徒が学習した内容を日常経験するさまざまな自然事象の中に適用していこうとする態度こそ、感性的認識からの類推を押し進め、それとの断絶のない正しい力の科学概念に近づけていく基盤となるものであると思います。そうした態度を育てることも今後の大きな課題といえるでしょう。

〔註1〕力学的な説明としては、「屋根には、重力で落ちようとする力の他に、ワイヤーが屋根に引かれる力の反作用として上方向への力がはたらいており、この2つの力がつり合っている」となります。しかし、ワイヤーによる反作用の力に気付かなければ、屋根に力（重力）がはたらいていることと動かないという事実に矛盾を感じることになります。

〔註2〕これは、物理学者エルンスト・マッハ著「認識の分析」に記述された考えを、参考にしたものです。人が他人が抱く感性（感覚）を知りうるのは、自分自身の身体の動きと感性（感覚）との繋がりの経験から、他人の身体の動きの中に感性の存在を類推（アナロギー）していく働きのおかげです。氏は、物理概念に対して、「感覚なしには物理方程式を立てることができず、感性的概念なしにはその方程式に意味づけを与えることができない」としていますが、まさにこのことは、人の感性的経験を自然事象の中にまで拡張して類推していく過程を意味していると解釈できます。

〔註3〕エルンスト・マッハの「学問は、常に日常的な経験から出立し、それを拡張し、或る相当広汎な領域で発見されたすべての事柄を集輯《しゅうしゅう》し、一般の使用に耐えうるようにそれを論理的な全体へと統一する」という記述は、このようなことを意味していると考えます。こうした人の認識の過程が、氏の言う「思惟《しい》の経済」ということになるのではないでしょうか。

3　身近な自然の教材化の意義

〜北薩地区研究協力校研究紀要（里村立里中学校）〜
１９８４（昭和59年）

Ⅰ　研究主題について

身近な自然の教材開発を通して、科学的見方・考え方を育てるには、どのようにしたらよいか。

一　主題設定の理由

現代は科学技術の急速な進歩とあいまって、テレビ、ラジオ、マンガ、雑誌などにより情報の氾濫した時代です。子どもたちがこれらから得る科学的知識の量も大変なものでしょう。我が里村では、都市部ほどではないにしても過去の中学生と比較するとその知識の量が増えつつあることも事実かと思います。これは一見喜ばしいことのように見えて決してそうではありません。なぜなら、こうして得られた知識は、断片的で、受け身的なものに過ぎず、子どもたちが、生の自然事象について自分で考え、確かめ、分析し、総合したり、推理、判断した結果得られたものではないからです。このことは、子どもたちに、「科学の方法」について非常に安易な間違った認識をもたせることに繋がりかねません。また、最も危惧されることは、子どもたちが、こうして得られた知識を絶対的なものと考えたり、当たり前のことと思い込んだりすることではないでしょうか。

こうした時代にあって、新しい知識の提供以上に、既存の知識に疑問を持たせ見直しをさせる指導過程の工夫、及び身近な自然事象による「科学の方法」の習得こそ、科学に対する正しい認識を得る上で重要なことではないでしょうか。

そもそも自然科学は、本来、身近な自然を対象に出発したものです。その身近な自然から直接受けた疑問や感動こそが真の探究意欲を生み、主体的な理科学習の原動力になると思われます。なぜなら、身近な自然には、もともとそこに生活する人間の様々な認識があり、そこから自然の法則が引き出される過程には、大きな認識の転換や見直しがあるからです。

こうした考えから、本研究主題を設定した次第です。

二　研究仮説

身近な自然を教材化することは、断絶しがちな日常の自然に対する認識と自然の中にある科学的概念とを結びつけ、科学的見方・考え方を深めるとともに、自然に対する深い理解に近づけるのではないか。

（一）身近な自然とは

国語辞典で「自然」を引くと、「加工しないもとのままの状態」とあります。野外の川や海や山、そこに生育する草や木、さまざまな生物など、人工的に手の加わっていない状態の物や現象を指しています。一方で「自然」とは、前述の狭義の「自然」をも含め、そればかりでなく、我々の周りにある全ての物質や現象の総称でもあります。その中には、もちろん人工的に作られた物や我々の肉体をも含まれます。理科における「自然」とは、言うまでもなく後者の広義の「自然」のことです。

さて、身近な自然というと、まず空間的に近くにある事物現象といえるでしょう。つまり、日常生活の中で子どもたちが、よく手にする事物、よく見かける動植物や野外物、よく経験する現象などを指します。しかし、ここでは、太陽や夜空の星など、空間的に離れていても、視覚的・聴覚的に近くにあるものは、身近な自然として捉えたいと思います。また、テレビ・ラジオなどの電子機器等の内部に使われている部品など、空間的に近くにあってもなじみの薄いものもあります。これらは子どもたちにとって身近な自然とは言い難いでしょう。要するに、身近な自然とは、日常の子どもたちの生活の中で、心理的に近距離にある事物現象といえるでしょう。

(二) 日常の自然に対する認識

日常経験の中で、子どもたち――もちろん我々も――が、まず最初に出会う自然に対する認識は純粋に自分の感覚で捉えたものです。それは間違った自然認識であることも往々にしてあります。しかし、自然に対する間違った認識は、正しい認識への第一歩と考えます。そもそも、人間が自分の「感性」なくして事物・現象の本質を捉えることは不可能でしょう。「空気には重さがない」という認識を子どもが持つのは、重さを自分の体で体感している子どもたちにとっては当たり前で、空気に重さがある事実にぶつかって大きな驚きを感じ、重さを自分の体感できない物にまで一般化して捉えられるようになります。この過程こそ、自然に対する真の理解に近づく一歩ではないでしょうか。もし、子どもたちに結果のみが与えられ、彼らが自らの感性でもって直接、自然を捉える過程がなかったら、それは自然に対する真の理解とは言えず単なる机上の知識となるでしょう。

(三) 自然の中にある科学概念

科学概念とは、多様な事物現象の観察を通して、その中に共通性・因果性を見いだして導かれた、「抽象的・普遍的な法則」のことでありましょう。さて、この自然界の法則は、始めから自然の中に存在し、それを発見するための人間活動――実験、観察、因果性の探究――は、単に手段であると言えるでしょうか。これに対する回答は容易ではありません。ただ言えることは、人間の感性や思考の存在が、自然界の法則を見いだし得ているのであり、また、それを認識しうるのも人間以外にはあり得ないのです。人間の存在なくしては、自然の秩序の有無について言及することは無意味でありましょう。とすると、法則発見の人間活動の過程は自然法則理解になくてはならないものです。

例えば、「力」という科学概念について考えてみると次のようになります（右図参照）。

生徒たちは、物を押したり引いたりする肉体的体験、あるいは他人のそのような動作を見ることによる擬似体験による「力」の日常経験からの感得が基になって初めて物理的「力」についての理解が得られるのです。そして、肉体的体験という感覚的なものを、ばねの伸びなど、あらゆる身近な自然事象の中に広げ、抽象化、一般化していくことにより、科学概念が形成されていくことになります。この「感性の一般化」の過程が重要です。

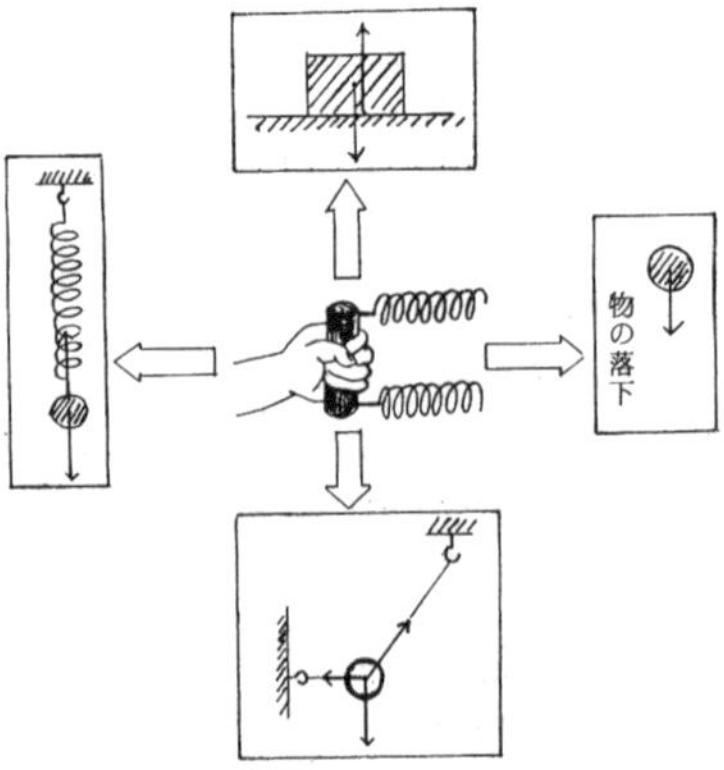

（四）科学的見方・考え方

科学の本質は、多様な事象相互の関係に着目し、そこに普遍的な法則を発見していくことです。自然事象に対することのような能力・態度が科学的な見方・考え方です。多くの事象に接することは大切ですが、ただそれだけで、科学的見方・考え方が育つものではありません。多くの事象の中に、普遍性を見いだす力、それを基に仮説を立てる力、類似した現象に既知の体系（法則）を適用し説明しようとする力など科学的見方・考え方の基本と言えるでしょう。

（五）自然に対する深い理解

一口に、自然に対する理解といっても、それが本当の理解かどうかの判断は難しいものです。言うまでもなく自然に対する理解とは個々の事象に対する知識ではなく、多くの事象に適用される法則についての理解であります。しかし、その獲得のされ方次第では大きな違いを生じます。自然事象への直接の触れ合いの中から問題意識を抱き、自らの体を通して獲得した自然法則に対する理解は、深いものであると言えます。そうでなく、ただ他から提供された情報をそのまま受け入れた理解は、理解されたつもりでも、いざ自然事象の経験を喚起されるような問題にぶち当たるとそのあやふやさが現れてきます。つまり、前者の理解は、捉えられた自然法則の中に自らの経験からの感性が生きているのに対し、後者は、自らの自然体験による感性と、知識・理解がかけ離れていると考えられます。

(六) 仮説設定の理由

理科の学習内容はよく理解しているはずの生徒が、一歩教室を離れ、身近な日常生活の中で自然に対峙したとき誤った認識あるいは、そうでなくても感覚的な物の見方をしていることがあります。これは、科学概念の形成が日常の自然認識と断絶しているためと考えられます。そしてこの場合、形成された科学概念は決して正しいものであるとは言い難い。

このことは、生徒にとって身近な自然物を教材化することにより、解決されると考えます。生徒のなじみの薄い特別の教材を使うと、生徒にとって初めて、あるいは理科の授業時に限って触れる内容が多く、全く新しい知識としてすんなりと入ってくるでしょう。そこには日常の自然認識に対する見直しは期待できません。それに対し、生徒に身近な自然を取り上げると、生徒にとってはもはや初めてではなく、既存の見方、捉え方が、意識するしないに関わらず存在するはずです。それ故、そこから導かれた科学概念が既存の見方、捉え方との比較、葛藤の中で捉えられ、「なるほど、そうだったのか」という見直しや、認識の転換がなされるはずです。もっと

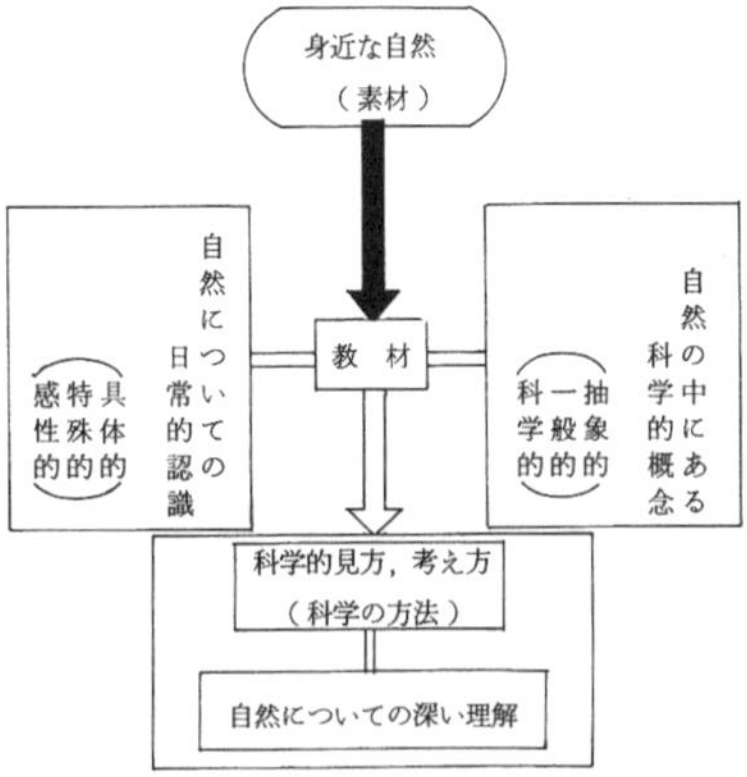

も、身近な自然物を取り上げても、生徒のそれに対する既存の見方・捉え方を喚起するような指導過程が大切であり、そうでなければ、身近な自然といえども、縁遠いものになりかねません。こうして両認識が結びつけられると考えられます。

また、身近でない教材から導かれた自然法則は、ややもすると特別視される可能性がありますが、身近な教材により導かれた自然法則は、生徒の身の回りの全事象の中に存在することが実感されうるでありましょう。こうして自然に対する深い理解が可能となると考えられます。そして、このことを通して、身の回りや他のあらゆる自然物に対し自然法則を適用しようとする態度、いわゆる科学的見方、考え方が育つものと考えます。

II 研究と実践

一 身近な自然を生かした授業

（一）身近な自然の取り上げ方のポイント

身近な自然を授業に取り入れる理由は、前述したように、正しい科学の方法（科学的見方・考え方）の習得及び、より正しいより深い自然の理解にとって有効であると考えるからです。しかし、身近な自然だからと言っても、それが有効なものになるかどうかは、取り上げ方次第でも大きく変わると考えられます。取り上げ方によっては、かえって子どもの学習意欲をそそらず無味乾燥な授業になったり、複雑すぎて子どもに混乱を招いたりすることもないとはいえません。また、いくら身近な自然だからといって空間的・時間的制約からも直接的な取り上げ方ができるとは限りません。そこで、身近な自然を授業に生かしていく上で重要と思われる次の三つの点について考察を試みました。

① 多種多様な身近な自然事象（素材）から、一つの科学概念の形成に必要なものをどのようにして選ぶか。――素材の教材化の方法――
② 身近な自然事象の中に問題を発見させ、学習の意欲づけをするにはどのような工夫が必要か。――問題意識醸成の工夫――
③ 見いだした自然の法則を身近な自然の中に確実に位置付けさせるにはどうしたらよいか。――自然法則の身近な自然への適用――

① 素材の教材化の方法

身近な自然の事象は、生徒にとっては、なじみの深いものだけに学習の対象として取りつきやすく、また日常の豊富な経験を基に学習を展開できます。しかし、また身近な自然事象は、教科書に出てくる教材や既製の教材が標準的、典型的であるのに対し、その原理が高度で複雑なもの、多くの要因が関わり合っていて一つの原理・法則を導くには困難なものが多いのも事実であり、そのようなものを最初から教材として取り上げることは必ずしも適当とは言えません。例えば、「電気」の学習において家庭の電気機器やその配線を最初に取り上げることなどです。身近な自然事象（素材）を教材として取り上げるときのまず第一のポイントは、素材を安易に学習の対象とせずその事象が基本的科学概念とどのように繋がっているかを十分考慮し、それができるだけ単純で、一つの原理・法則を導き出すのに都合がよいかどうかを検討することでしょう。

さて、いつの場合でも上述のような適当な素材が身近な自然の中に見つかるとは限りません。その場合、あまり身近ではないが単純で理解しやすい事象により学習を進め、その結果を他の身近な事象にも適用させる方法が考えられます。これは身近な自然の教材化の第二の方法と言えましょう。例えば、「燃焼」の学習においては、身近な自然事象として、ろうそく、プロパンガス、マッチ、木片などの燃焼が考えられます。ところが、この現象では、「酸化」と同時に「分解」が起こっている点で、あまり身近でないが酸化のみが起こっているスチールウールやマグネシウムなどの単体の燃焼より複雑です。この場合、スチールウールの燃焼実験により「燃焼」の本質を捉え、それを適用させることで他の身近な物質の燃焼についても理解させていく。

このように、学習した科学概念を様々な身近な現象にも適用させることは身近な自然事象の教材を主に置く学習過程においても大切なことと考えます。このことについては、③において詳しく述べます。

身近な自然を教材化する第三の方法は、視聴覚機器を使った映像という間接的なものの利用です。生の自然事象に触れさせることが理想ではありますが、地学的な領域などにおいては、事物・

現象を教室に持ち込めない場合が多く、野外観察といえども、距離的時間的にいつも実施できるとは限りません。こうした場合、地域に見られる露頭の地層や特有の地形などをスライド等にしたものを教材として使うことが有効です。また、長時間のスケールで起こる自然事象などは、写真などに記録したものを使うことがより有効であると考えます。雲の発生・消失や天文現象等はその例です。さらに、ビデオなどは使い方によっては、全く見慣れた自然事象を別の角度から捉えさせるのに大いに役立ちます（このことについては、次の項目において詳しく述べます）。

② 問題意識醸成の工夫

身近な自然事象は、生徒にとってあまりにありふれすぎていて日常経験している場合には、あたりまえのこと、熟知しすぎているという認識のために関心が薄く、そこに問題を発見し、問題を解決していこうとする意欲をかき立てにくいことも事実です。

しかし、ありふれているからといって決して正しい認識ができているとは言えないのは言うまでもありません。あたりまえと考えていることに再度見直しをさせることこそ、非常に大切なことであり、身近な自然を教材化する意義もそこにあります。なぜなら、この学習過程においては、今までの自然認識との葛藤、それからの認識の転換（見方の変化）、あるいは再認識といった心情の動きが見られるからです。一方、既存の知識のない、あるいは、それとのつながりが不明確な事象からの情報は、全く新しい知識としてストレートに入ってきます。そもそも、我々人間は自然の中で生きてきた以上、意識するとしないにかかわらず何らかの自然に対する認識を持っていることは必然です。この認識との交渉——刺激したり、葛藤したり——なくして得られた理解は、我々の実際生きている自然についての理解とは決して言えないのではないかと考えられます。

さて、そこで身近な自然への見直しをさせ、そこに問題を発見させて、問題解決の意欲付けをするにはどうしたらよいでしょうか。そのためには、生徒に疑問を抱かせ、既存の認識に疑いを持たせるような教師の側のはたらきかけが必要となるでしょう。問題解決学習における生徒の疑問を生起させることの必要性は言うまでもないことです。ところが、生徒の内発的な疑問を喚起することは非常に困難なことでもあります。特にそれが、生徒にとってありふれた身近な自然事象の場合はなおさらです。よく生徒に見慣れた自然事象を提示して、あるいは想起させて、「どうして○○なのだろうか」と問いかけることがあります。

それに対して生徒はほとんど関心を示さないことが多く見られます。この場合、生徒にとってはあたりまえすぎて、あるいは見慣れすぎて何ら疑問を発する必然性が存在しないのです。また疑問を発した教師の側もそれに対するいかなる回答を期待しているのかも明確でない場合も多いものです。人は、どのようなとき疑問を抱き（疑問の必然性）、それに対してどのような解決を期待しているのでしょうか。疑問が生起する心理的メカニズムを考えてみたいと思います。我々の経験を振り返ってみると、見慣れぬ現象に出会ったとき、あるいは、確信を持って実行したことがそれと反した結果に終わるときに「あれ？」という疑問を抱きます。

そもそも我々は、多くの日常経験を通して知らず知らずのうちに、「AならばB」という因果関係の認識ができていると考えられます。その因果関係に反する現象（A→C）やまったく新しい因果関係（C→D）に出会ったとき、我々はそこに疑問を抱いていると考えられます。そしてその疑問は、その現象が既知の因果関係により説明されたとき納得されるのです。例えば、水平な机上にあった鉄球が突然動き出したとき抱く疑問は、下から強力磁石で引きつけていたという説明で納得されます。このとき鉄球と磁石がなぜ引き付くかという疑問は生じません。それは、その人にとって既知の因果関係だからです。だから生徒にとって既知の因果関係のあるありふれた現象に対して「なぜ」と直接、投げかけても疑問は生じないはずです。しかし、その既知の因果関係を見直すことが大切なのは、その因果関係が必ずしも正しくなく、また不十分であるからです。それに気付かせるような事象提示や発問が大事でしょう。例えば、「空はなぜ青い」という質問は生徒にとっては何ら興味も示しませんが、写真等により宇宙空間で宇宙飛行士が見ている昼間の空は真っ暗である事実を知らせたりすると、積極的な疑問を抱かせることができます。こうした既知の因果関係に疑問を生じさせるような事象の提示がまず考えられます。

もう一つの例を取り上げてみます。中3の「運動と力」において、運動の相対性について学習します。この学習の導入においてまず教師が野球ボールを机上で転がしたり、止めたりしながら次のように発問したとしましょう。「どうして動いているとか、止まっているというのが分かるのだろうか。あるいは、速く動いているとか、ゆっくり動いているとか分かるのだろうか」。これでは、生徒にとってあまりにあたりまえすぎて疑問の生じようがありません。そこで、一様な状態の広い平面の上で動く物体をカメラで追いながら撮影したビデオを見せて、「さてこの物体は動いているか、止まっているか」と問うてみます。子どもが判断に困っているところで、画面に他の不動のはずの物体――机や建物の一部――が現れ画面を横切ると、子どもは「なあんだ」という反応を示します。この事象提示により、生徒に上記の発問を自らの疑問として抱かせることが可能になると考えます。

このように、同じ事象であっても視点を変えさせるような事象の提示の仕方が2つ目に考えられるでしょう。この場合、視聴覚機器が有効に使えることも多いし、また教師の発問によるはたらきかけを工夫することによってもできるものと思います。

③　自然法則の身近な自然への適用

いくつかの事象から帰納された法則は、さらに他のさまざまな身近な自然事象にも拡張して考えさせることにより自然への認識が深まると考えられます。このような学習過程の終末における身近な自然への見直しも、身近な自然の教材化の大事な側面でしょう。ともすると生徒は授業で取り上げられた自然事象は特別のものであるという捉え方をしがちです。これはまだ学習過程の展開上、原理的に単純なものが選ばれることが多いためでしょう。

現実の身近な自然事象にはその仕組みがかなり複雑なものが多い。それを一つ一つ実験で調べたり、その細かな仕組みを理解したりすることは生徒には困難なことです。むしろその詳しい仕組みを知ることなしにその事象の全体像から原理・法則の適用場面に気づき、類推できる力こそ大事であり、このことにより原理・法則の理解の程度を知ることができるでしょう。例えば、「化学変化における質量の保存」という法則がありますが、実際の化学変化は、実験で扱う以上に複雑なものの方が多く見られます。例えば、生物の生命活動は、さまざまな化学変化のるつぼです。その複雑な仕組みは知らずとも、植物のからだが大きくなっていく変化に対し、土の中からあるいは空気中から何らかの物質が吸収され、それが作り変えられているのではという化学変化として捉え、ここでも質量保存則がやはり成り立っているはずだという推測をすることができます。そもそも我々人間は、自然についてあらゆること、全てのことを知ることはできない、また正確に知ること（実験による誤差をなくすこと）もできない、ということに気づかせることも大切でしょう。多くの事象の観察から得られた結果より、誤差による凹凸を相殺して、原理・法則の本質的なラインを描くことができ、未知の部分までそれを延長できることが理想でしょう。このような自然に対する見方・考え方こそ「科学的な見方・考え方」と言えるのではないかと考えます。

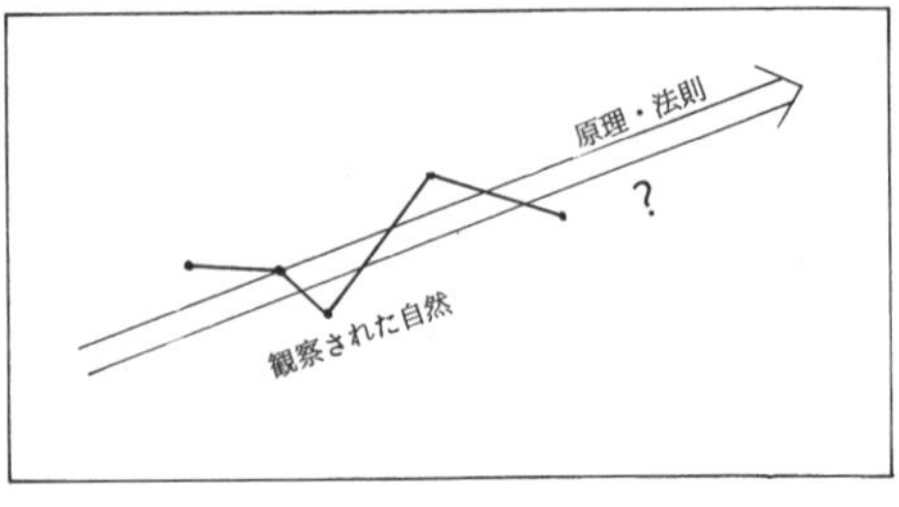

ところが、生徒は一般に、授業において原理・法則を理解しているようでも、一歩日常の生活場面での事象に直面すると、既存の感性的認識に左右されて原理・法則を正しく適用できないことが多いものです。感性的な認識に対して、これは表面的にそう見えるだけだと見る力——強い感性的認識に対して、それを乗り越えるほどの原理・法則への強い確信——により見方の転換がなされ、今まで気づかなかった自然の新しい姿が浮かび上がってきたとき、正しい自然認識が確立したと言

えるのではないでしょうか。

学習過程の終末において他の身近な自然事象を想起させたり、授業には取り上げなかった身近な自然事象に関するテストを行ってきましたが、このことは、原理・法則への理解度を評価するとともに、自然認識を深めるために意義あることと考えます。

さて、このことをさらに発展させて、身近な具体的事象のみならず現実にあり得ない状態までもその原理・法則から推測しうることを示すことも大切でしょう。現実の世界には実にさまざまな物質が存在し、それにより、またさまざまな作用が働き合っています。それらのいずれでも完全に取り去ったり、変化させた状態を作り出すことは不可能です。しかし、そのような状態を思考の中において「仮に……ならば」という想定をすることは可能です。もちろん、そのような状態の正確な推測などできるはずはありませんが、一つの原理・法則を基にした簡単な推測は可能なはずです。このことにより、ありふれたものとばかり思われていた日常の事象が、さまざまな要因により支えられた特別の状態として新しく認識されます。これもまた身近な自然への深い理解と言えるでしょう。

例えば、「運動のようすと力」の学習の終末において、摩擦力や空気の抵抗の全くはたらかない世界を想定させてみました。このことにより、他の物体との作用がない限り、運動している物体はいつまでも運動し続け、止まっている物体はいつまでも静止し続ける状態が想像できます。そしてそのことから教師の少しばかりの補説により、地球上の人間や動物あるいは自動車が自ら動き出し、また自ら止まることができることに対する新しい認識（摩擦力が存在する意義についての認識）を生み出すことができたと思います。もう一つの実践例として、物体の「慣性」の学習の終末において次のような問題を出してみました。「もし地球の自転が今急に止まったら地球上の物体はどのような力学的影響を受けるだろうか（ただし、地球の自転の速さは鹿児島付近でおよそ１４５０km／時である）」。残念ながらこの問いに対する正答者は十九名中わずか一名でしたが、教師が説明を加えることにより、大きな驚きを示しました。これにより、慣性の法則への理解を深めるとともに、地球上に存在する全ての物体への新たな認識が生まれるものと思われます。

　一分野のみならず2分野においても実践できるでしょう。たとえば、「生物の世界のつながり」の学習の終末において、生産者である緑色植物や分解者である菌類・細菌類のなくなった世界を想像させることなどです。

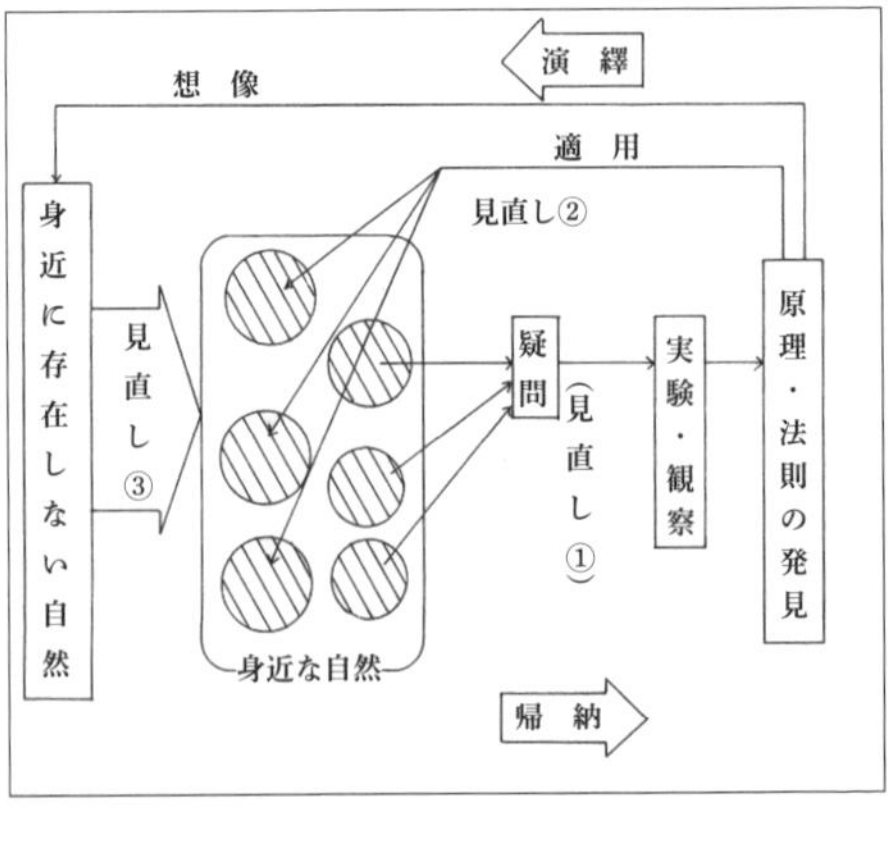

（二）授業の実際

A　二分野「植物の世界」（1年）　シダ植物のからだのつくりとふえ方

（略）

B　一分野「運動のようすと力」（3年）　落下運動はどんな運動か

（略）

二　理科クラブの活動

（略）

三　郷土の自然（及び歴史）を訪ねる遠行

（略）

四　天体観測会

（略）

Ⅲ　研究の反省と今後の課題

身近な自然の教材化により生徒の科学的見方・考え方、さらに自然に対する深い理解を育てることを目指して、2年間、研究を重ねてきました。特に身近な自然を教材化しそれを生かした授業過程の工夫の研究を中心にして、理科クラブ活動、郷土の自然を訪ねる遠行、天体観測会等の実施及び充実、校内の理科環境の整備に力を入れてきました。その結果、生徒はこれまで以上に、身のまわりの自然に興味・関心を示し出し、進んで地域の自然について探究しようとする姿も見受けられるようになりました。しかし、科学的見方・考え方、自然に対する深い理解の育成がどこまで達成されたかについては、まだまだ十分とは言えず、その評価の仕方においても不十分だったと言えるでしょう。今後さらに検討を加え、改善して行かねばならない課題として、

① 生徒の実態調査及びその分析を十分行い、生徒の自然に対する既存認識を確実に把握する。
② もっと数多くの身近な素材について教材化の検討をし、多様な授業を試みる。
③ 学習過程における「見直し」の過程について十分な検討をし、生徒の自然認識の変容を促す工夫に力を入れる。
④ 授業外の活動（理科クラブ活動他）を、研究テーマ推進の過程にもう少ししっかりと位置付ける。
⑤ 科学的見方・考え方及び自然に対する深い理解についての考察を深め、その評価基準を具体的に設定して、生徒の変容を確実につかめるようにする。

などが挙げられるでしょう。今後、この課題を念頭に、さらに身近な自然の教材化に力を注ぎ、生徒の自然に対する正しい考え方、認識を深めていくよう努力していきたい。

最後に、この研究に対して多くの御助言をくださいました県教育委員会、北薩教育事務所、里村教育委員会の先生方に厚くお礼の意を表するとともに、今回の研究について、諸先生方の忌憚のない御助言、御指導を賜りますよう心からお願い申し上げるしだいです。

4　探究活動を促し科学概念の形成を助ける科学的モデルの工夫

～熊毛地区教育論文（特選受賞）～

1995（平成7）年3月

一　主題設定の理由

理科学習において、本物の事物現象を対象にした実験・観察の実施は、生徒にその事象の中の規則性を実感させ正しい科学概念の形成を図るために重要なことです。自然科学の対象が生の自然事象である以上、この活動なくしての理科学習は無意味でしょう。たとえ、授業で扱うには直接的な活動が困難な事象であっても、スライド、ＶＴＲ、実験データの資料等に基づき間接的に事象に触れさせることが重要です。原体験の不足しがちな現代の子供たちにとっては、具体思考の可能と考えられる中学生においても、なお生の体験を重視すべきであることは、新学習指導要領の理科教育の目標の大きな柱の一つにも挙げられているとおりです。

しかし、学習内容によっては、①現象が目に見えない微視的なものである、②空間的広がりが大きい現象である、③多くの複雑な要因が絡んだ現象である、等の理由により、実験・観察の結果から得られた内容だけでは、機械的な理解はできても実感的イメージを伴った理解まで達し得ないことがあります。

例えば、電流回路の学習において、特に生徒に捉えさせにくい内容に、直列回路・並列回路における各部の電圧の規則性があります。電流が目に見えない現象だけに、実験や説明だけから特に電圧のイメージを描くことは難しいと考えられます。また、単元「動物のからだのしくみ」においては、実験・観察が生物体の部分部分を対象にしたものになりがちで、一つの生物体のはたらきを総合的に捉えさせるには不十分です。さらに生物体のはたらきを探究的に探らせることは、再現や条件制御が難しいだけに、ほとんど不可能であると言えます。

そこで、こうした学習においては、生の現象の実験・観察を核にしながら、その結果を実感的イメージをもって捉えさせるために、それを生徒の身近な直接体験から得た類似した具体物や現象に置き換えさせることが有効であると考えられます。本物ではないが、その特性が本質的に類似した具体物、すなわち科学的モデルを工夫し、それを使った活動を学習過程に位置付けることによって、探究活動を促し、実感を伴った科学概念の形成を可能にするのではないかと考え、本主題を設定しました。

二　研究の仮説

（一）微視的・抽象的な現象、再現不可能な現象において、本質的な類似性をもったモデル教具を工夫し、それを利用した活動を学習過程に位置付けることによって、探究意欲を促進し、実感を伴った科学概念の形成ができるようになるのではないか。

（二）条件制御が困難な現象や、多くのデータ処理が必要なため予測が困難な現象において、同一の規則性を組み込んだパソコンによるシミュレーション・モデルの開発と、それを利用した活動を学習過程に位置付けることによって、探究意欲を促進し、実感を伴った科学概念の形成ができるようになるのではないか。

三　研究の内容

（一）人の自然認識の形成過程と科学的モデルの位置付け
（二）「動物のからだのしくみ」におけるモデル教具の工夫
（三）「生物界のつながり」におけるシミュレーション・モデルの工夫

四　研究の実際

（一）人の自然認識と科学的モデルの捉え方

①　人の科学概念の形成過程

自然界に見いだされる基本的な科学概念として、物質、温度、力といったものがありますが、人はこれらの概念をどのように形成していくのかについて考察しました。

こうした基本概念は、もちろん触れる、持つ、押すといった感覚的経験によってより確実に捉えられるものでありますが、直接こうした感覚を通すことなく測定器で得られた物理量（ばねの伸びとか温度計の目盛りとかいったもの）からもこれらの概念を捉えることができます。例えば、人は感覚では直接捉えることのできない原子や分子であっても、電子顕微鏡で得られた像や特別な方法で測定・算出された質量を知ることによって原子・分子の物質のイメージを思い描くことができます。

こうしたことから、科学概念は感覚とは無関係に捉えることができるかのような錯覚を起こしがちです。しかし、このような概念がはたしてどのように形成されてきたかを順次考えてみますと、感覚的経験なくしては無理であろうことが理解できます。

例えば、「物質」の概念について考えてみます。人は自分の目の前に置かれた物質を見ただけで物質のイメージを描けるようになるためには、ⅰ）ある色と形が視界に入る、ⅱ）その方向に手を伸ばす、ⅲ）手で触れる感覚や持って重みの感覚が生ずる、といったような一連の経験がこれまでに何回となく繰り返されることが必要だったと思われます。こうした行動を媒介にした視覚と触覚の間の一定のきまりが「物質」の概念をいだかせるに至ります。物質の不可入性と重さの感覚こそが「物質」の概念の基であると考えられますが、それはこうした直接経験によって初めて捉えられるのです。人が感覚的経験なくして物質の概念形成がなされるように捉えがちなのは、直接触れることなくして視覚のみから物質のイメージが無意識に得られるため、それが過去繰り返しなされた感覚的経験に基づいていることに気付かないためと思われます。さらに、直接目にすることもできない微視的な世界や巨視的な世界における様々な抽象的科学概念もこの感覚的経験がその土台になって形成されていくはずです。

② 科学的モデルの捉え方

科学の探究の対象がより抽象的なものになっていくと、どうしても直接的な解釈では捉えられない現象にぶち当たります。そのとき、その現象をどのようにして人は理解していくのでしょうか。人の概念形成の基になっているのは、前述した通り感覚的経験でありますから、それを基にした類推が可能でなければ理解したとは言えません。そこでなされることは、感覚的経験の積み上げから理解できるに至った他の具体物で、その現象に類似性のあるものを見いだすことでしょう。それは、この現象の真の原型では決してありませんが、科学の方法で明確になったこの現象の持つ諸要素のいくつかを対応的に正確に表現したものでなければなりません。これを見いだすことに成功すれば、この現象について具体的イメージを持って理解できるものと考えられます。このモデルを生徒自らに見いださせることも大切でしょうが、より吟味された適切なモデルを指導者が与えることによって、生徒の科学概念の形成を助け、さらに探究しようとする意欲を生み出すことになると考えます。

さて、科学的モデルの要件として、次の点を押さえておくべきでしょう。

a　対象を正しく代理表現するものであるから、諸要素の対応はよく検討されなければならない。

b　科学的モデルは、模型であって真実のものではないだけに、それによる説明や解釈には適用の限界が存在している。

c　科学的モデルは、新しい事実などが解明されて説明が不可能になったときは修正されるものであって固定的なものではない。

(二)「動物のからだのしくみ」におけるモデル教具の工夫

①　心臓モデル作成の意義

単元「動物のからだのしくみ」においては、「分化した多数の細胞が組織・器官をつくり、それぞれが細胞の生命維持に重要なはたらきを分担しながら、一つのまとまった生物体を作り上げていること」「各器官のつくり（構造）とはたらき（機能）は密接に関連していること」について理解させることを主なねらいとして学習させます。しかし、実際の動物のからだのしくみは複雑で分かりにくいこと、また、各器官のはたらきを再現して観察させることが困難なことなどにより、VTR等を利用した事象提示になりがちで探究的な学習の構成は難しくなります。そこで、探究的な学習過程を可能にし、器官のしくみやはたらきの巧妙さを理解させるために、実物の特性をまねた心臓と血液循環のモデル教具を作成しました。

② モデルのしくみと特徴

ア 材料

灯油吸い上げ用ポンプ（2個）、ビニールホース（外径19㎜）、塩化ビニールパイプL字ソケット（2個）、ガス管バンド、ステンサドル（4個）、ポリエチレン製容器（2個）、ゴム栓（2個）、ゴム風船（青、赤）、造花用の薄い色紙（赤、黄）、合板、角材、赤い布、スポンジ、各種接着剤（水漏れ防止用バスボンド、プラスチック接着剤）

イ 利用方法としくみ

写真1（上）のように、肺と各組織に見立てたポリ容器のふたを取って、水をホースと水流ポンプに満たします。心臓に見立てた水流ポンプを断続的に押すと、ポンプの弁のはたらきで水が肺と組織の間を同一方向に流れます。

ウ 工夫した点

a　水の流れる方向や流れ方がよく分かるように、赤血球に見立てた造花用の薄い赤紙を小さく切り刻んで肺のポリ容器から入れさせるようにしました。

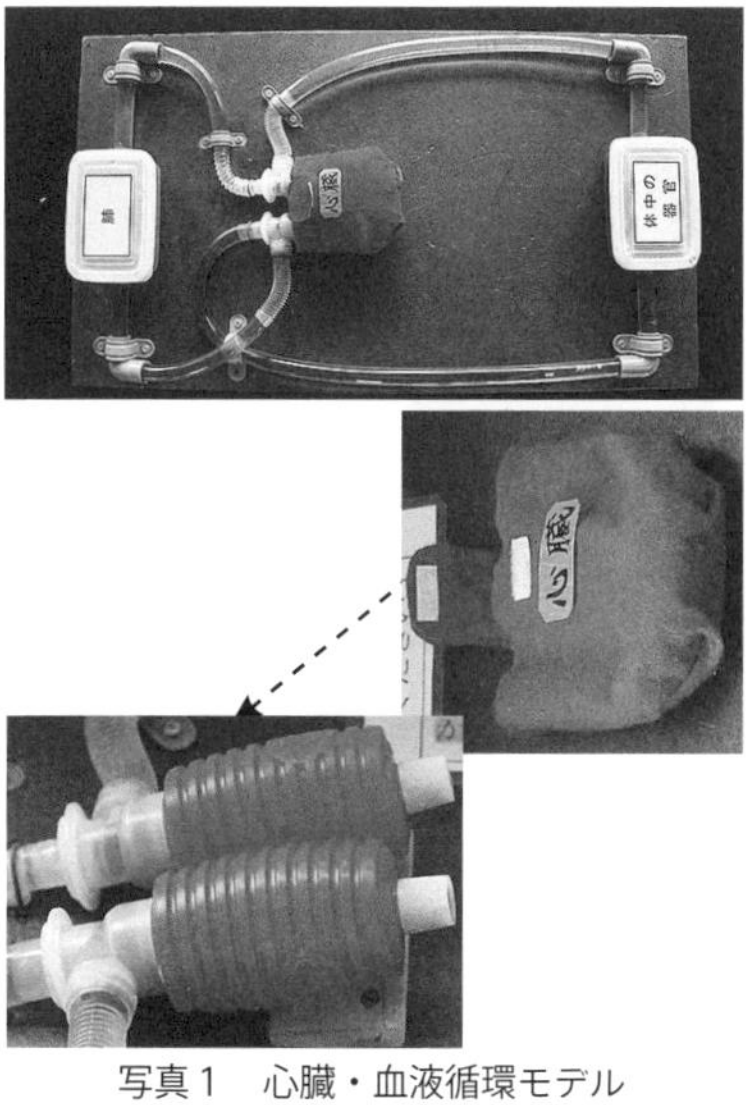

写真1　心臓・血液循環モデル

b　心臓のしくみを血液の流れから推測させるために、写真１（中央）のようにポンプを赤い布で覆い隠しておきました。

c　肺からの血液と組織からの血液が混じり合わないことを確かめるため、別の色の薄紙をポリ容器から少し入れさせるようにしました。

d　心臓内の弁のはたらきにより血液が逆流せずに一定の方向に流れていることを確かめさせるため、弁をはずしたモデルを別に準備し、比較させるようにしました。

e　動脈の壁に断続的な圧力が伝わってくることを捉えさせるため、動脈の一部（２箇所）に穴を開け、そこにゴム風船のゴム膜を貼りました。

③　モデルを利用した探究学習の実際

ア　題材　心臓のはたらきとつくり

イ　本時の指導目標

a　血液を循環させるための心臓のつくりの巧妙さに気づかせ、生命現象への興味・関心を高める。

b　モデルの操作を通して心臓のつくりを推論したり、そのはたらきをつくりと関連させて捉えるなどの科学的思考力を養う。

c　心臓のつくりをその機能との関わりという視点で観察する技能や、心臓のつくりを模式的に表す表現力を身につけさせる。

d　心臓は4つの部屋からなり、心室・心房の拡張・収縮によって、血液を循環させていることと、また弁のはたらきにより逆流を防いでいることについて理解させる。

ウ　下位行動目標

a　心臓のはたらきや血液を送り出すようすの視聴から、心臓のはたらきとつくりについて関心と疑問を持つ。

b　血液循環の道筋を体循環と肺循環に分けて正しく図示することができる。

c　心臓モデルの観察や操作により、心臓のしくみの疑問点を具体的に整理できる。

d　モデルの操作を工夫することによって、疑問点解決の方法を探ることができる。

e　モデルの操作を通して、弁のはたらきを確認できる。

f　心室が2つあることの利点が説明できる。

g　心臓には、4つの部屋があり、左右が完全に仕切られていることが説明できる。

h　心室には、逆流を防ぐ4つの弁があることが説明できる。

i　ブタの心臓を、その機能と関連づけて観察できる。

エ　本時の指導に当たって

生物の学習においては、機能と構造の関連性について理解させることが重要です。そのために一般になされる指導は、まず生物の器官の機能と構造がともに与えられ、両者の関連性を解釈させるものです。しかし、この場合、未知のものを推論する過程がないため、両者の関連性の理解は不十分になりがちです。

そこで、本時の指導においては、まず機能を明確にして確認させた後、それに適した構造をモデルの操作を利用して推論していくようにさせたい。そして、その後に構造について正しい知識を観察などによって与え、推論を検証する活動を通して、機能と構造の密接な関連性を捉えさせたいと考えました。

ただし、モデルはあくまでも心臓の機能の一部を解釈するために構造を単純化したものであることを十分認識させ、この活動に必要以上の時間を費やさないように留意したいと考えます。

オ　準備

VTR（NHK放映「人体―心臓―」、心臓・血液循環モデル（9つ）、ブタの心臓（4個）

カ　学習過程（次頁）

キ　評価

a　心臓・血液循環モデルの観察や操作を通して、心臓の機能と構造の関連性を確認できたか。

b　ブタの心臓を、心臓の機能との関わりという視点で観察できたか。

④　モデル教具使用による学習の成果

ア　授業の考察（自己評価結果より）

a　事象提示から調べてみたいことを問いかけましたが、心臓の「しくみ」以外に、「どうして動き続けるのか」「大きさは？」などの多様な疑問が引き出されました。しかし、さらに探究意欲を高めるためには、焦点化された問題意識を生じさせるような事象提示の工夫が必要で

過程	行動目標	学習の流れ	時間	学習活動	留意点・教具 予想される生徒の反応「　」
課題発見・把握		はじめ			
		事象提示 1		1 心臓が血液を送り出している映像を見る。	1 VTR（NHK「人体―心臓―」）
	a	発表 2		2 調べてみたいことは何か？	
		課題把握 3	10分	3 血液を流し続けるために，心臓にはどのようなしくみがあるだろうか？	3 ポンプのようなしくみをもつことは，容易に推測できると考えられる。
	b	血液循環経路の提示 4		4 心臓，肺，各組織 間の血液循環の道筋を確認する。	4 体循環，肺循環について，簡略化した図でおさえる。 動脈血，静脈血を色分けして表す。 
		わかったか 5 補説 6			
情報収集		モデルによる演示 7		7 モデルで血液循環のようすを観察する。	7（　）部分は隠した状態で演示する。 「モデル心臓の中はどうなっているのだろうか」 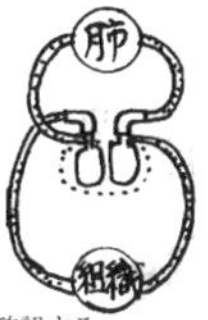
	c	疑問 8		8 心臓のしくみの疑問点について話し合う。 ① 動脈血，静脈血の心臓での混ざり合いを防ぐためにどんなつくりがあるか。 ② 逆流を防ぐために，どのようなしくみがあるか。	8 演示により生じた疑問を整理させる。
情報処理・解釈	d	モデルによる実験 9	20分	9 モデルの操作により，血液循環のようすを調べる。	
		その他の疑問 10		10 ③ ポンプが2個あることの利点が何かあるか。	11 机間巡視により確認する。
	e	疑問は解決したか 11 補説 12			12 ・①については，モデル心臓の覆いを取りはずさせる。 ・②については，弁のないモデルを1つ準備しておき，それを操作させて比較させる。
	f	発表 13		13 実験により分かったことを発表する。	・③については，ポンプを1つだけ押したときと，2つ押したときの違いに目を向けさせる。
検証	g h	説明 14		14 本物の心臓のつくりについて学習する。 ・ 4つの部屋がある。 （右心室，左心室，右心房，左心房） ・ それぞれの心室に2つずつ弁がついている。	13 「動脈血と静脈血が混じり合わないように，心臓内は中央に仕切りがある。」 「弁のはたらきにより，血液が一定方向に流れている。」 「2つのポンプにより勢いが増す。」
	i	観察 15	17分	15 ブタの心臓を観察する。 ・ 4つの部屋の確認 ・ 弁の観察 ・ 右心室，左心室の壁の比較 ・ 大動脈，肺動脈，肺静脈，大静脈の観察	15 ・ 心室の壁の厚さが左右で異なる理由も考えさせる。 ・ 机間巡視して観察箇所を指導す
		発表 16		16 気づいたことについて発表する。	
まとめ		まとめ 17	3分	17 学習のまとめをする。	
		自己評価 18 補説		18 自己評価カードで理解の程度を確認する。	
		次時へ			

す。

b　心臓モデルの演示場面では、「なぜ同じ向きのみ血液が流れるのか」「動脈血と静脈血が心臓でなぜ混じり合わないのか」というような意図したいくつかの疑問が生徒から積極的に引き出され、問題意識の高まりがあったといえます。

c　心臓モデルの操作によって、ほとんどの生徒が弁の存在に気づき、それを血液が同じ方向のみに流れることと関係づけて捉えようとする様子が見られました。また、弁のないモデルを操作し比較することで、そのことを確かめようとする班も見られました。こうしたことは科学的思考力の深まりと捉えられます。心臓モデルの操作・実験を学習過程に位置付けることで探究的な学習活動が可能になったといえます。

イ　概念ラベルによる概念形成の評価

本単元においては、モデルによる探究活動等を通して、単元全体にわたって問題意識を持続させ、構造化された科学概念の形成を図りました。その成果を見るために、単元終了後に、ヒトの生命活動の様子を、細胞の図と、心臓、小腸、肝臓、腎臓などの各器官の図を用いて、模式的に表現させる活動を取り入れました。その結果、30％の生徒が、自らの力で細胞の生命に必要な物質の出入りや運搬の様子を各

表１　自己評価結果

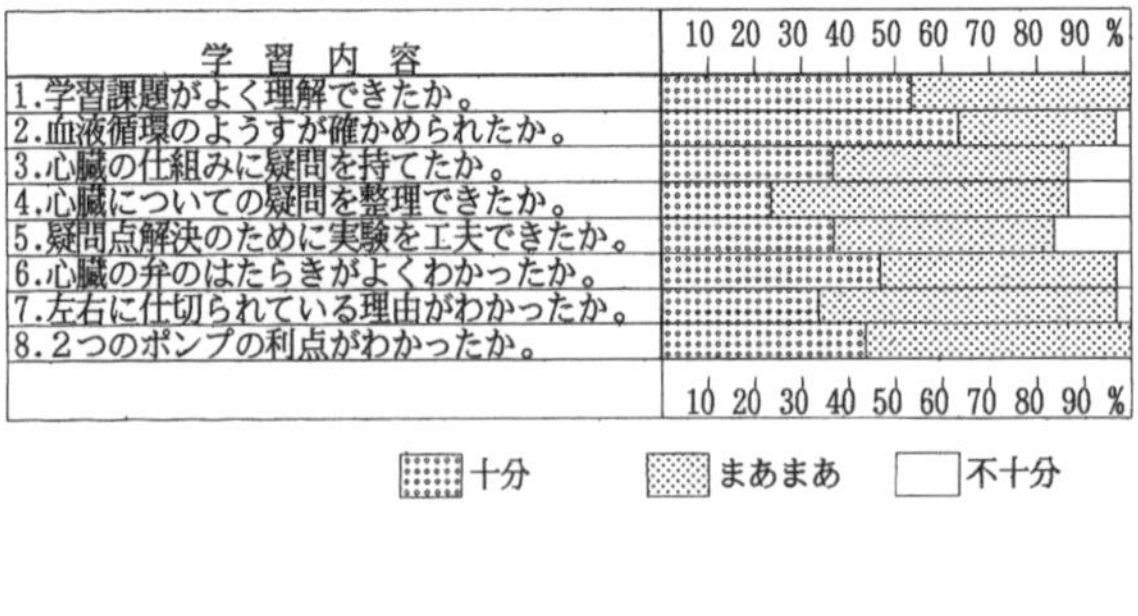

学習内容
1.学習課題がよく理解できたか。
2.血液循環のようすが確かめられたか。
3.心臓の仕組みに疑問を持てたか。
4.心臓についての疑問を整理できたか。
5.疑問点解決のために実験を工夫できたか。
6.心臓の弁のはたらきがよくわかったか。
7.左右に仕切られている理由がわかったか。
8.２つのポンプの利点がわかったか。
10 20 30 40 50 60 70 80 90 %
十分
まあまあ
不十分

器官と関連させて、的確に独創的に表現することができました。

図1、2は同レベルの知識・理解（多岐選択式ペーパーテストの結果より判断）を持っている現2年生（生徒A）と前年度の2年生（生徒B）の描いた図です。探究活動を特に工夫した学習過程を通ってきた生徒Aは、細胞の生命を支えるための各器官のつながりに視点を置いて、構造的に表現しているのに対して、生徒Bは人の体や各器官の形態や位置にとらわれて、細胞の生命を中心に置いた構造的な生命活動の表現がなされていません。この学習過程によって、より構造化された科学概念が形成されたといえます。

(三) パソコンによるシミュレーション・モデル

① パソコンによる数学的モデルの意義

「生物界のつながり」の学習においては、食物連鎖による生物量のつり合いについて学習させます。一般に生物量

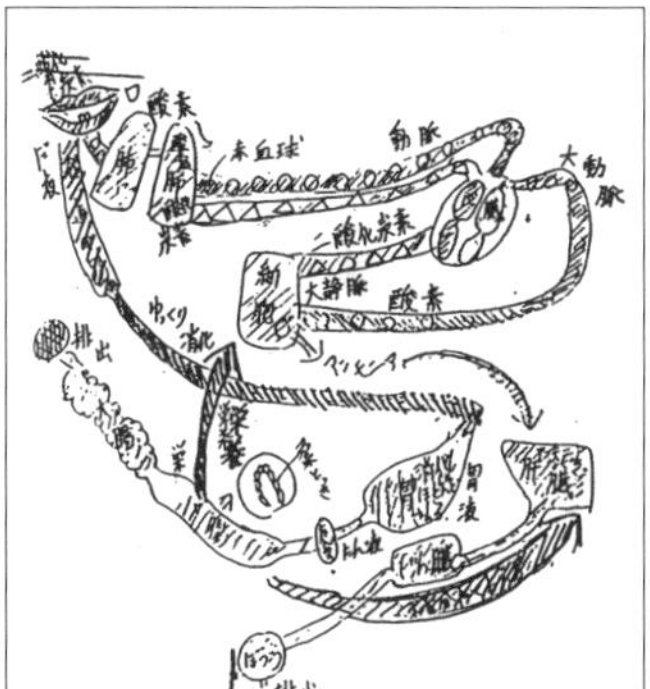

図1　生徒Aの作図

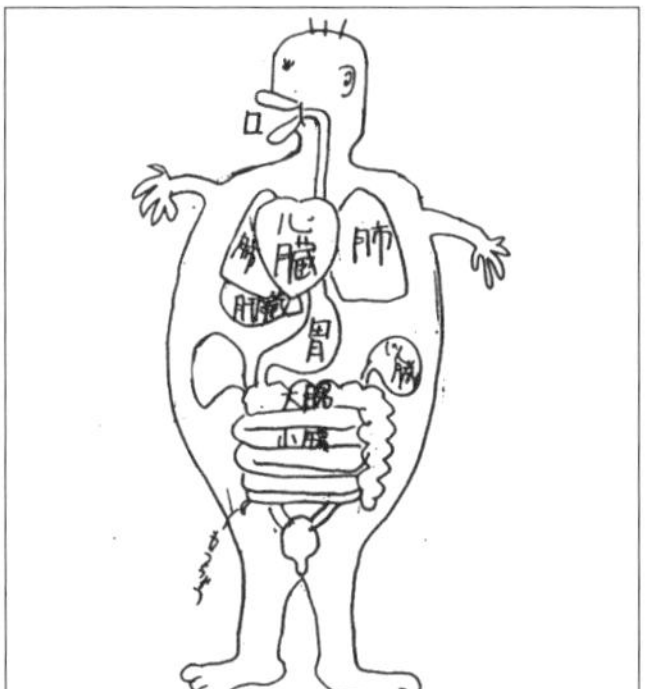

図2　生徒Bの作図

の増減に関する様々な資料を基に、生物量につり合いが保たれていることに気づかせ、その原因について理論的に考えさせます。しかし、対象が複雑な要因が絡んだ現象で、さらに長期間・広範囲に及ぶ現象で、確実な因果関係を捉えることが難しいだけに、実感を伴ったイメージ化が困難です。こうした現象については、複雑な因果関係から主要なものを抽出し、数式化することによって、それを時間の変化に対応して繰り返し多数回処理させることで現象を模擬的に体験させることの可能なパソコンによるシミュレーション・モデルが有効であると考えられます。

② **ソフトの内容**

ⅰ）食物連鎖の関係にある生物の階級数を任意に入力する。（2～7）
（画面につり合いのとれた状態の生物量を表す図が表示される）

ⅱ）生物名を入力する。（ただし、生物の種類による処理の仕方に相違はない）

ⅲ）任意の階級の生物を選んで、その生物の数量を任意に変化させる。

ⅳ）その後の生物量を一定のきまりで連続的に処理させていく。
生物の数量が絵と数値で連続的に表示されていく。

③ **ソフト制作に当たっての考え方**

次頁図3のようなN階級の生物群の食物連鎖を考えます。今、初期の状態でそれぞれの階級の生物量がM（ⅰ）でつり合いがとれているものとします。

生物の数量は、繁殖により増加する一方、餌不足による餓死及び敵からの捕食により減少します。この変化量を階級ｉの生物量に対する割合で考え、それぞれ自然増加率Ｚ０、餓死率Ｕ（ｉ）、捕食率Ｈ（ｉ）とすると、生物ｉの量はこの３つの変化率によって変化することになります（Ｚ０は生物群によらず常に一定と考えます）。

今初期状態での餓死率、捕食率をそれぞれＵ０、Ｈ０とすると、この状態ではつり合いがとれているとしますので、

$$Z0 = U0 + H0 \quad \cdots\cdots (1)$$

となっていると仮定します（そうすると初期の状態では生物量は変化しないことになります）。

ところで、ｉ階級の生物の餓死率Ｕ（ｉ）はその生物の餌となる生物の量の、また捕食率Ｈ（ｉ）はその生物を捕食する生物の量の、それぞれ影響を受けます。

具体的には、階級ｉの生物の餓死率Ｕ（ｉ）は階級ｉの生物量Ｍ（ｉ）と階級（ｉ－１）の生物量Ｍ（ｉ－１）の比に比例すると考えられます。また、階級ｉの生物の捕食率Ｈ（ｉ）はＭ（ｉ＋１）とＭ（ｉ）の比に比例すると考えられます。

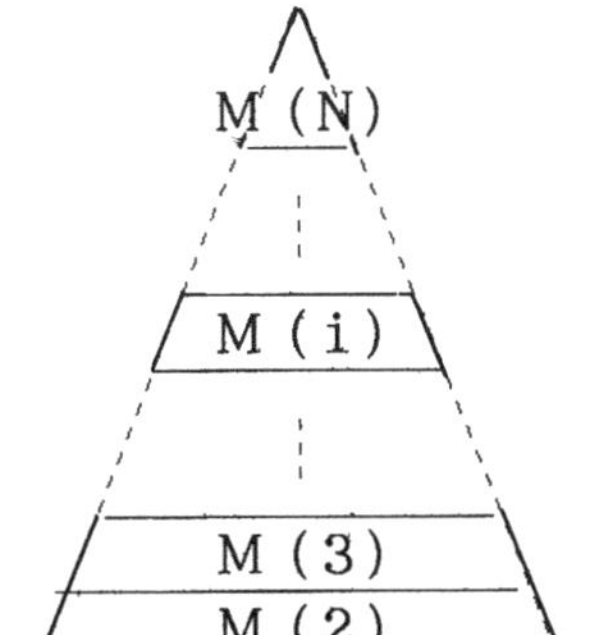

図３　階級Ｎの生物量ピラミッド

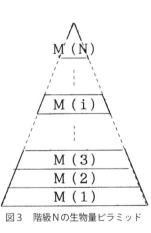

つまり、

U(i) = k × U(0) × (M(i) ／ M(i-1)) ・・・・ (2)

H(i) = k × U(0) × (M(i+1) ／ M(i)) ・・・・ (3)

（k：初期状態においてU（i）＝U0、H（i）＝H0となるように定めた比例定数）

さて、ある時間での階級iの生物量M（i）の変化率Z（i）は、

Z(i) = Z0 - U(i) - H(i) ・・・・(4)

となり、一定時間経過後の生物量MM（i）が

MM(i) = M(i) × (1+Z(i)) ・・・・ (5)

と算出されます。

このような考えで初期のつり合いの状態にある生物の1つに変化を与えますと、その後のそれぞれの生物量が繰り返し計算されていきます。

さて、モデルの信憑性・妥当性について考察してみましょう。例えば、今階級iの生物の量が増加したとすると、前述の式（2）、（3）から分かるように、これが階級iの生物量M（i）の餓死率を増し、捕食率を減少させることになります。一方、この式からM（i）の増加は、階級（i＋1）の生物の餓死率を減少させ、階級（i－1）の生物の捕食率を増加させます。その結果、階級（i＋1）は増加し始め、階級（i－1）は減少し始めます。これは実際に予想される生物の増減に合致しています。

④ 授業での活用の実際

ア 活用のねらい

食物連鎖による生物量のつり合いについては、現象が長期的で広範囲のものであることにより、様々な複雑な要因が絡んでいたり、生物個々による多様性を含んでいたり、また実際に条件制御することが不可能であったりする等のため、具体的な検証が困難であり、資料を使った考察や机上での説明で終わるのが普通です。そこで、生徒の学習意欲を高め、実感的に自然界の規則性を理解させることをねらいとして、本ソフトを制作し、それを利用した授業を試みました。

イ 実施の流れ

教室での本単元の学習終了後、

i) 生徒に自由に食物連鎖の関係にある生物群を考えさせる。

ii) そのうちの一生物が突然、増減した場合を設定させる。

iii) その後、それぞれの生物の量がどのように変化するか予測させる。

iv) 実際にその通りになるか、コンピュータにより確かめる。

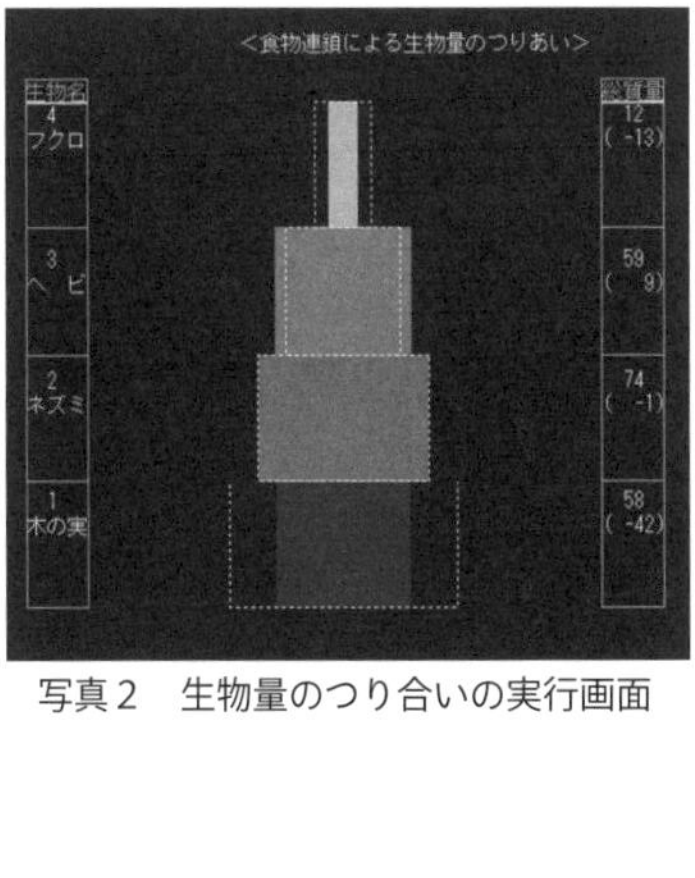

写真2 生物量のつり合いの実行画面

ウ　実施の成果

この活動を通して、多くの生徒が次のようなことを理解できたようです。

a　どの生物量を変化させても、それぞれの生物が増減を繰り返しながら、やがてはすべての生物量が元の状態に返っていく。

b　始めに設定する生物の増減量が大きいほど、元の状態に返るのに時間を要する。

c　１つの生物が全くいなくなってしまうと、もう元の状態に返ることがなくなる。

また、本単元終了後の感想文（表２）を見ると、食物連鎖による生物界のつながりについて実感的なイメージがもてたと考えられます。

表２〈生徒の感想文〉

- 自然はおもしろいようにうまくつくられているんだなあと感心した。
- 生物どうしはちゃんとどこかでつながっている。自然はすごいと思った。
- 動物はうまくつり合いをとっていると思った。
- 生物たちは自分で調節をしていることが分かった。人間より頭がいいなあと思った。
- 自然に人間はへたに手を加えたりしないで、自然にとけこむことが大切だということが分かった。
- 人間は生物界にどんな形にしろ、手を加えてはいけないんだなあと思いました。

五　研究の成果と今後の課題

(一) 研究の成果

① モデル教具の活用により、これまで探究活動の難しかった学習内容においても、生徒の問題意識を基にした探究的活動が可能になりました。
② 抽象的で捉えにくい現象についても具体的イメージをもって理解させることができました。
③ パソコンの活用により、実際には条件制御の不可能な現象においても、様々な条件の変化を与えての模擬的な実験を可能にし、生徒の学習意欲を高めました。
④ パソコンにより、多くの条件設定による試行が可能になったことで、生徒による規則性の発見を容易にし、一般化をスムーズにしました。

(二) 今後の課題

① モデル教具が効果的な他の学習内容について検討し、有効なモデル教具の開発に努める。
(例)・電流回路　・原子・分子　・磁界　・エネルギー・天体
② モデル教具やシミュレーション・モデルはあくまでも生の現象の主な特性を抽出して具体物に当てはめた模擬的なものであることを十分押さえ、それを超えた科学概念の形成を促していく。

③　実験・観察を主体にした学習活動の中での、モデル教具の位置付けをさらに明確にしていく。

④　パソコンのシミュレーションにおいては、実験・観察から遊離することなく、生の現象との密接な関連を持たせ、問題解決に有効なソフトの開発に努める。

《参考文献》

◇「中学校学習指導要領」文部省

◇「平成3、4年度榕城中理科研究紀要」榕城中理科部

◇「認識の分析」エルンスト・マッハ著、法政大学出版局

◇「新理科教育用語事典」井口尚之編、初教出版

◇「理科の教育『新時代の教材開発』」１９９２／ｖｏｌ．41、日本理科教育学会編

◇「シミュレーションの発想」中西俊男著、講談社

関連研究

「電流」における電流回路モデルの工夫

~平成18年度　肝属地区教育論文掲載~

一　教具作成の意義と概要

電流回路の学習において、「電圧」はイメージを描くのが難しい概念です。中でも、直列回路・並列回路における各部分の電圧についての規則性は実験によって見いだされますが、その規則性を実感的に理解することは容易なことではありません。

そこで、電流をパイプの中を高所から低所に流れ下る水の流れに例え、電源を低所から高所に水を引き上げるポンプと考えて、電流回路のモデルをパイプの連結によって組み立てられるような教具を作成しました。このとき、「電圧」を水の流れに沿った2点間の落差と考えることで、イメージしやすいものにできます。

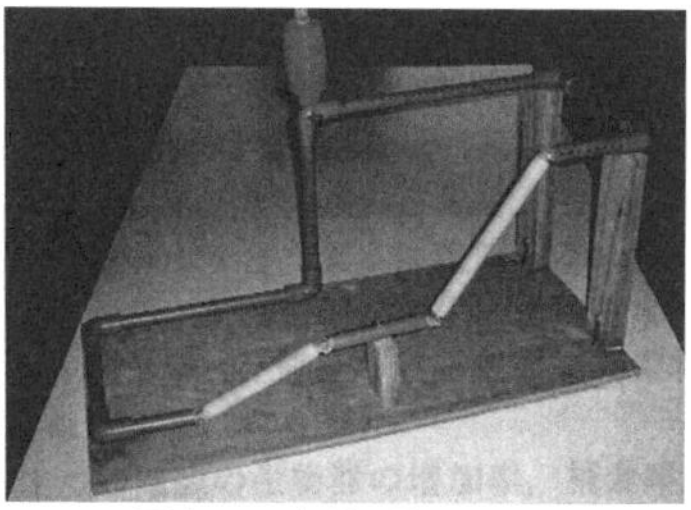

写真3　直列回路のモデル

写真4　並列回路のモデル

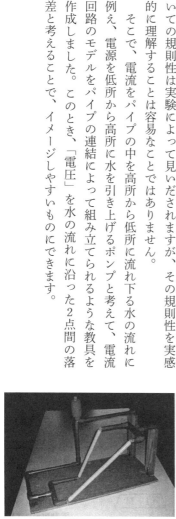

二　活用の方法

i）パイプの連結によって、直列回路・並列回路のモデルを組み立てる（前頁写真3、4）。

ii）回路の各部分の電圧がモデルではどこで表されるかを示す（図4、5）。

iii）直列回路・並列回路の各部分の電圧の規則性がモデルの方でも成り立っていることを確認する（図4、5の下）。

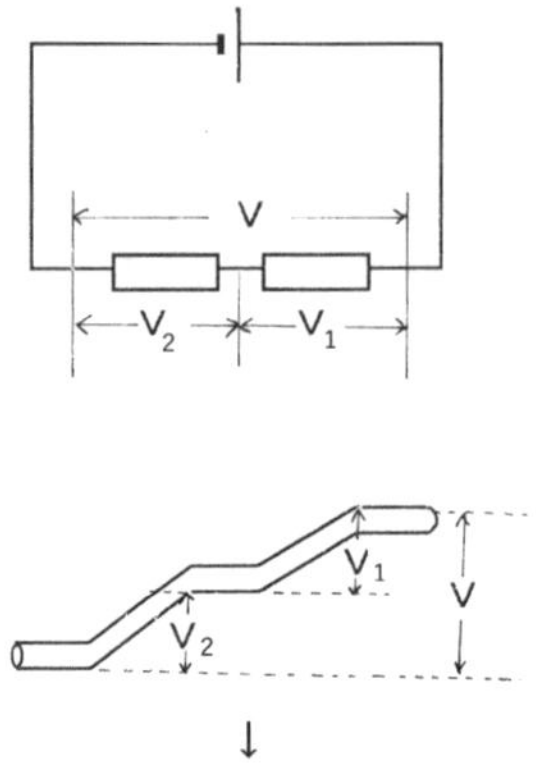

$V = V_1 + V_2$

図4　直列回路の電圧

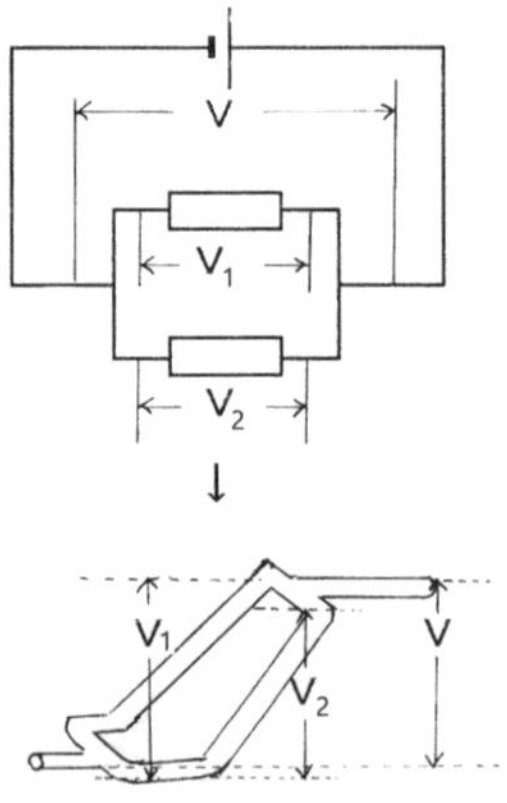

$V = V_1 = V_2$

図5　並列回路の電圧

5　主体的な問題解決の態度を促す提示事象や教具の研究

～第1学年「光」の学習指導を通して～

～平成11年度 弘済会教育実践論文　優良賞受賞～

1999（平成11）年9月

一　主題設定の理由

変化の激しい社会に主体的に対応すべく「自ら学ぶ力」の育成が叫ばれています。理科の学習においても、自ら自然の中に問題を見いだし、主体的にそれを解決していく能力、いわゆる問題解決能力の育成が重視されています。問題解決というと、とかく問題―予想（仮説）―検証（観察・実験）―結果の考察―結論といった過程をたどれば、自ずとその能力が身につくと安易に考えがちですが、自らの実践を反省してみたときに、そう容易なことではないことが分かります。依然として生徒の獲得している知識は、固定化した発展性のないものになっていることが度々感じられます。

例えば、理科学習において概念形成がよくなされていると思われる生徒に、日常体験を想起するような問いかけをした途端に間違った回答をする傾向がよくあります。こうした理科学習において得た知識・理解と日常生活における自然認識の遊離は、日常生活のさまざまな現象の中に、その知識を適用して捉えようとする態度やそこに新たな疑問を見いだし自ら問題を解決していこうとする態度に欠けているためと考えられます。

この傾向に対する理科学習上の要因として、

・問題は設定されても、その課題が生徒一人一人にとって「解決したい」という意欲に繋がる強い問題意識を伴ったものになっていないのではないか。

・観察・実験はなされても、それが導入時の問題意識をつなぎ、主体的に問題解決に取り組ませるようなものになっていないのではないか。

といったことが考えられます。

さて、この不十分になりがちな生徒の主体的な関心・態度こそが、問題解決学習において最も重要な柱になるものであり、生徒にそれを喚起させるために、教師に求められていることは、生徒にどのような効果的な支援ができるかということでありましょう。教師が学習の導入時にどのような事象を提示するか、またどのような教具を与えて観察・実験に取り組ませるかは、生徒に内発的な問題解決の意欲をどれほど持たせられるかに関わる重要な支援の一つであると考えます。

こうした考えに立ち、身近な現象だけに、積極的な問題意識を持たせることが難しい「光」の学習内容を取り上げ、提示事象や生徒実験教具の研究を通して、主体的な問題解決の能力・態度の育成に迫ることをねらいとして、本主題を設定しました。

二　研究の仮説

（1）学習の導入時に身近な体験を包含した意外性のある教具や事象を工夫するならば、日常見慣れた現象に問題意識を生起させ、問題解決の態度を促すことができるのではないか。

（2）解決すべき課題への意識の焦点化を図り、生徒の日常生活との関わりを考慮して、生徒実験教具の工夫をするならば、学習導入時の問題意識をつなぎ、主体的な問題解決の態度を支援することができるのではないか。

三　研究の重点

①　光教材における教具開発の必要性について

②　「光の屈折」の導入時における提示教具の工夫

③　「光の屈折」における生徒実験教具の工夫

四　研究の実際

(一) 光教材における教具開発の必要性について

中1における光教材の特徴、光に関する生徒の実態調査等に基づき、光教材における教具開発の必要性について検討しました。

①　中1における光教材の特徴

「光」の物理現象は、日常生活全般にわたって体験される最も身近な自然現象の一つです。特に「物を見る」という人の感覚と直接かかわる現象を科学の対象としている点で、これほど日常生活に密着した現象は他にないでしょう。学習指導要領で中学校第1学年の最初の単元「身の回りの科学」の中に位置付けられたのも、中学校のより論理的・数量的になっていく物理・化学現象の学習を開始するに当たって、より身近な事物現象を取り上げ、自然事象に対する興味・関心を高めるとともに、科学的な見方や考え方の基礎を養っていくという導入としてのねらいがあるためと考えられます。

しかしながら、光の現象は、身の回りにあまりにあふれており、見慣れているだけに、その存在になかなか気付かず、積極的な問題意識が持ちにくい教材でもあります。また、一方で光は重さや形のないことから、その本体を捉えにくい抽象的現象でもあります。こうしたことから、見慣れているだけに、そのままでは積極的な探究心が生起しにくい身近な光の現象に対して、それを見直そうとする意欲を引き起こすようなねらいに沿った意外性や驚きのある事象提示の工夫や問題意識を繋げていく有効な生徒実験教具の開発が必要です。

② **光に関する学習前の生徒の実態**

本校中1の生徒が光の学習前において、どのような認識を持っているか調査を行いました。以下にその内容とその結果を示します。

ア　調査期間　平成8年10月～11月

イ　調査対象　榕城中学校1年1組、1年3組　71名

ウ　調査内容　※選択肢欄の○が正解

1　A君は、いろいろな物や動きを観察しました。次の観察のうち、「光」と関係があると思われるものをあるだけ選んで答えなさい。

ア　ろうそくの炎のようすを観察した。

イ　夜、北斗七星を観察した。

ウ　目の前を白いネコがあくびをしながら通りぬけるのを観察した。

エ　植物の花をルーペで拡大して観察した。

オ　鏡に写った自分の顔を観察した。

選択肢	回答者	割合（%）
㋐	31	44
㋑	38	54
㋒	5	7
㋓	16	23
㋔	45	63

②　真っ暗のへやで、1つの電球をつけて、白いスクリーンに自分の手の影をうつしました。手と電球は動かさず、スクリーンを手から遠ざけていったら、影の大きさはどうなりますか。

ア　変わらない
イ　大きくなる
ウ　小さくなる
エ　分からない

選択肢	回答者	割合（%）
ア	3	4
㋑	37	52
ウ	26	37
エ	5	7

③　校庭に地面に直角にまっすぐな棒を立てました。太陽の光でできる棒の影について答えなさい。

①　正午（午前12時）から夕方にかけて、棒の影の長さは、どうなっていきますか。

ア　変わらない
イ　長くなる
ウ　短くなる
エ　分からない

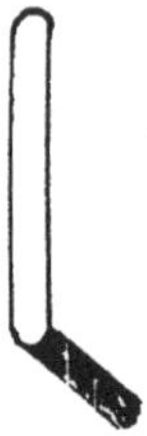

選択肢	回答者	割合（%）
ア	0	0
㋑	49	69
ウ	22	31
エ	0	0

② 棒の影の形は次のどれが正しいでしょうか。

ア

イ

ウ
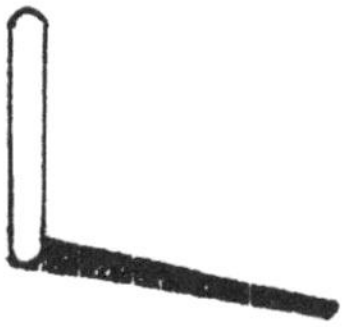

エ　分からない

選択肢	回答者	割合（%）
ア	20	28
㋑	26	37
ウ	19	27
エ	6	8

4 太陽の光を鏡に当てました。光はどの方向にはね返されるでしょうか。

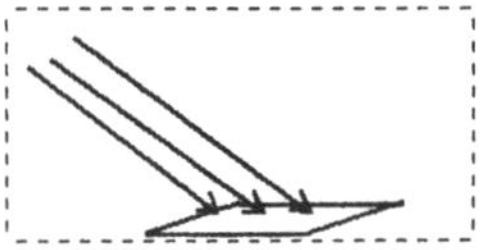

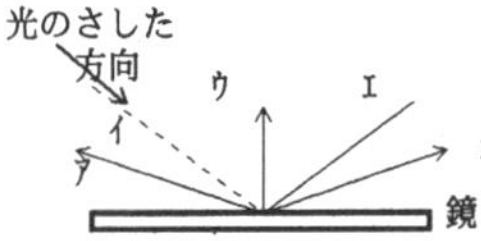

選択肢	回答者	割合（%）
ア	0	0
イ	5	7
ウ	7	10
㋓	44	62
オ	15	21

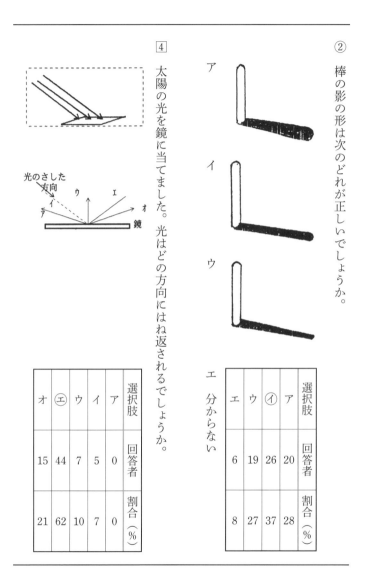

5 へやの中の壁に鏡がかけてあり、近くに花びんが置いてあります。へやのいろいろな場所からこの鏡を見たとき、鏡に花びんが映って見えるのはア〜エのどの場所でしょうか。あるだけ答えなさい。

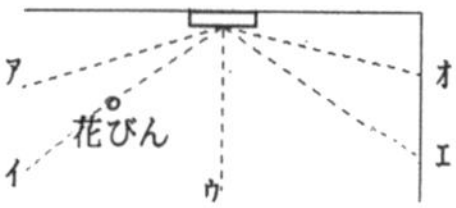

選択肢	回答者	割合（%）
ア	26	37
イ	33	46
ウ	30	42
㊏	47	66
オ	27	38

6 水の中に、まっすぐな棒を入れてみた。

① 水面に直角に棒を入れたとき空気中から見た棒の長さはどのように見えるでしょうか。

ア 変わらない
イ 長く見える
ウ 短く見える
エ 分からない

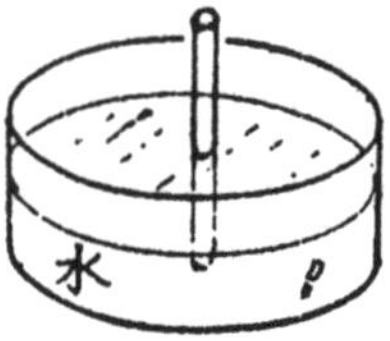

選択肢	回答者	割合（%）
ア	1	2
イ	20	28
㋒	45	63
エ	5	7

② 面に斜めに棒を入れると、棒の形はどのように見えるでしょうか。

オ　分からない

（－－－は空気中での形）

選択肢	回答者	割合（%）
ア	5	7
イ	31	44
㋒	26	37
エ	5	7
オ	4	6

※選択肢欄の○印が正解

エ　考察

設問1の回答から言えることとは、①「生徒は一般に、輝きのある物に対しては光として捉えられる傾向が強いが、物が見えることについての光としての認識は薄い」ということでしょう（ただし「鏡に映る物」については、例外）。また、設問2～6の回答から、②「生徒は、日常目にしている光に関わる現象（影のでき方、鏡による光の反射、水中の物の見え方など）に対するあいまいな認識や誤った認識が強い」ということがうかがえます。さらに、①とも関連しますが、設問4と5の誤答傾向の違いから、③「鏡に物が映って見えることと鏡による光の反射は結びつけて捉えられていない」といった傾向がうかがえます。光の現象については、日常の経験はあっても、それが明確に体系化された知識になっておらず、あいまいさや誤認識を持ちやすい傾向が分かります。

こうした認識の実態は、考察①②の結果からもうかがえるように、自らの感覚的（視覚的）な体験を科学的な視点で見直して捉えようとする態度がない限り、光の進み方の規則性について学んだ後にも、一部は残ることも考えられます。それ故、身近な体験を見直させるような教具の開発が必要です。

（二）「光の屈折」における導入提示教具の工夫

① 教具開発のねらいと利用方法

実態調査結果からも明らかなように、一般に子どもは「物が見える」という日常体験についての光としての認識が薄いという傾向があります。そこで、「物が見える」というありふれた現象の中に、意外性や驚きを感じさせ、「光の屈折」における問題解決の土台となる問題意識を喚起させるための提示教具として、下写真1のような2つの教具A、Bを工夫し、製作しました。

写真１　導入提示教具

この容器の内側の中央には、小さい1つの文字が書かれていますが、外からどのような方向から覗いても見えないようになっています。ところが、容器に水を一杯注ぐことにより、その文字が浮かび上がってきて見えるようになります。

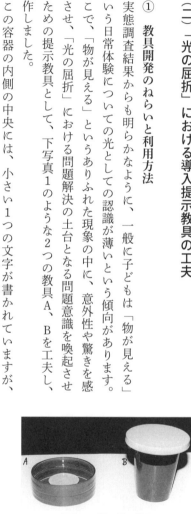

② 教具の構造と製作方法

ア 材料

硬質プラスチックコップ、プラスチック製シャーレ（外径90㎜、厚さ8㎜）、ガラス製シャーレ（外径90㎜）2個、色画用紙、ビニールテープ、ペンキ、接着剤

イ 教具Aについて

ⅰ）一つのシャーレ（図1のⅠ）の底中央に、円形の色画用紙を接着剤で貼り付ける。

この色画用紙の半径Lについては、図2から水なしでシャーレⅡの底中央が隠れるぎりぎりの大きさが$\overline{OP}$で、水を注いだとき屈折する光により見えるぎりぎりの大きさを$\overline{OQ}$（水の屈折率1・33から算出）とすると、

$\overline{OP} < L < \overline{OQ}$

となるように調節する。

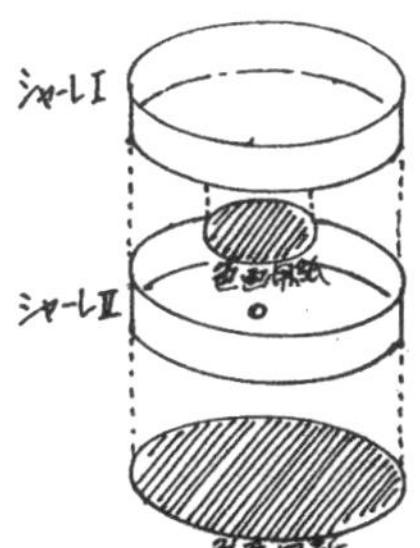

図1　教具Aの展開図

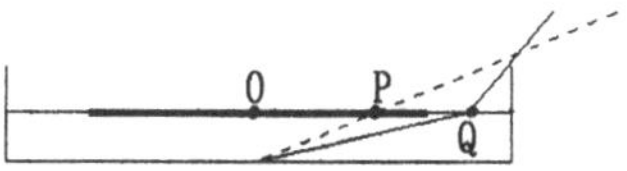

図2　教具Aの断面図

〔------ 水なしのときの光の経路
―――― 水を注いだときの光の経路〕

ⅱ）シャーレⅡの底中央に小さな文字を書いたシールを貼る。また、底に色画用紙を貼って底面全体を隠す。

ⅲ）シャーレⅠ、Ⅱを重ね、回りをビニールテープで巻き付けて、ⅠとⅡをつなぐとともに、側面全体を隠す。

※　シャーレⅠとⅡを接続する際は、シャーレⅠに注いだ水によりシャーレⅡ内の空気が冷やされてシャーレⅠの底面（外側）が結露するのを防ぐため、ⅠⅡを事前に冷蔵庫で冷やしておくようにする。

ウ　教具Bについて

ⅰ）プラスチック製コップの側面をシャーレ（プラスチック製）、コップの大きさに合わせて、側面に沿った適切な長さLを求め……に沿って切る。

> このときの長さLは、図4で水なしのときの容器底中央が隠れるぎりぎりの長さが$\overline{KS}$、水を入れたとき屈折する光により見えるぎりぎりの長さ

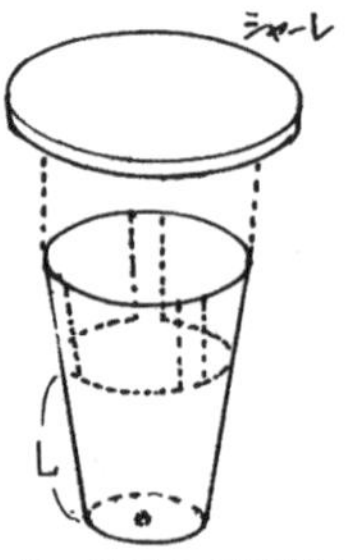

図3　教具Bの展開図

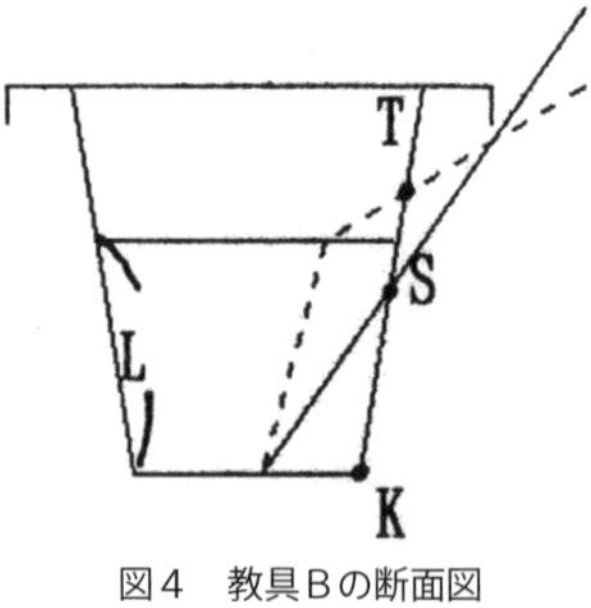

図4　教具Bの断面図

［------ 水なしのときの光の経路
―――― 水を注いだときの光の経路］

$\overline{KT}$（空気の水に対する屈折率1／1・33より算出）とすると、

$\overline{KS} < L < \overline{KT}$

となるようにして求める。

ⅱ）コップの底中央に小さな文字を書いたシールを貼る。

ⅲ）シャーレとコップを、図3のように、両面の中心を結んだ線が鉛直になるように合わせて接着する。

ⅳ）容器の外側全面にペンキを塗る。

③　教具活用により期待される効果

この教具を「光の屈折」の学習導入時に活用することにより、次のような効果が期待できます。

ア　水を通して物を見るという日常よく体験する身近な現象の中に意外性や驚きを見いださせ、その現象についてもう一度見直してみようとする態度、その原理について考えてみようとする態度を生む。

イ　物を見るという感覚的な体験を光の進み方という科学的現象と関連して捉えさせることにより、日常生活の中に科学の規則性を適用してみようとする態度が育てられる。

ウ「なぜ見えるようになるのか」という共通の問題意識を生起させられるとともに、一方で解決のための多様な仮説が予想され、探究が深められる。

④　教具の活用例

ア　導入段階における展開

授業開始時、各班に教具A、Bを与え、容器底に書かれた文字がどこから見ても見えないことを確認させます。その後「どうにかして見えるようにできないだろうか」と発問します。生徒からの「鏡を使ったら」「電灯で照らしたら」等の反応の中で、「水を入れてみたら」という発想が出てきます。水を注がせ、文字が浮かび上がってきたとき、多くの生徒が驚きの反応を見せました。

次に、「水を注ぐとなぜ見えるか」という共通の疑問を確認し、既習の「物が見えることと光の道筋の関係」及び、「空気中での光の直進性」を想起させ、疑問点の焦点化を図ります。そして、水を注いだときの隠れた文字から出た光の進路を予測させ、仮説を立てさせます。図5のような多様な仮説が出されました。

さらに、この活動を通して、空気と水の境目での光の進み方に問題があること、教具Aは空気から水への、教具Bは水から空気への光の進み方が問題であることに気付かせ、それを調べるための生徒実験に入っていきました。

イ　終末段階における検証

生徒実験の結果から、空気と水の境目での光の進み方のきまりを見いださせた後、授業の終末に

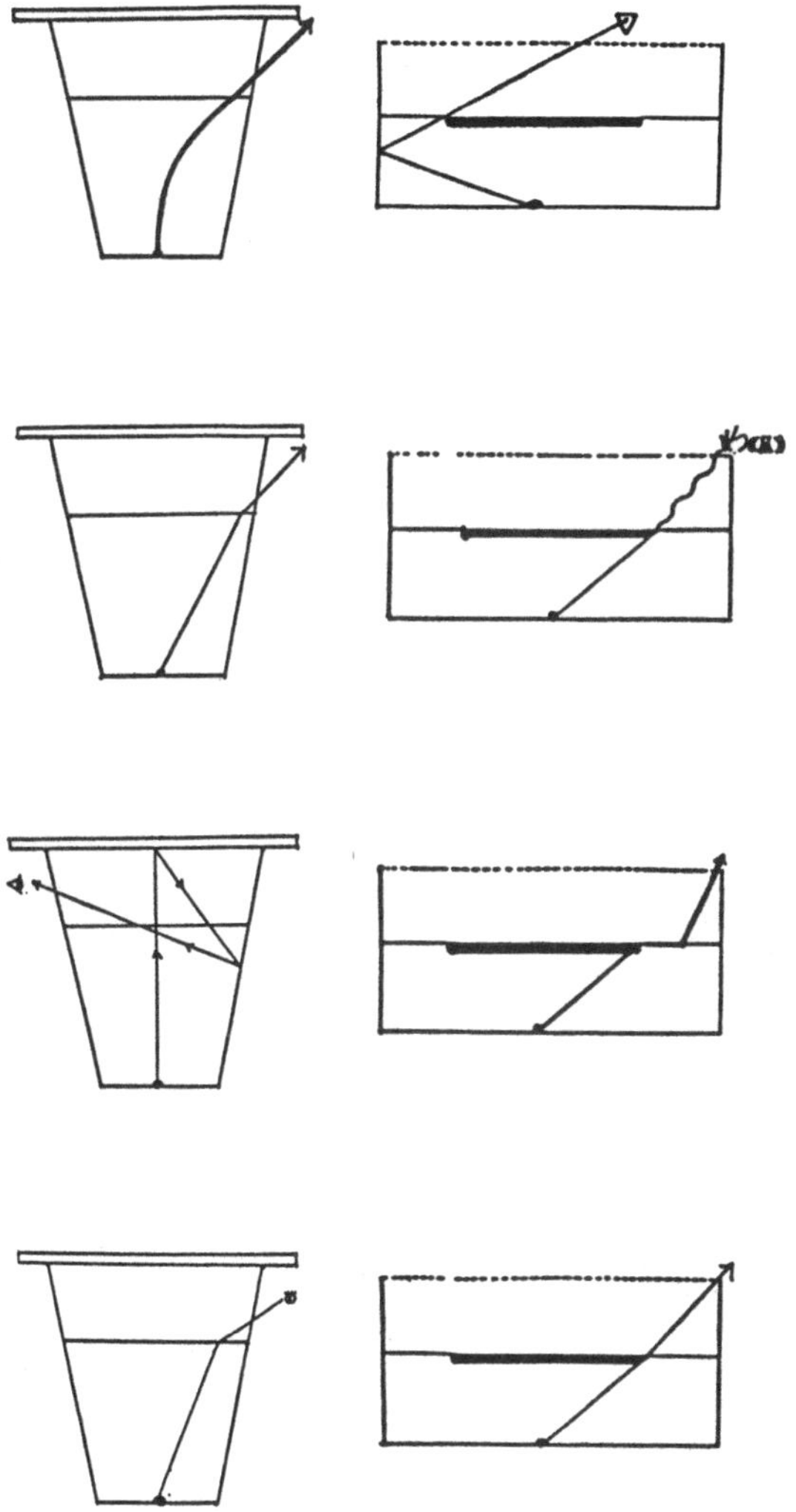

図５　教具Ａ、Ｂの光の進路に関する生徒の仮説

おいて、導入事象へこのきまりを適用させて再考させる検証実験の演示を試みました。
その過程を以下に示します。

1）塩ビ板で製作した薄型の水槽に薄い石鹸水を半分入れ、上層の空気に線香の煙を入れる。

2）塩ビ板水槽の表面に教具A、Bの断面図を描いた透明シートを貼り付ける。

3）室内を暗くし、レーザー光線を写真2のように、容器の底中央にあたる位置から入射させ、空気と水の境目での光の屈折の様子を観察させる。

これにより、生徒が導入事象で抱いた疑問は、新たに発見した光の進み方のきまりの適用により実感を伴った解決に至ったと考えられます。

(三)「光の屈折」における生徒実験教具の工夫

① 教具開発のねらい

生徒にとって、水中の物を見る体験は日常よくあり、水から空気への光の屈折は身近ですが、ガラスを通る光の屈折については、レンズのような特別なガラス以外ではあまり体験

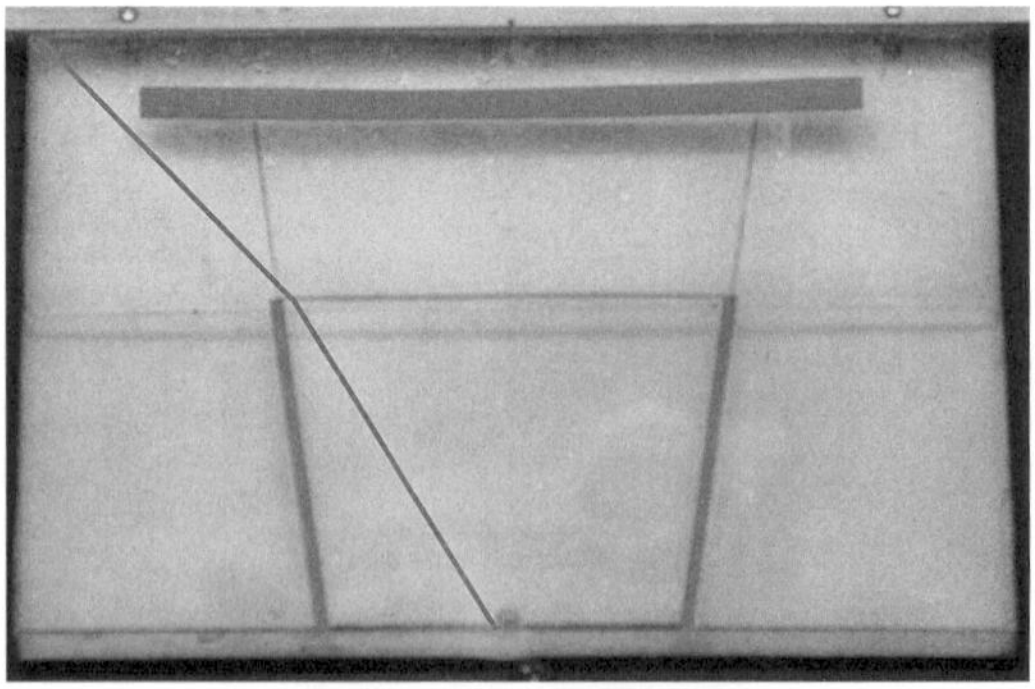

写真2　教具Bの検証実験

されず、身近とは言えません（薄い窓ガラスでの光の屈折はほとんど認識されません）。

　そこで、光の屈折実験にこれまでよく使われた半円形レンズの代わりに、水の入れられる半円形水槽を利用した光の屈折実験器具を製作しました。また、操作の簡便さ、課題の焦点化を考えて、水槽を平面部の中央を軸に回転できるようにし、光線の当たる位置を合わせることに気を取られる必要がないような光線経路指示板を作製しました。

②　教具の構造と製作方法

ア　材料

厚紙（白表紙、本のケース等防水性の紙）、角材（断面5㎜×10㎜程度のもの）、シャーレ、ガラス板、ペンキ、油性ペン、カッターナイフ、円切りカッター、接着剤

イ　半円形水槽について

1）シャーレを底面の円の直径に沿って垂直にカットする（ガラスの専門店に依頼）。

2）切り口と同大にカットしたガラス板をガラス用接着剤で接着し、水漏れしないようにコーキングを施す。

ウ　光線経路指示板について

1）円形に切った厚紙（表面が防水性のもの）に、半円形水槽の大きさに合わせて半円形の穴を

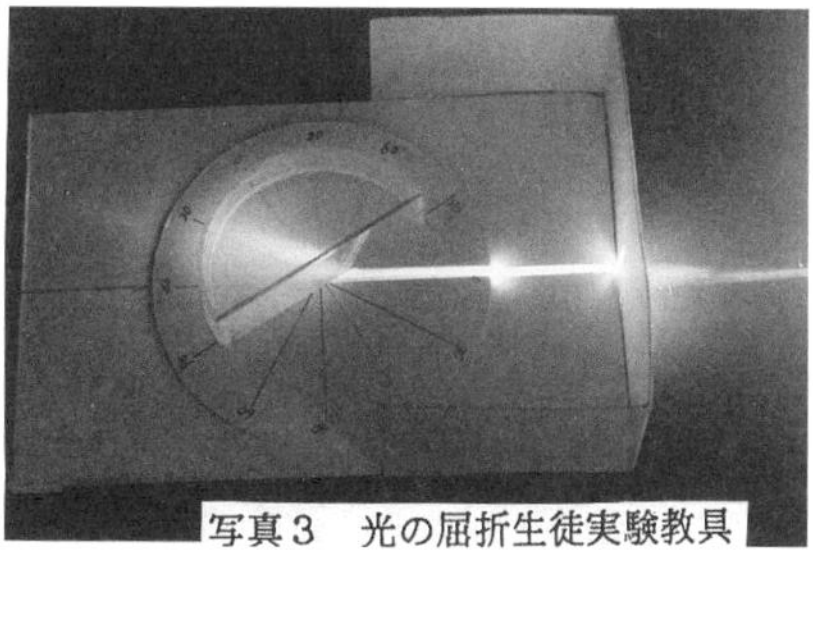
写真３　光の屈折生徒実験教具

開ける（a）。
2）幅3㎜程度に切った帯状の厚紙を、内側がaの半円の周囲と同じ長さになるように切って折り曲げ、aの半円に沿って接着する（b）。
3）指示板の中心にbが入る大きさの円を切り抜く（c）。
4）cの円より大きい円盤を切り取り、その中心に水槽の平面部中央を合わせて半円を描く（d）。
5）a、b、dを、cの円に通して接着する。
6）指示板を補強する薄い角材を板の下に貼り付ける（f）。
7）厚紙でスリットを作り、指示板に貼り付ける（e）。
8）指示板にペンキを塗った後、円盤a、dに30度おきに放射状の直線を入れる。
9）指示板の中心に赤い線（基準線）を入れる（g）。

③　**操作の方法**

1）水槽を指示板の半円形の溝にはめ込む。
2）水槽に薄い石鹸水を3／4程度入れる。

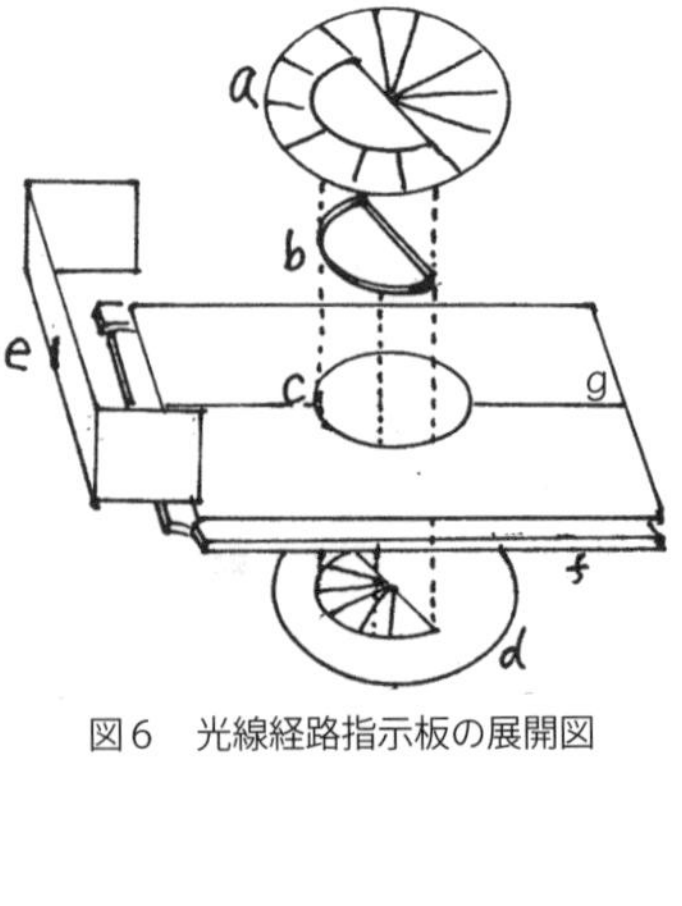

図6　光線経路指示板の展開図

3）円盤aの0度方向（水槽の平面法線方向）を基準線gに合わせる。
4）光源装置からの光線（または、太陽光線）をスリットに当て、光線の道筋が指示板の基準線に一致するように指示板の位置を決める。
5）半円形水槽を少しずつ回転させ、入射方向と屈折の方向を記録する。

（四）授業の実践例

①　題材　異なる物質の境目での光の進み方（光の屈折）

—省略—

⑨　授業の成果と反省

ア　生徒の感想

・光の屈折にはいろいろなきまりがあるんだなあと思いました。
・水の違いによっても屈折のし方が違いそうなので、そのことについても調べたい。
・プールを見て「どうして浅く見えるのかなあ」といつも疑問に思っていたけど、やっと分かってうれしい。
・（水を入れて文字が見える）実験がおもしろくできた。また、このような実験がしたい。
・ふつうどおり見ても見えないのに、水を入れたら見えたとき、最初はすごく不思議だった。
・始めは何でかなあと思ったけど、説明を聞いて「I　see」と思った。

・容器の底の文字を見つけるのが楽しかった。
・とっても不思議で、とっても楽しいでした。
・すごくおもしろいしくみなのですごかった。楽しかった。
・光は不思議だと思う。

イ　授業の反省

ア　導入時の提示教具の事象に対しては、ほとんどの生徒が疑問を感じとり、主体的な問題解決の基盤となる問題意識が喚起されました。

イ　導入事象で感じた疑問を整理し、考察させ、光の道筋に目を向けさせましたが、やや誘導的になり、十分な疑問点の焦点化が図れませんでした。

ウ　生徒実験については、教具の使い方をよく理解し、積極的に実験に取り組んだ生徒が多くいました。

エ　生徒実験の時間が不十分になりましたが、本時の内容を1時間で扱うことにやや無理があったと思われます。2時間扱いの学習計画についても検討したいと思います。

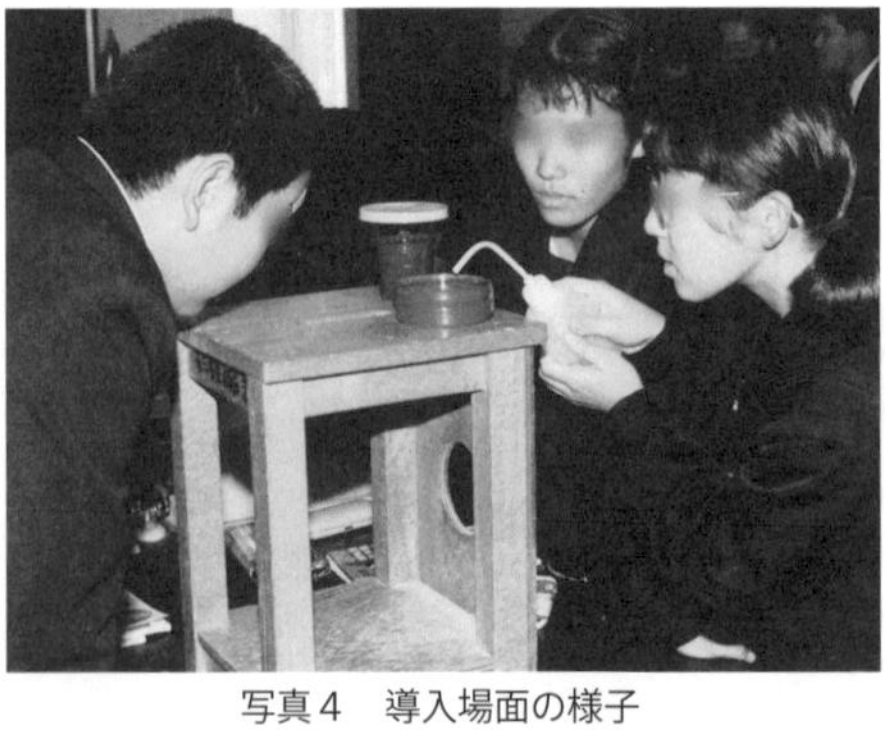

写真４　導入場面の様子

五　研究の成果と今後の課題

(一) 研究の成果

① 光に関する生徒の実態調査の分析により、光に関する誤認識の傾向が分かり、その結果を教具の工夫や主体的な問題解決を行わせるうえで役立てることができました。

② 「身近な現象に意外性や驚きを感じさせる」という視点で工夫した提示教具は、生徒に主体的な問題解決の基盤となる疑問や探究の意欲を生み出すことができました。

③ 生徒の日常的体験を包含した生徒実験教具の工夫は、生徒に解決の意欲を持続させ、問題解決学習を行わせるうえで有効でした。

④ 学習の終末において、導入事象に対する疑問を見直させ、新たに獲得したきまりを適用させる検証実験を位置付けることは、生徒に実感的な納得を得させ、このきまりを他のさまざまな現象に適用して考えようとする態度に発展することが期待され有効でした。

(二) 今後の課題

① 工夫した教具の提示により喚起された疑問を、主体的な問題把握や解決方法の思考・選択の態度に繋げていくための発問や学習過程の工夫を行う。

② 他の学習内容においても問題解決能力を促す教具の工夫に努める。

③　主体的な問題解決能力を培うのに必要な課題選択学習や自由試行的活動の指導計画への位置付けについて検討する。
④　問題解決の能力や態度の達成度を図るとともに、それを指導に生かすための評価法の研究を進める。

《参考文献》
◇「中学校学習指導要領」文部省
◇「新理科教育用語辞典」井口尚之編、初教出版
◇「理科の教育『問題解決の活動』」、1993／VOL.42、日本理科教育学会編

6　観察前の対象に対する心的イメージの表現

～「楽しい理科授業」（明治図書）への投稿記事～
2002（平成14）年6月

自然事象のありのままの「観察」は、科学的方法としてまず重要なことです。しかし、それは対象に対しての意識を白紙の状態にして見ることではありません。専門の医師は1枚のX線写真から素人には分からない病巣を見いだすことができます。これは、「観察」が人の既有の知識や経験に

よる意識によって左右されることを意味します。有効な観察のためには、対象に対する既有の知識や経験を顕在化させることが重要になってくると考えます。

例えば、「葉の表面のようすの観察」を特別なはたらきかけなしで行っても、なかなか気づきは見られません。しかし、葉にかぶせた袋の内側に水滴がつくようすや葉の有無で水の吸い上げが違うようすを提示して、「水が葉のどこからか出ていっているのでは？」という問題意識を高めることで、感動を伴った発見が期待されます。それは、関心の高まり→意識の集中を通して、対象に対する観察前の心的イメージができているからです。

観察前に対象に対する心的イメージを持たせることにより、観察が心的イメージとの比較で行われ、両者の重ね合わせから、ずれや一致が強く意識されて驚きや納得という心情を伴った結果が得られるものといえます。

有効な観察を行わせるために、生徒の既有の見方を顕在化させ、観察前に持つ対象に対する心的イメージを何らかの形で表現させておくことに大きな意義があると考えます。

7　有用性認知を高める理科指導　～授業以外の啓発的体験の場を通して～

～大隅地区教育実践・論文（鹿屋中学校）～

２０１６（平成28）年１月

一　主題設定の理由

理科教育において、自然事象への知識・理解の習得や科学的探究の能力育成は、大切な要素です。しかし、それにも増して重要なことは、その学習の基盤であり、動機付けとなる「興味・関心」の観点でしょう。残念ながら、日本の子どもたちの科学への興味・関心は、諸外国に比べて低いことが、ＰＩＳＡやＴＩＭＳＳ等の国際的な学力検査の結果から報告されています。

また、それ以上に問題なのは、「理科の学習は大切だ」とか、「理科の学習はふだんの生活や社会に出て役立つ」といった理科学習の意義や有用性の認識が低いということです。本校の生徒についても、全国学力・学習状況調査の質問紙調査の結果等から、全国標準とほぼ同じような傾向が伺えます。

こうした現状を受けて、国も「理科で学ぶことの意義や有用性を実感する機会をもたせ、科学への関心を高める観点から実社会・実生活との関連を重視する内容を充実する方向で改善を図る」として、「理数教育の充実」を改善事項の大きな内容の一つに挙げています。[1]
こうした中で、本校理科部でも、教材や授業設計上、子どもの日常生活とのつながりを意識した授業実践に取り組んできています。
しかし、子どもの意識や認識は、幼少時代からの様々な生活環境の中で育まれてきており、限られた時間の授業だけでは容易に変えられるものではありません。
そこで、授業の充実とは別に、それと並行して、一歩離れた視点から子どもたちの理科学習への認識を少しでも変容させることはできないものかと考え、本主題を設定して、ささやかな実践を行ってきました。

二　研究の構想

(一) 研究仮説

授業以外の理科に関する啓発的な体験の場を設けることにより、授業と日常体験の関連付けが促され、理科学習に対する有用性の認知を高めることができるのではないか。

① 授業と日常体験の関連付け

これまでの授業で反省すべき点は、指導内容が、自然の事物・現象の性質や働き、規則性等の科学概念を身に付けさせることに留まっていたことです。授業改善の方向としては、学びで得た知識（科学概念）、科学的思考法を身近な自然や日常生活、あるいは自分の生き方に当てはめて考える学習場面を設定することです。そうした過程で、日常体験との関連付けが図られ、理科学習の有用性が高まっていくものと思います。

しかし、この努力だけでは限界もあります。それは、授業を通した理科学習の特性であるのかもしれません。授業における子どもたちの動機志向を考えてみますと、「学習自体が楽しいので、学習により充実感を得たい」（充実志向）、「学習したことを生活に活かして役立てたい」（実用志向）、「学習したことで生き方を見直し豊かにしたい」（教訓志向）といった純粋な動機志向とは別に、「頑張って自分の学力を向上させたい」（向上志向）、「○○より良い成績をとりたい」（競争志向）、「親や先生に誉められたい。叱られたくない」（報酬志向）といった副次的な動機志向も考えられ、それを避けることはできません。

② 授業以外の啓発的な体験の場

さて、授業を一歩離れた所での理科学習の啓発的な体験の場について考えてみます。具体的には、3つのそのような場の設定を試みました。1つは、校内に生徒が自由に見たり触ったりできる科学体験コーナーを設置することです。2つ目は、校外における科学に関係するイベント――科学の祭典――への実験講師としての参加です。3つ目は、生徒や保護者向けに毎月発行している学校便りへの科学に関係した記事の掲載です。こうした取り組みの場が授業と大きく異なるのは、上述の副次的な動機志向を取り去ることができるという点です。

③「有用性の認知を高める」とは

理科学習で最も大切にしたいのは、生徒自らに、学んだことを日常生活における自然事象・生活体験に照らし合わせ、関係付けようとさせることです。それは、生徒が学習後に、「なるほど、あのことと同じだ」「他にも使えそうだ」「あの体験と似ている」「人の生き方に通じている」「自然はうまくできている」といった感想を抱かせることになります。これが、有用性の認知を高めることであると考えます。

前述の授業外の啓発的な体験活動の場においては、この観点を明確に意識して工夫を行って実践を試みてきました。そのことで、授業と日常体験の関連付けが一層促され、有用性の認知が高まっていき、ひいては、科学的な知識を得ること、科学的な見方や考え方を身に付けることの意義、つまり理科学習の意義や価値が実感されることにも繋がっていくものと考えます。

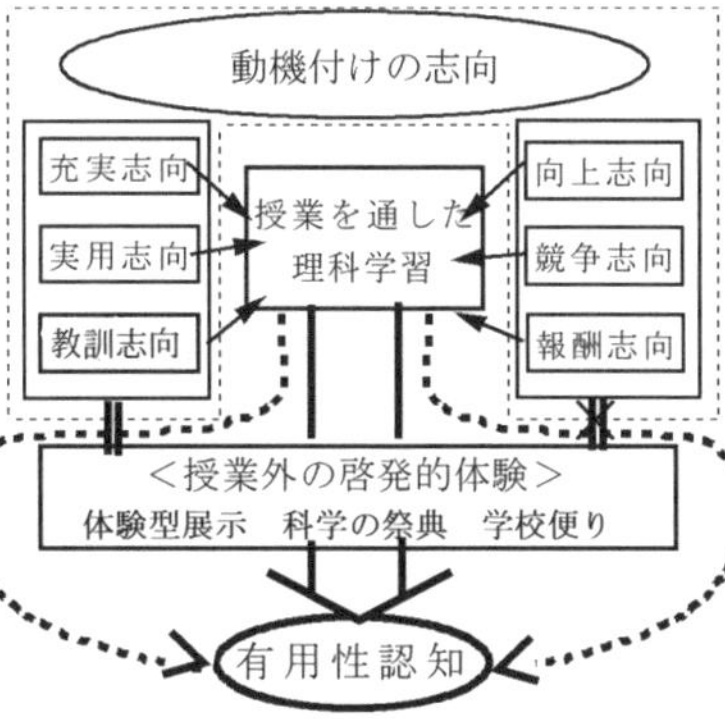

図１　研究の構想

（二）研究の内容

① 有用性認知に関する生徒の実態
② 理科学習における有用性の分析
③ 授業外の啓発的体験Ⅰ～校内での科学体験コーナーの設置～
④ 授業外の啓発的体験Ⅱ～科学の祭典実験講師の取り組み～
⑤ 授業外の啓発的体験Ⅲ～学校便り掲載記事「自然に学ぶ・自然を学ぶ」～

三　研究の実際

（一）有用性認知に関する生徒の実態

本年度実施された全国学力・学習状況調査の質問紙調査の項目から、「○○の勉強は好きか」「○○の学習は社会に出てから役立つか」の各教科に共通の質問に対する肯定的な回答の全国平均値を、国語・数学・理科の3教科について比較してみました（次頁図2）。これを見ると、興味・関心は、他教科に比べ高いものの、有用性の認知は3教科中最低となっています。つまり、子どもたちの「理科は好きだが、それが何に役立つのかよく分からない」という実態が浮かび上がってきます。これは、興味・関心が理科室内だけの限られた空間での特定の実験・観察によるもので、日常生活の自然事象にまで繋がっていないことを意味していると思われます。

また、今回の全国学力・学習状況調査の質問紙調査において、理科への興味・関心や有用性認知に関係する複数の項目の結果を、小学6年と中学3年で比較してみますと、残念なことに、全項目にわたって、肯定的な回答の割合が低下していることが分かります。これは、学習内容の高度化・抽象化にともなって、子どもたちの興味・関心が低下する傾向があることに合わせて、有用性認知と興味・関心の相関から、有用性認知を高めることが興味・関心を高めることに繋がることを意味しているとも言えます。

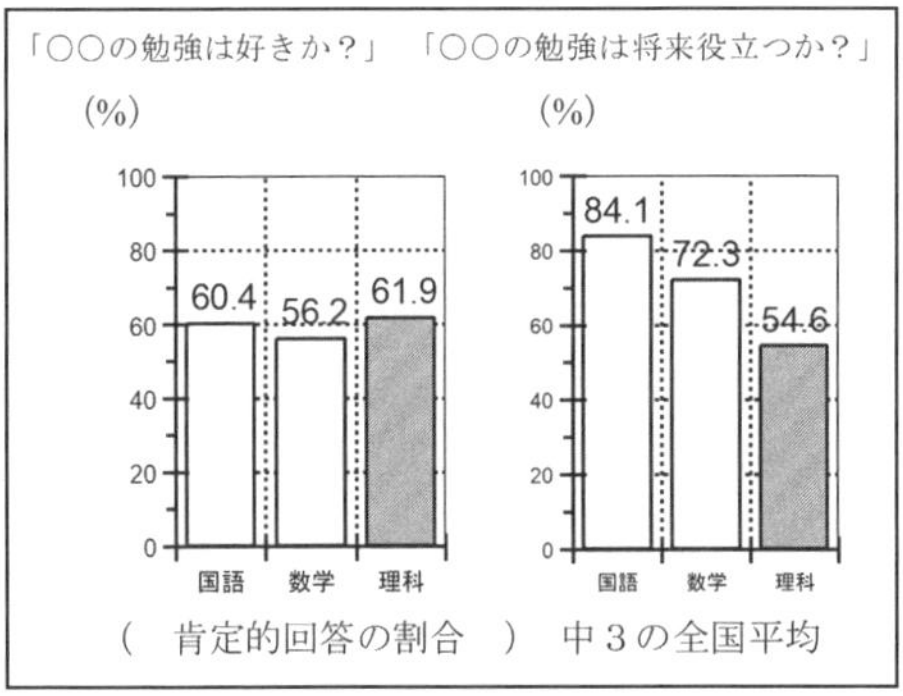

図２　興味・関心と有用性認知の各教科の比較

平成27年度全国学力・学習状況調査結果

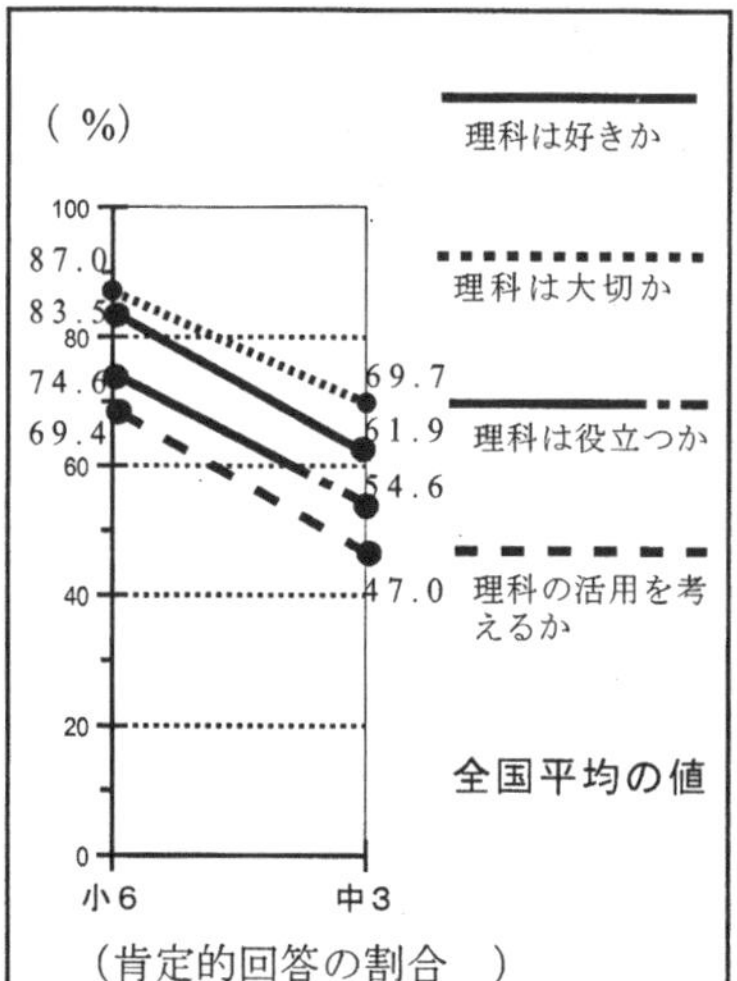

図３　有用性認知の小６と中３の比較

（二）理科学習における有用性の分析

有用性認知とは、一般には、学習したことが、実生活や実社会の中で役立っているという実感と捉えることができます。しかし、生徒の捉え方の中には「理科の学習自体が楽しい」といったものもあります。これは、自然の中にひそむきまりの普遍性や巧妙さに触れることによる充実感と言えるでしょう。

学習動機の志向が「生活に活かせる」（実用志向）こととした生徒ばかりでなく、学習動機の志向が「学習自体が楽しい」（充実志向）こととした生徒も、学習内容が生活に役立っていると捉える傾向があるという調査報告があります。[2] こうしたことを考えると、理科学習における有用性は、必ずしも、実利的・功利的な側面からのみ捉えられるものではないと言えます。従って、「理科の学習自体が楽しい」といった知的好奇心の喚起も有用性認知と捉えられると考えます。

さらに、もう一つ、理科学習で得られた自然現象のきまりが人が生きていく上での特性に類似していることに気付かされることがよくあります。これも決して実利的・功利的なものではありませんが、生活に活かされるという実感から有用性認知と捉えたいと思います。

こうしたことから、理科学習における有用性の観点を左記（表1）のように捉えます。

表1　有用性の観点

A	学んだことが、日常品（道具や機械などの人工物）に活用されていたり、日常体験する自然事象の中に見いだせるという実感 ――実用認知――
B	自然界にひそむ普遍的なきまり（原理・法則）に触れることによる畏敬の念や知的欲求の充足感 ――充実認知――
C	自然事象の仕組み（原理・法則）が、人が生きていく上での特性（教訓的な事柄）に類似していることがあることへの気付き ――教訓認知――

（三）校内の科学体験コーナー設置

①　展示の構想

理科室隣の廊下に台を置き、自作教具を展示し、生徒が自由に手で触れて実験・観察ができるような体験型設営コーナーを設けました。

展示に当たっては、生徒が疑問を誘起して課題追究ができるような流れができるように、思考の流れに沿って掲示物や展示物を

図４　展示の様子
～熱すると回り出す車輪～

2〜3回入れ替えていくような工夫を行っています。そして、1つの内容につき、約2〜3週間で完結するようにしました。また、それぞれの展示物体験が授業の学習内容と関連付けられること、ねらいとする有用性の観点を明確にすることに配慮して実践を行っています。

これまでに実践した展示内容は左記（表2）の通りです。

表2　科学体験コーナーの実践内容

	展示内容（タイトル）	展示期間	授業内容との関連		ねらいとする有用性の観点
			学年	題材	
1	噴水の科学（ヘロンの噴水）	H26・8・26〜9・6	1年	大気圧・水圧	B
2	止まらない振り子	H26・9・17〜10・4	3年	電流と磁界	A、C
3	なぞの文字が浮き出す不思議な道具	H26・10・7〜10・25	1年	光の屈折、全反射	B、C
4	教訓茶碗	H26・10・28〜11・15	1年	大気圧、水圧（サイフォンの原理）	C
5	熱すると回り出す車輪	H26・11・25〜12・13	3年	エネルギーの移り変わり	A、B

6	プロペラ車は、どっちに動く？	H27・1・20～2・7	3年	作用・反作用の法則	A
7	コイン選別機のしくみは？	H27・2・10～2・28	3年	電流と磁界	A
8	軽い物が重い物を持ち上げる	H27・3・3～3・14	3年	仕事とエネルギー（仕事の原理）	A、C
9	首振りアンパンマン	H27・3・17～3・28	1年	光の進み方（フォローフェイス）	B
10	心臓と血液循環モデル	H27・9・14～10・2	2年	血液の循環	B、A
11	食塩水と鉛筆の芯で電気を蓄える	H27・10・13～10・30	3年	化学変化と電池	A、B
12	電気信号で足し算・引き算	H27・12・1～12・18	3年	科学技術の発展	A

② 展示の事例

ア　タイトル　「教訓茶碗」

イ　ねらいとする有用性の観点　C（教訓認知）　※次頁の□部分で表現

ウ　展示記述内容

教訓茶碗　その１

何のへんてつもない一見、普通の茶碗があります。（やけにかべの厚い茶碗ですが。）

しかし、この茶碗、水をそそぐとちょっと不思議なことが起こる茶碗です。

さっそく水をそそいでみますが、ちょっと入れ方で、気をつけてほしいことがあります。

不思議なことというのは、水をある高さまでそそいだところで突然起こります。

ですから、水は一気に入れずに、少しずつ、そして入れては止めて、また入れては止めるといった具合に入れてみます。

では、いったいどんなことが起こるのか、試してみましょう。

・
・
・

分かりましたか？　水をあるところまでそそぐと、突然、水が茶碗の底からこぼれだし、やがて空っぽになってしまいましたね。

いったい、どういうことでしょうか？　この茶碗には、どんなしかけがあるのでしょうか？

このことについては、次回考えてみましょう。

さて、理科の学習からちょっと離れて、この茶碗から教えられること、「教訓」といったら、どういうことでしょうか。

茶碗の表面をよく見てください。

・・・・「大欲は無欲に似たり」・・・・

これは吉田兼好さんの言ったことばです。よく読み味わってみてください。

この茶碗から教えられる教訓的なことわざ、他にどんなものがあるでしょうか？

考えてみましょう。考えついた人は、下の紙に書いて、回答箱に投かんしてください。

教訓茶碗　その２

水をある高さまで入れると、一気に水がこぼれ出す「教訓茶碗」のしくみを考えるために、水のおもしろい現象を体験してみましょう。

それは、「よじのぼる水のふしぎ」と呼んでおきましょう。

ここに、水が半分ほど入ったペットボトル容器２本があります。２つは、水の入った管でつながっています。

さて、ここで問題です。容器を逆さにしたり、傾けたりせずに、片方の容器の水をもう片方の容器に移すにはどうしたらよいでしょうか？

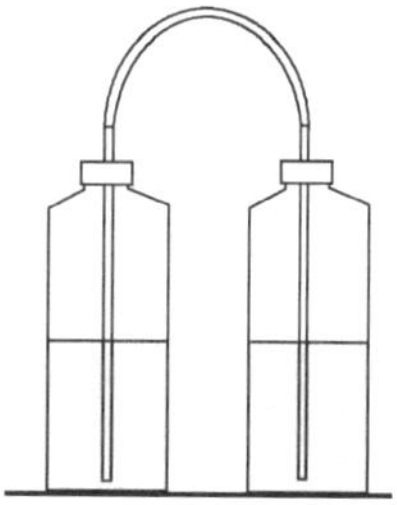

・
・
・

分かりましたか。答は、「片方の容器の高さを変える」でした。それでは、このことを次の手順で確かめてみましょう。

（手順）

片方の容器を、まっすぐ上に持ち上げて、円筒状の台の上にのせる。

しばらく観察すると、高いところに置いた容器の水かさが下がっていき、低い所の容器の水かさが上がっていきます。これは、水が管を通して移動しているわけです。

でも、ちょっとふしぎですね。水が高い所から低い所に移動するのは分かりますが……２つは容器の口の上でつながっていますから、高所の水は、いったん上に上がってから低所に流れていることになります。まさに、「よじのぼる水」ですね。

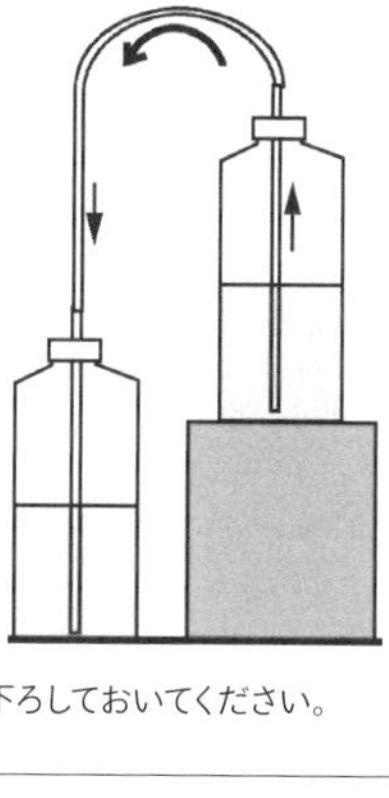

この現象は**「サイフォンの原理」**と呼ばれています。この現象の起こる理由は、管内の水の落下しようとする力に加え、大気圧が関係しているのですが……（くわしくは省略します）……大切なことは、２つの容器をつなぐ管の中が完全に水で満たされているということです。

※注意　実験が終わったら、ペットボトル容器は元の位置に下ろしておいてください。

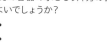

教訓茶碗　その3

さて、「よじのぼる水」（サイフォンの原理）をヒントに、教訓茶碗のしくみを考えてみましょう。

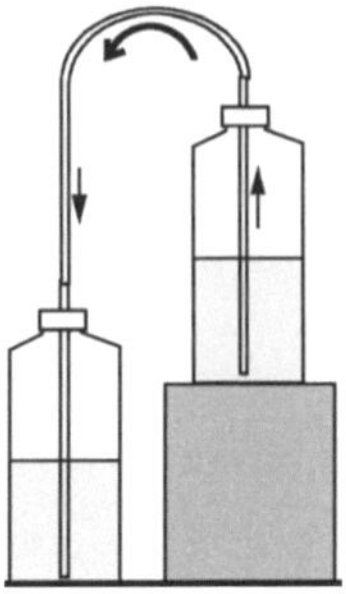

・
・
・

水がこぼれ出すようすから分かるように、茶碗の底の隅の部分には穴があいています（穴2）。

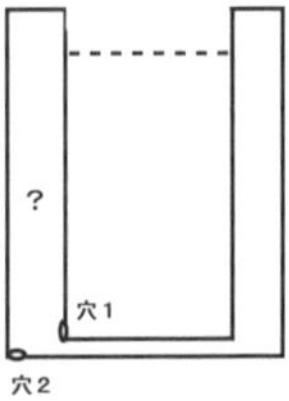

また、茶碗の内側を見てみると、底の側面にも穴があいているのが分かります（穴1）。

実は、穴1と穴2は、茶碗の側面のかべの中で管状につながっています。

そして、茶碗にそそいだ水が‐‐‐の高さに達した瞬間、穴1から入った水が穴2まで移動して、流れ出すようになっています。

いったい、穴1と穴2は、どのような経路でつながっているのでしょうか。考えてみてください。

図5　教訓茶碗に水を注ぐ様子

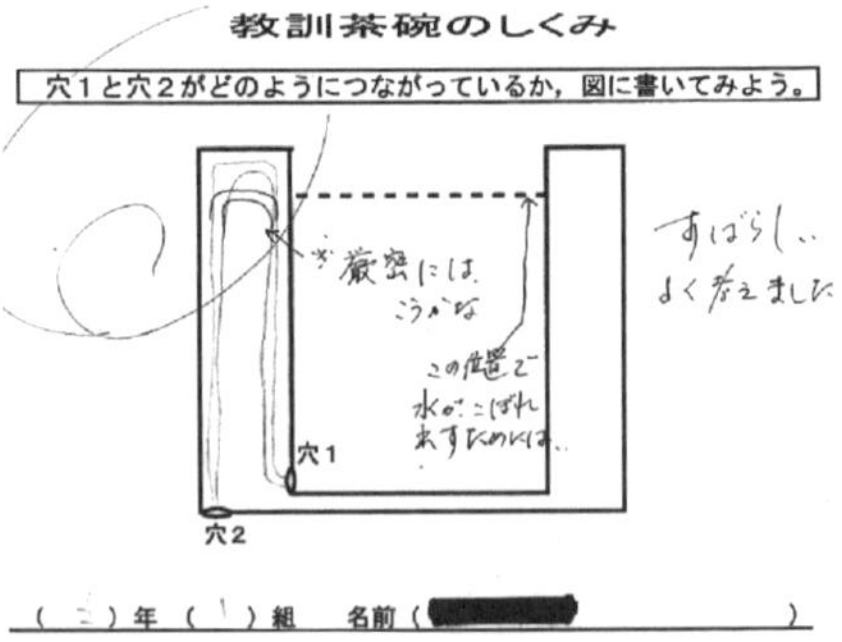

エ　生徒の回答例

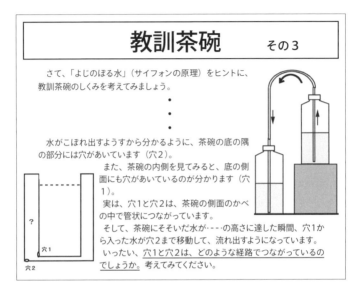

（四）科学の祭典　実験講師の取り組み

①　科学の祭典の概要

鹿屋市内の理科教員が中心になって様々な実験や観察、工作等を体験させるブースを開設して行われる科学の祭典in鹿屋に、毎年、実験講師として参加しています。本年度は、11月22日、鹿屋市中央公民館を会場に約20のブースが開設されて行われ、約1000人の子どもたちや親子連れの来場で大盛況となりました。科学の祭典は、子どもたちに科学の面白さ、そして有用感を持たせるのに絶好の機会だと考えています。

図6　科学の祭典の様子

②　取り組みの事例

ア　タイトル　「コイン選別機のしくみは？」

イ　ねらいとする有用性の観点　Ａ（実用認知）

ウ　実験内容（省略　※第二章 EX10 参照）

エ　実験体験後の子どもの反応例

ＦＭかのやのインタビューに応えた小学４年生の感想

「これ自動販売機の装置と同じ仕組みになっているんですけど、まさか自動販売機がこういう仕組みになっているとは知りませんでした。だから初めて知ってワクワクします」

（五）学校便り掲載記事　～「自然に学ぶ・自然を学ぶ」～

①　記事掲載のねらいと概要

生徒や保護者を対象にして、学校教育の状況を広報するために、月１回学校便りを発行しています。その中に、「自然に学ぶ・自然を学ぶ」コーナーを設けて、その季節に合った科学関連の記事を掲載しています。これまでに掲載したタイトルと内容をねらいとする有用性の観点を入れて、次頁（表３）に示しました。

かのや　３月号

公立高等学校入試まで　あと２日

自然に学ぶ

サクラの開花のしくみ「休眠打破」とは？

入賞・受賞おめでとう！（２～３月）

【３月の主な行事】

図７　学校だより

表3 「自然に学ぶ・自然を学ぶ」の記事内容

No.	タイトル	内容	掲載日	ねらいとする有用性の観点
1	時の記念日 ～自分の時間、他人の時間について考えてみよう～	著書「ゾウの時間、ネズミの時間」の紹介	H25・6・10	C
2	職員室前廊下に七夕飾り ～願いを天に届けましょう～	七夕伝説の星（アルタイル、ベガ）の紹介	H25・7・16	B
3	ヒガンバナ 一斉開花の源は？	冬場、地下茎に養分を蓄えるヒガンバナの生態	H25・10・9	C
4	紅葉（黄葉）、収支バランスから考えた植物の事業仕分け	エネルギー収支の合理的なイチョウの黄葉の仕組み	H25・12・6	C
5	マラソンの完走術「グリコーゲン・ローディング」に学ぶ	長距離を走り抜くための効果的なグリコーゲン充填《じゅうてん》方法	H26・2・6	A
6	サクラの開花の仕組み「休眠打破」とは？	冬場一定期間低温にさらされることが開花の条件という桜の生態	H26・3・4	C

7	時の記念日　～時間の流れって、いつでもどこでも一定？～	アインシュタインの相対性理論の紹介	H26・6・6	B、C
8	２０１５年の幕開けに立派な門松できました	門松の飾りに使われている植物　ウラジロ、ナンテン、ユズリハの紹介	H27・1・15	A
9	冬空スターウォッチング　～明けの明星　あかつきの探査に思いはせ～	人工衛星「あかつき」の金星軌道投入成功にちなんで金星の見え方と観測法の紹介	H27・12・18	A

② 掲載記事の例

ア　タイトル「6月10日は、時の記念日　～時間の流れっていつでも、どこでも一定？～」

イ　ねらいとする有用性の観点　B（充実認知）

ウ　記事の内容（省略　※第一章 SU3 に全文を掲載　p57）

研究のまとめ

(一) 成果

・科学展示コーナーには、休み時間の度に多くの生徒が集まり、体験を自由に楽しむ様子が見られました。

・科学の祭典の成果は、参加した子どもの感想から確かな手応えを実感できました。

・学校便りへの科学関連記事の掲載については、生徒のみならず保護者にまで、日常生活と科学との繋がりについて考えてもらえる有効な場となりました。

・本校3年生の理科学習に対する有用性認知は、数年前に比べ伸びていると同時に、全国平均に比べ高いことが分かりました(次頁図7の全国学力・学習状況調査の質問紙調査より)。

(二) 課題

・科学の祭典について、中学生も参加しやすい開催時期について検討を要望していきたいと思います(定期テストや部活動の影響のない長期休業中など)。

・科学の祭典への参加が及ぼす子どもの理科学習有用性認知の効果についての数量的な検証が必要です(科学の祭典への参加経験の有無と有用性認知の程度の関係を質問紙調査で調べるなど)。

・科学展示コーナーの設置による有用性認知高揚の成果を見るために、質問紙調査による経年変化を他校との比較で調べてみる必要があります。
・学校便りの記事として、更に生徒の生活に身近な題材を科学的な視点で取り上げたものを掲載していきたいと思います。
・生徒の理科学習に対する有用性認知の程度が、理科の学力（特に活用力）とどのような相関関係にあるか、数量的な分析を行っていく必要があります。

全国学力・学習状況調査　質問紙調査結果
（肯定的回答の割合）

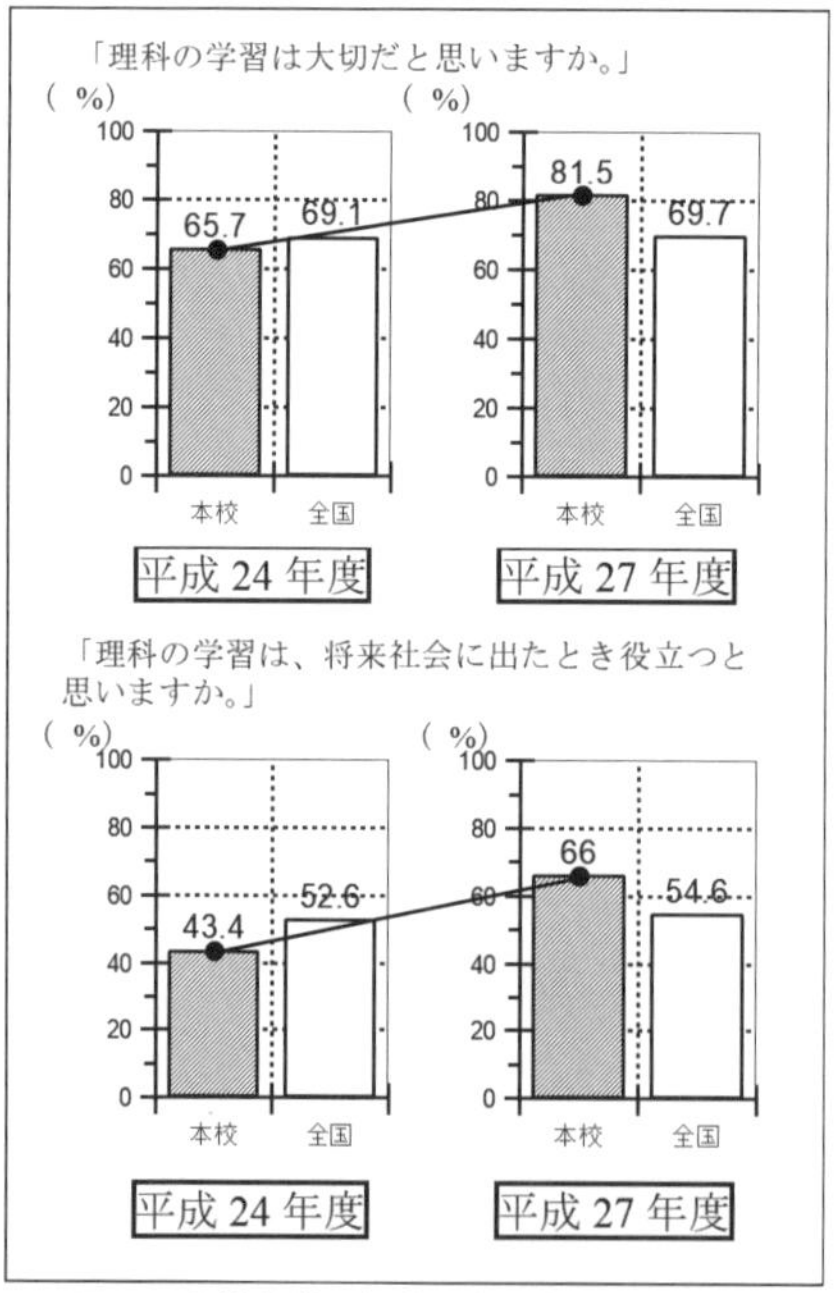

図８　本校中学３年生の有用性認知の変容

（註１）平成20年1月　中央教育審議会答申

（註２）藤田剛志著「理科の有用性認知と学習動機の志向性に関する実証的研究」千葉大学教育学部研究紀要　第60巻ｐ３７３～３７８、２０１２

※参考文献

（１）「中学校学習指導要領解説　理科編」文部科学省、２００８

（２）林誠一（文部科学省初等中等教育局教育課程 教科調査官）著、「新しい学習指導要領とこれからの理科教育のすがた」北海道立教育研究所附属理科教育センター研究紀要　第22号、２０１０

（３）藤田剛志著「理科の有用性認知と学習動機の志向性に関する実証的研究」千葉大学教育学部研究紀要　第60巻、ｐ３７３～３７８、２０１２

（４）「理科の現状と課題、改善の方向性（検討素案）」中央教育審議会 初等中等教育分科会 教育課程部会（第43回〈第３期第29回〉）議事録

（５）「理科と日常生活が結びつく瞬間」理科の教育８月号、日本理科教育学会編集、２０１５

（６）「全国学力・学習状況調査の結果を受けて――授業の改善と充実に向けたメッセージ――」理科の教育１月号、日本理科教育学会編集、２０１６

8　プログラミング教育の試行的取り組み　～ソフト開発と有効性の検証～

～大島地区教育論文～

２０２０（令和２）年１月

一　主題設定の理由

今日の科学技術の進歩は目覚ましく、人々の生活を豊かで便利なものにしています。その中核をなす技術は、コンピュータであることは言うまでもありません。今やコンピュータは、家電や自動車をはじめあらゆる身近なものに内蔵され、その恩恵なしの生活はとても考えられないのが現実です。さらに、これから先の未来には、ＡＩ技術の進歩により、これまでの情報社会を一歩進めた「Ｓｏｃｉｅｔｙ５．０」なる究極の便利な社会が訪れることも予測されています。

誰にとっても、あらゆる活動において、コンピュータとそれによってもたらされる情報とを適切に選択・活用して問題を解決していくことが不可欠な社会が到来しつつあると言えます。文科省においても、このような社会情勢から、「コンピュータを理解し上手に活用していく力を身に付けることは、あらゆる活動においてコンピュータ等を活用することが求められるこれからの社会を生きていく子供たちにとって、（中略）極めて重要なこと」という認識が示されています。そして、２

020年度より全面実施となる小学校学習指導要領において、これまで整備されてきた中・高等学校における情報教育に加え、初等教育段階からのプログラミング教育が導入される運びとなりました。

さて、そのプログラミング教育導入を次年度に控えた本校の状況に目を向けますと、年度初めの段階において、スムーズな開始が危惧される多くの課題を抱えていました。まず、職員の実態として、「プログラミング教育導入の必要性・意義の理解が十分でない」、「コンピュータ(特にプログラミング)に関する知識・技能が十分でなく、指導に自信が持てない状況がある」といったことが挙げられます。その他、「指導用の教材(ソフト)の整備が進んでいない」、「どの教科・領域において、どのような形で導入したらよいのかというカリキュラムの構想が立っていない」といった体制上の問題もありました。

そこで、まずは、本年度を、現状の中で可能な取り組みを通して、次年度のスムーズな実施に繋げる基盤整備の1年と捉えて、職員に様々な場面での試行錯誤的な実践を促すとともに、自らも積極的な関わりを持つように心がけてきました。中でも、手軽に準備できるということを念頭に、過去に「子どものプログラミング言語の初歩的な学習のために」という思いで自作したソフトに改良を加えたものを中心教材として導入し、子どもの学習の場の設定を行いました。そして、その実践、すなわちソフトの有効性を検証する取り組みを行うことによって、「職員のプログラミング教育の必要性・意義の理解といった認識が深まる」、「学校の実態に合ったプログラミング教育の実施方法・内容が明確になってくる」ということが期待されて、次年度からのスムーズな実施に繋がるのではないかと考え、本主題を設定し、研究を進めてきた次第です。

二　研究仮説

自作のプログラミング学習ソフトの導入とその有効性を検証する取り組みを通して、次年度より本格実施となるプログラミング教育の基盤が整備され、スムーズな実施に繫がるのではないか。

三　研究の内容と構想

(一) 導入のねらい・意義についての周知　(二) 職員研修の計画的実施
(三) 関連付けを図った研究授業の実践　(四) クラブ活動における試行的取り組み
(五) 児童の発表の場の設定　(六) 総合的な学習の時間への位置付け案の検討

四　研究の実際

(一) 導入のねらい・意義についての周知

プログラミング教育導入にあたって、職員がまずその背景やねらい・意義等について十分理解し、取り組みの必要性の高い認識を持っておくことが大切です。そのために、左記の内容について、資料提示や指導を通して、周知・理解を促してきました。

① プログラミング教育のねらい

小学校におけるプログラミング教育のねらいとしては、(ア)「プログラミング的思考」を育むこと、(イ)「プログラムの働きやよさ、情報社会がコンピュータ等の情報技術によって支えられていることなどに気付くことができるようにするとともに、コンピュータ等を上手に活用して身近な問題を解決したり、よりよい社会を築いたりしようとする態度を育むこと」、(ウ)「各教科等での学びをより確実なものとすること」の3つが挙げられます。(ウ)については、例えば、算数科において正多角形について学習する際に、プログラミングによって正多角形を作図する学習活動に取り組むことにより、正多角形の性質をより確実に理解することなどを指しています。

また、これら(ア)、(イ)、(ウ)の3つのねらいの実現の前提として、児童がプログラミングに取り組んだり、コンピュータを活用したりすることの楽しさや面白さ、ものごとを成し遂げたという達成感を味わうことが重要です。

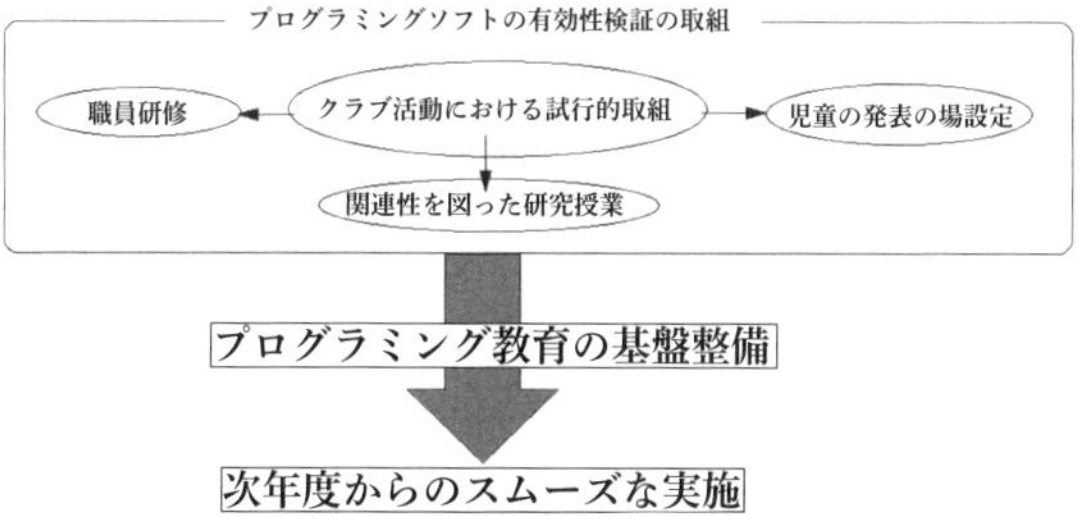

図1　研究の構想

② 小学校プログラミング教育で育む資質・能力

(ア) 知識及び技能

身近な生活でコンピュータが活用されていることや、問題の解決には必要な手順があることに気付くこと。

現代社会は、子どもたちがコンピュータを用いて情報を活用したり発信したりする機会が益々増えてきている一方で、その仕組みがいわゆる「ブラックボックス化」しています。そうした情報社会に生きる子どもたちに、コンピュータに意図した処理を行うように指示をする活動を通して、コンピュータはプログラムで動いていること、プログラムは人が作成していること、また、コンピュータには得意なこととなかなかできないことがあることを、体験を通して気付かせることは重要なことです。コンピュータが日常生活の様々な場面で使われており、生活を便利にしていることや、コンピュータに意図した処理を行わせるためには必要な手順があることに気付くことが、今後の生活においてコンピュータ等を活用していく上で必要な基盤となっていきます。

(イ) 思考力・表現力・判断力等

発達の段階に即して、「プログラミング的思考」を育成すること。

コンピュータに意図した処理を行わせるために必要な論理的思考力、すなわち「プログラミング的思考」を育成することは、小学校におけるプログラミング教育の中核であります。但しここで留意すべきは、「プログラミング的思考」は、プログラミングの取り組みのみで育まれたり、働いたりするものではないということです。各教科等の指導を通じて思考力、判断力、表現力等を育む中に、「プログラミング的思考」の育成につながる体験を計画的に取り入れ、位置付けていくことが必要となります。

(ウ) 学びに向かう力、人間性等

> 発達の段階に即して、コンピュータの働きを、よりよい人生や社会づくりに生かそうとする態度を涵養すること。

児童にとって身近な問題の発見・解決に、コンピュータの働きを生かそうとしたり、コンピュータ等を上手に活用してよりよい社会を築いていこうとしたりする、主体的に取り組む態度を涵養することを示しています。また、他者と協働しながらねばり強くやり抜く態度の育成、著作権等の自他の権利を尊重したり、情報セキュリティの確保に留意したりするといった、情報モラルの育成なども重要です。

③ プログラミング的思考

プログラミング的思考とは、「自分が意図する一連の活動を実現するために、どのような動きの組み合わせが必要であり、一つ一つの動きに対応した記号を、どのように組み合わせたらいいのか、記号の組み合わせをどのように改善していけば、より意図した活動に近づくのか、といったことを論理的に考えていく力」です。

このことをコンピュータを動作させることに即して、その手順を考えると左記の通りになります。

（ア）コンピュータにどのような動きをさせたいのかという自分の意図を明確にする。
（イ）意図を実現するために必要な動きを一つ一つ分けて考える。
（ウ）一つ一つの動きを対応する命令（記号）に置き換える。
（エ）これらの命令（記号）をどのように組み合わせれば意図する動きを実現できるかを考える。
（オ）その命令（記号）をどのように改善すれば意図する動作により近づいていくのかを試行錯誤しながら考える。

ここで、（エ）、（オ）の段階での3つの基本的な処理の方法を挙げることができます。

・順　序・・・「まず、次に、そして、最後に」↓　動作の順序を考えて並べる。
・条　件・・・「もし○○になったら～」↓　動作結果を仮定して次の動作を分岐させる。
・繰り返し・・・「ここの部分は同じ」↓　複数回の共通した動作をまとめる。

④　プログラミング的思考と情報活用能力

「プログラミング的思考」の育成を考える際、「情報活用能力」との関係を確認しておくことが重要です。新しい学習指導要領において、情報活用能力は、「学習の基盤となる資質・能力」と位置付けられ、教科等横断的な視点から教育課程の編成を図り育成することとしています。そして、学習指導要領解説総則編においては、「情報活用能力」は、学習活動において必要に応じてコンピュータ等の情報手段を適切に用いて、情報を得たり、整理・比較したり、発信・伝達したり、保存・共有したりといったことができる力であり、さらに、このような学習活動に必要な情報手段の基本的な操作技能や、プログラミング的思考、情報モラル、情報セキュリティ等に関する資質・能力も含むものとしています。

こうした情報活用能力を育むためには、単にプログラミング教育を充実し「プログラミング的思考」を育めばよいということではなく、情報を収集・整理・比較・発信・伝達する等の力をはじめ、情報モラルや情報手段の基本的な操作技能なども含めたトータルな情報活用能力を育成する中に、「プログラミング的思考」の育成を適切に組み入れていく必要があります。

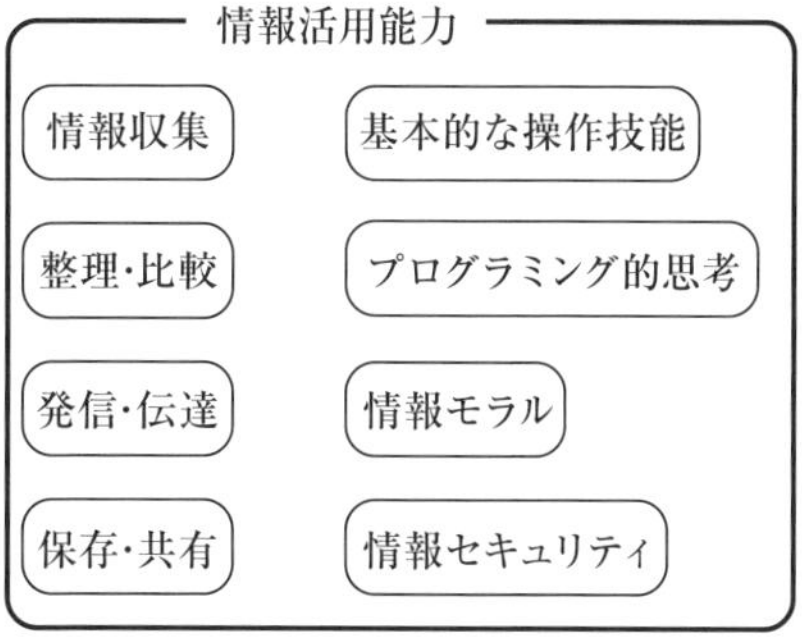

図2　プログラミング的思考と情報活用能力の関係

(二) 職員研修の計画的実施

① 情報教育に関する校内研修

職員のプログラミング教育の意義などの理解を深めるために、複数回の職員研修を企画し、実践してきました。特に、3回目においては、自作のプログラミング学習ソフト「フィギア・ムーブ」を提示し、活用方法の実技研修を通して、導入への意欲喚起を試みました。

結果、難しいイメージを持っていたプログラミングが、意外と簡単で、しかも楽しんで取り組めることを実感させることができました。また、「児童がイメージする模様の実現に探究的に取り組ませることが可能では」との理解も得られ、試行的な取り組みとして、2学期から開始することで共通理解が図られました。

② 短期研修講座への参加と還元

校外での研修への積極的参加も促してきました。8月29日に県総合教育センターの移動講座として、奄美市立小宿小学校で開催された小学校プログラミング教育講座にK教諭を参加させることができました。

研修後の校内研修での還元の場において、「これまで漠然として掴みよ

表1　情報教育に関する校内研修

	実施日	時間(分)	内　　容
1	6／24（月）	60	電子黒板ユニット「てれたっち」の活用方法についての実技研修
2	8／21（水）	40	プログラミング教育のねらい・意義についての研修
3	8／21（水）	90	プログラミング学習ソフト「フィギア・ムーブ」の活用方法について実技研修

うのなかった取り組みの方向性が少し見えてきた」との所見を聞くことができました。

(三) 関連付けを図った研究授業の実践

自作ソフトによるプログラミング学習と並行して、各教科の目標実現を目指した指導の中において、プログラミング的思考の育成に視点をあてた授業の実践も行ってきました。

K教諭が、6年算数の授業で取り組んだ例を以下に示します。

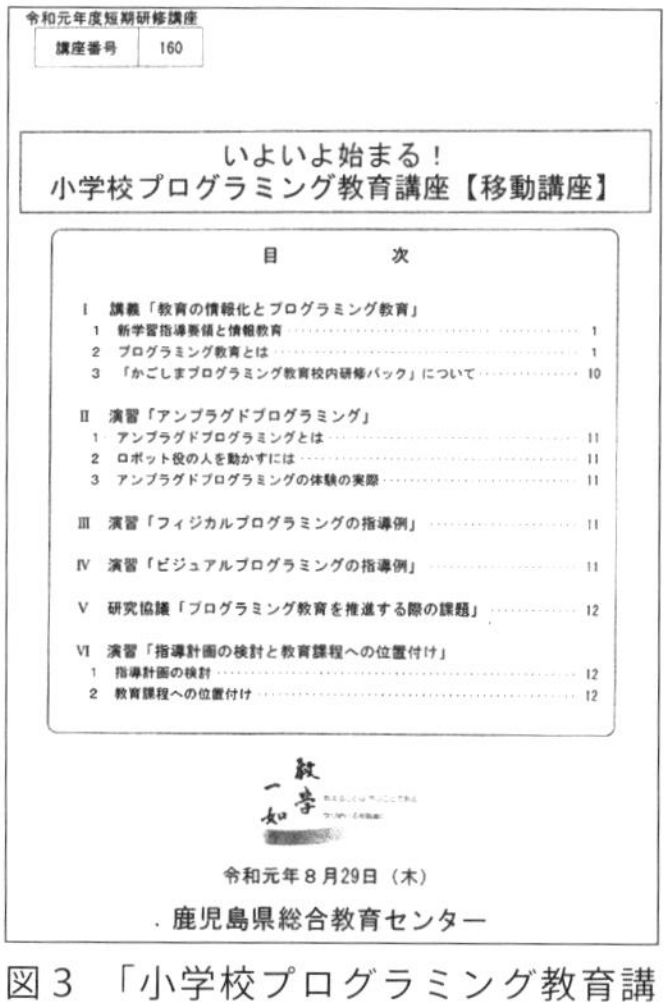
令和元年度短期研修講座

講座番号	160

いよいよ始まる！
小学校プログラミング教育講座【移動講座】

目　次

Ⅰ　講義「教育の情報化とプログラミング教育」
1　新学習指導要領と情報教育 …… 1
2　プログラミング教育とは …… 1
3　「かごしまプログラミング教育校内研修パック」について …… 10

Ⅱ　演習「アンプラグドプログラミング」
1　アンプラグドプログラミングとは …… 11
2　ロボット役の人を動かすには …… 11
3　アンプラグドプログラミングの体験の実際 …… 11

Ⅲ　演習「フィジカルプログラミングの指導例」 …… 11

Ⅳ　演習「ビジュアルプログラミングの指導例」 …… 11

Ⅴ　研究協議「プログラミング教育を推進する際の課題」 …… 12

Ⅵ　演習「指導計画の検討と教育課程への位置付け」
1　指導計画の検討 …… 12
2　教育課程への位置付け …… 12

教学一如

令和元年8月29日（木）

鹿児島県総合教育センター

図３　「小学校プログラミング教育講座」資料表紙

（1）題材　6年「拡大図と縮図」

（2）目標　「手順を考え、見通しをもって拡大図をかくことができる」

（3）本時の指導にあたって

指導にあたっては、プログラミング的思考育成の観点から、具体操作を通し、見通しをもって作図ができるようにさせたい。

そして、これらのねらいが効果的に達成されるように、「主体的・対話的で深い学び」の場を工夫する。特に、表現活動に視点を当て、自分の考えを「まず」「次に」「最後に」などの言葉を使って相手に分かりやすく説明できるようにさせたい。

（4）実際

時間(分)	過程	主な学習活動
10	目標の明確化	**1　学習課題を知る。** 三角形 ABCを２倍に拡大した三角形 EFGをかこう。 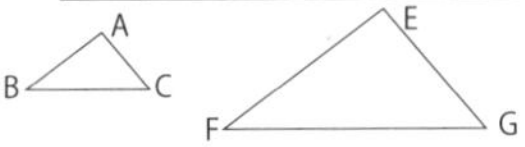 **2　学習問題を考える。** マスのないところに２倍の拡大図をかく方法を考えよう
10	山場の工夫	**3　学習の進め方を確認する。** (1) 1人で ・どんな手順でかいたらよいか、カードを使って見通しをもつ。 (2) 2人で(考えを共有) ・各自の考えを伝え合う。 ・三角形 ABCの辺の長さや角度を調べ確認する。 (3) 1人で(一人学び) ・　考えた手順でかいてみる。
10		**4　学習問題を解決する。** (1)拡大図をかく見通しをもつ。 ・カードを並べて、かく手順を考え伝え合う。 辺F Gを引く → 角Fを調べる → 線を引く → 角Gを調べる → 線を引く 辺F Gを引く → 辺E Fを調べる(コンパス) → 辺G Eを調べる(コンパス) → 辺E Fをかく → 辺G Eをかく (2)三角形 ABCの辺の長さや角度を調べ、ワークシートに書き入れる (3)拡大図をかき、問題点はなかったか話し合う
7		**5　学習のまとめをする** ２倍の拡大図は対応する辺の長さを２倍にして、合同な三角形と同じ手順でかくことができる。
8	確かめ・見届け	**6　他の方法で２倍の拡大図をかく。**

写真１　カードを並べて作図の手順を考えるようす

（四）クラブ活動における試行的取り組み

①　取り組みの状況

2学期より、自作ソフトを利用したプログラミング学習を開始するにあたって、年度初めに教育課程上への位置付けのなかったこの学習を、どの時間に持ってきたらよいか検討しました。その結果、固定的な指導計画がなく児童の希望を聞きながら、学期ごとに学習内容を決めていた「クラブ活動」の時間を利用することで協議がまとまり、取り組みを開始することになりました。

対象児童は、4年生2人、6年生2人の計4人で、2学期中に5回（5単位時間）の指導を実施することができました。その学習内容を1時間ごとに時系列で示すと、以下の通りです。

1回目・・・複数の既存のプログラムを呼び出して実行させ、どのようなことができるソフトかイメージを持たせる。

2回目・・・自ら描いた簡単な図形（基本図形）に、4種類の移動処理を単独に施す操作を体験させる。

3回目・・・4種類の移動処理それぞれについて、基本図形への同じ動作を複数回繰り返して施す操作を体験させる。

4回目・・・4種類の移動処理のうち2種類を選んで、それを組み合わせた動作を複数回繰り返す操作を体験させる。

5回目・・・前回の学習でできたいくつかの模様から、身の回りの自然の中にある類似した模様を見いださせ、基本図形やプログラムを修正して、その模様により近いものを作らせる。

最終的に、4人がそれぞれ、自然界に存在するものに近い独自の模様を作り出すことができました。子どもたちは皆、この学習に非常に興味・関心をもち、終始意欲的に学習に取り組みました。

左図は、その作品例です。

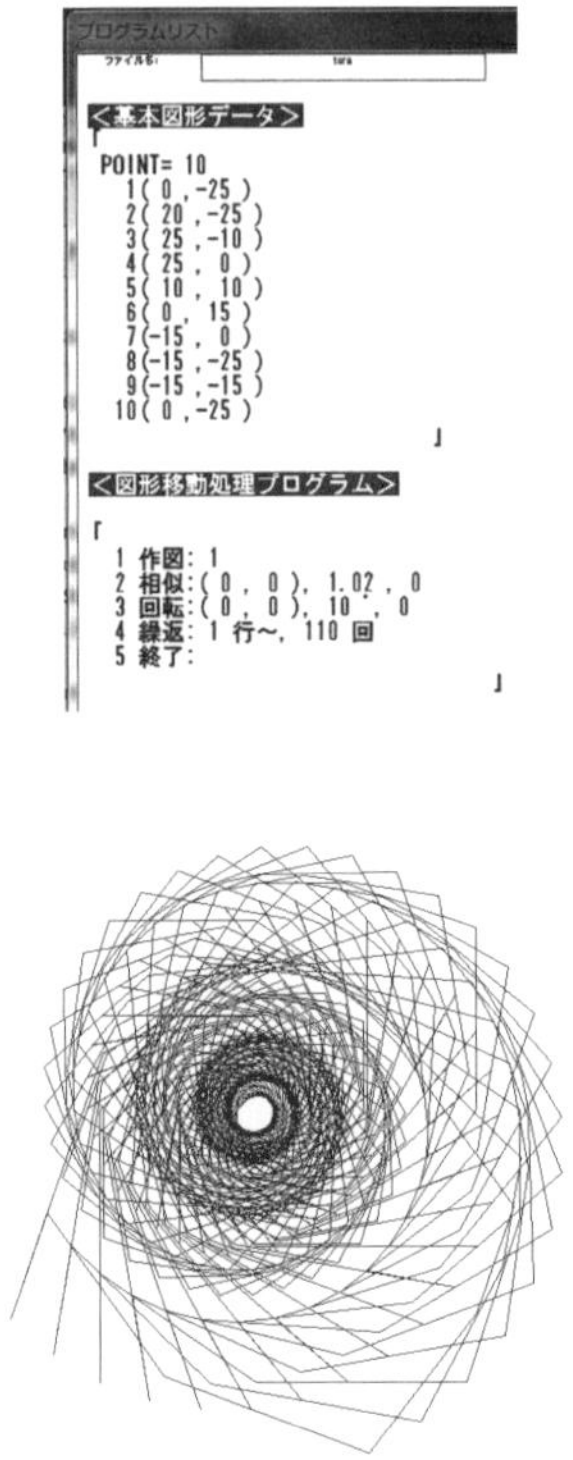

図4　児童の作品　作品名「テラダ」
（上は、そのプログラム）

② 取り組みにより見えてきたソフトの有効性

この取り組みを通して、自作ソフト「フィギア・ムーブ」のプログラミング教育における有効性がより明確になってきました。以下にそれを示します。

ア　動作の処理を表す命令文は、文字を入力するのではなく、処理メッセージ画面に表示されるメニューから番号で選ぶようになっているので入力の負担が少ない。
イ　命令文の選択後も、入力すべき事項（数値等）の指示が処理メッセージ画面に丁寧に表示されるようになっているので分かりやすい。
ウ　プログラムの行の削除・挿入、数値の変更等の部分修正が容易にできるので、実行後の動作結果を見た後の改善のための試行錯誤の操作がやりやすい。
エ　複数の移動処理を組み合わせたり、同じ処理を多数回繰り返させたりすることにより、意図や予想を超えた複雑な幾何学模様が現れることもあり、正確に素早い処理のできるコンピュータのよさが実感される。
オ　６年算数の図形領域「対称」「拡大図と縮図」の学習内容との関連性があり、教科学習の発展的・横断的取り扱いが可能である。
カ　身の回りの様々な形をプログラミングする活動を通して、自然界に存在する様々な模様が単純な図形の移動処理によりできあがっていることに気付かせることができる。
キ　操作の簡便性により、初めての児童でも、短期間の学習で短いプログラムの作成が可能になる。一方で、多くの処理命令の組み合わせにより、かなり複雑な幾何学模様の作成も行うことができ、学習の発展・深化の可能性が大きく、学習対象者の幅も広くなる。

（五）児童の発表の場の設定

児童の作り上げた作品については、11月3日の学習発表会において、舞台及び展示の両方で発表する機会を設けました。プログラムの説明の仕方については、短い学習時間を考えると厳しい状況があり、指導の手が大分加わっていますが、子どもたちは皆、緊張しながらも、自ら作り上げた作品に自信を持って堂々と発表することができました。以下は、4年生の1人の発表の様子と、発表内容です。

写真２　４年生の発表の様子

「4年　黒岩　新　です」

「これから、私の作った図形移動プログラムの発表をします。」

「作品名は、ミステリーサークル です。」

「基本図形は、三角形 の形です。」（基本図形をさしながら）

「それでは、プログラムの説明をします。」（プログラムの部分をさしながら）

〈1行目〉「まず、はじめに、基本図形を、赤色でかかせます。」

〈2行目〉「次に、それを、まん中の点の回りに、右回りに10度回転させます。」

〈3行目〉「次に、1行目から2行目までのそうさを35回くり返します。」

〈4行目〉「そして、それを、真上の方向に30めもり、平行移動します。」

〈5行目〉「次に、1行目から4行目までのそうさを4回くり返します。」

〈6行目〉「最後に、プログラムの終了です。」

「それでは、プログラムを実行します。」（F5を押す。）

「こんなもようができました。」

「これを作った感想は、ミステリーサークルににたもようが、いがいとうまくできました。」

「これで、発表を終わります。」

図5　発表原稿

この学習発表会は、保護者の他、地域の方々も多数参加され、感心して発表に見入る姿が見られました。次頁図6は、鑑賞後に書いていただいた参観者の生の声の一部です。

また、当日は、南海日日新聞社も取材に来校され、プログラミング学習の発表を大きく取り上げた記事を後日掲載していただきました。

発表の場の設定により、これから始まる小学校のプログラミング教育の試行的取り組みが地域や島内に発信されたことは大きな意義があったと思います。

（六）総合的な学習の時間への位置付け案の検討

ソフトの有効性を検証するこれまでの取り組みを基に、次年度、本ソフトを総合的な学習の時間で活用することを想定して、指導計画の作成を以下の通り検討しました。

・プログラミングの発表は、始めて見る内容で、小学校の学習内容がよくわかり、大変良かった。
・プログラミングは、説明とともに、作る過程も画像で流すことができたら、もっと分かりやすかったと思います。
・今年は新しいプログラムを取り入れたことなど、大変感動しました。来年も楽しみにしています。

図6　学習発表会参観者の感想（一部抜粋）

瀬戸内町　奄美の自然、プログラミングで表現

嘉鉄小で学習発表会

瀬戸内町の嘉鉄小学校（桑鶴明人校長、児童7人）で3日、学習発表会があった。保護者や地域住民ら約50人が見守る中、児童たちは島唄や詩の暗唱、鍵盤ハーモニカの合奏や伝統のビンデン太鼓などで堂々と練習の成果を披露した。

同校は例年、学校経営の柱とする郷土教育に関係する発表を多く取り入れている。今回新たに、来年度から小学校で必修化されるプログラミング教育と掛け合わせた発表があった。

4、6年生の児童4人が、桑鶴校長自作の図形移動処理プログラムソフトを使ってミステリーサークルやヒトデなど奄美の自然に関する複雑な模様を制作。児童がプログラムの手順を説明しながら舞台上のスクリーンに模様を映し出すと、会場からは感嘆の声が上がった。

このほかコミカルな動きを取り入れた1、2年生の「おむすびころりん」の音読や、4、6年生が脚本にも挑戦した島口劇「火のない所に煙はたたない」など、児童たちの伸び伸びとした姿に会場は終始笑いと拍手に包まれていた。

今年の夏に群馬県から転校してきた4年の黒岩新君（10）は「プログラミングの授業は難しかったけど、きれいな模様ができてよかった」と笑顔。

6年生の沖島葵さん（12）は「島口を覚えるのが大変だったけど、みんなで考えた脚本で笑ってもらえてうれしかった。嘉鉄は人数が少ないけど、その分力を合わせていろんなことに挑戦できるところがいい」と話した。

島唄を披露する児童＝3日、瀬戸内町

図7　プログラミング発表を取り上げた新聞記事

表２　総合的な学習の時間「情報」領域 指導計画案

テーマ「プログラミングで自然界にひそむ幾何学模様を探ろう」（中・高学年　10時間）
ねらい
　身の回りに見られる美しい模様をプログラミングで実現する活動を通して、自然界にひそむ巧妙な仕組みを探究する。

過程	主な学習活動	時間	教師の指導と評価 ○：指導　◎：評価
ふれる	既存のプログラムのおもしろさに触れる 1．パソコンの電源を入れ，ソフトを起動する。 2．保存されている既存のプログラムを呼び出す。 ・F1を押し，ファイル一覧からファイルを選び入力する。 3．プログラムを実行する。　・F5を押して画面に表示させる。 4．プログラムリストを表示する。　・F4を押す。 5．２～４の操作を繰り返す。	2h	○　画面上の模様が，表示されたプログラムにより基本図形を動かしてできていることを知らせる。 ◎　ソフトの起動，プログラムの呼出・実行の操作ができるようになったか。 ◎きれいな模様の作成に興味が持てたか。
つかむ	移動処理命令の意味を掴む 1．簡単な基本図形の作図を行う。 ・F12を押して，点の数入力と矢印キーの操作で作図する。 2．移動処理の命令文が１つ入ったプログラムを作成する。 (例)「作図」命令→「平行移動」命令→「作図」命令→終了 3．プログラムを実行する。・F5を押して画面に表示させる。 4．２～３を他の３つの移動処理命令に替えてで繰り返す。 ・プログラムをF9で削除してから，２の操作を行う。 5．最後のプログラムを保存する。 ・F6を押して，プログラムに名前を付けて入力する。	2h	○　４つの移動処理の意味について，命令文入力とプログラムの実行により，理解させる。 （平行，回転，線対称，相似） ◎　基本図形の作図ができたか。 ◎　移動処理の意味が理解できたか。 ◎　命令文が順に実行されていることが分かったか。 ◎　プログラムの削除，保存の操作ができたか。 ◎　図形の正確な移動処理が瞬時にできるコンピュータのよさが実感できたか。
しらべる	繰り返し命令のよさを調べる 1．前回保存したプログラムを呼び出す。 2．プログラム中に「繰り返し」命令を入れる。 ・F8を押して，「終了」行の前に「繰り返し」命令を入力し，「移動処理」命令から後の操作回数を入力する。 ・必要に応じて，移動処理の移動量を修正する。(F7を押す｡) 3．プログラムを実行する。 4．移動処理命令を他のものに変更して実行する。 ・F7でプログラム中の「移動処理」命令を変更してから，３の操作を行う。(「線対称」以外で) 5．作成したいずれかのプログラムを保存する。	2h	○　同じ処理を複数回行う場合に，繰り返し命令でまとめる方法を理解させる。 ◎　繰り返し命令の使い方は分かったか。 ◎　プログラムの挿入・修正の操作ができたか。 ◎　移動処理の適切な移動量を見付けられたか ◎　繰り返し命令の実行から，手作業では難しい多数回の処理を簡単な表記で実現できるプログラミングのよさを実感できたか。
さぐる	複数の移動処理命令の組み合わせ術を探る 1．前回保存したプログラムを呼び出す。 2．プログラム中に２つの移動処理命令を入れる。 ・F8を押して，リスト中の移動処理命令の前または後に他の移動処理命令を入力する。 3.実行後どのような図形ができるか予想する。 4.プログラムを実行する。 5.必要に応じて，移動処理の移動量を修正して実行する。(F7) 6.移動処理命令を他のものに変更して実行する。 7.作成したいずれかのプログラムを保存する。	2h	○　複数の移動処理を施す方法を知らせる。 ◎　複数の移動処理により，どのような図ができそうか，予測ができたか。 ◎　移動処理の適切な移動量を調整できたか。 ◎　異なる種類の処理が重なるほど，確実な図形の予測が難しくなること，しかし，コンピュータは忠実に人の書き込んだ命令通りの処理を行っていることが実感できたか。
いかす	プログラミングを自然界の美の発見に生かす 1.前回保存したプログラムを呼び出す。 2.プログラムの実行画面から，それにより近い身の回りの自然物を見つける。 3.見つけた自然物の模様をイメージして，基本図形や移動処理の移動量を修正する。 4.プログラムを実行して，実行画面を確認する。 5.３～４を繰り返して，目的の自然物の模様に近付けていく。	2h	○　身の回りの自然物を単純な図形の移動処理の視点で見直させる。 ◎　これまで学んだソフトの基本操作に習熟できたか ◎　自然界に存在する様々な模様が単純な図形の移動処理によりできあがっていることに気付くことができたか。

五　研究のまとめ

（一）成果

○概念的な研修に加え、実践的な研修を十分行ったことは、職員にプログラミング教育のよさを肌で感じさせる上で大きな効果がありました。

○プログラミング的思考を中心に取り上げた研究授業の実践から、職員のプログラミング教育への認識の高まりが窺えました。

○クラブ活動でのプログラミング学習と並行して、関連の深い算数の研究授業を行ったことは、児童に日常生活における論理的思考としてのプログラミング的思考の有効性に気付かせるのに効果的でした。

○児童が利用することを想定したプログラミングソフトの改良により、一層利便性の高いソフトに進化させることができました。

○算数の学習内容と関連性の深いプログラミングソフトの活用は、児童の教科学習に対する有用性認知を高める上でも有効でした。

○プログラミング学習を奄美の自然の美しさ発見につなげられたことは、郷土教育の観点からも有意義でした。

○プログラミングソフトの有効性検証に関わる様々な取り組みにより、総合的な学習の時間の指導計画案作成に至ったことは、次年度からのプログラミング教育のスムーズな実施に備えた大きな布石となりました。

(二) 課題

▲ 自作ソフトの有効性の一層客観性の高い検証のため、先進校での取り組みや他市販ソフトに触れる研修も取り入れる必要がありました。

▲ 算数の研究授業では、拡大図・縮図をかく手順を考えてカードを選んで並べたり、それに従って作図する活動によりプログラミング的思考の育成を図りましたが、プログラミング的思考を一層実感させるために、この一連の作業をパソコンで行えるソフトの活用も今後検討したいと思います。

▲ 自作ソフトの操作性を一層高めるため、キーボードからの数値等の入力を極力減らし、画面タッチやマウスにより図の操作を視覚的に行えるビジュアル型プログラミング言語への改良を進めたいと思います。

▲ 処理命令の中に、「条件文」に相当するものを加え、プログラミングの基本的処理方法が確実に学べるものに改良を図りたいと思います。

▲ 今回作成した総合的な学習の時間の指導計画に加え、今後、児童の発達段階(学年)や個人の到達レベルに応じた複数の計画案を作成し追加していきたいと思います。

※　参考文献
（1）移動講座「小学校プログラミング教育講座」資料、県総合教育センター、2019・8・29
（2）「小学校プログラミング教育の手引（第二版）」文部科学省、2018・11

9　科学概念と感性的認識の関係について

～長期研修「感性的認識を重視した力の概念形成」論文より抜粋～

1989（平成元）年2月

「力」などの科学概念に対する生徒の認識傾向を科学史と対比させて、誤認識の要因を分析してみますと、感覚を通した経験から形成してきたと考えられる科学概念の誤認識や不十分な認識は、概念形成の過程で必然的に生ずることのように思われます。

そこで、一般に科学概念の形成が人の感覚や感覚に基づいた感性的認識とどのような関係があるのか、また、科学の発展の中で「力」をはじめとした基本的な科学概念がどのように発展してきたのか考察してみたいと思います。

一　科学概念と感覚の関係

自然界に見いだされる基本的な科学概念として物質、温度、力といったものがあります。これらはもちろん触る、持つ、押すといった感覚的経験によってより確実に捉えられるものでありますが、直接こうした感覚を通すことなく測定器で得られた物理量（ばねの伸びとか温度計の目盛りといったもの）からもこれらの概念を捉えることができます。例えば、感覚では直接捉えることのできない原子や分子であっても、電子顕微鏡で得られた像や特別な方法で測定・算出された質量を知ることによって原子・分子の物質のイメージを描くことができます。

こうしたことから、科学概念は何ら感覚とは関係なく捉えることができるかのような錯覚を起こしがちです。しかし、概念が果たしてどのように形成されたかを考えてみますと、感覚的経験なくしては捉えることは無理であろうことが分かります。

例えば、物質の概念について考えてみましょう。私たちが目の前に置かれた物質を見ただけで物質のイメージを描けるようになるためには、①ある色と形が視界に入る、②その方向に手を伸ばす、③手に触れる感覚や、持って重みの感覚が生ずる、といったような一連の経験がこれまで何回となく繰り返されることが必要だったと思われます。

こうした行動を媒介した視覚と触覚の間の一定のきまりが物質の概念を抱かせるに至ります。物質の不可入性と重さの感覚こそが物質の概念の基であるでしょうが、それはこうした直接経験によって初めて捉えられるのです。人が感覚的経験なくして物質の概念形成がなされるように思われがちなのは、直接触れることなくして視覚のみから物質のイメージが得られることが無意識になされるため、それが過去の感覚的経験に基づいていることに気付かないためと思われます。

力の概念についても同様なことが言えるでしょう。科学は、目に見えない原子どうしの間の力や地球と月の間の力について論じますが、それを理解する基になっているものは直接物を押したり引いたりしたときに生ずる筋肉の緊張感でしょう。

人の感覚は、概念形成にとってなくてはならないものであることをまず押さえたいと考えます。

二　科学概念の変容性

自然科学の目的は多様な自然事象の中に普遍的に存在する一般原理を見いだすことでしょうが、それを達成するために、本来人は感覚的経験に基づいて形成された概念（熱、力など）を手段とすると言えます。この場合、人はこの概念を定量化する必要性から、この感覚的経験と同時に現れる表象をもって概念を定義します。例えば、「温度」といった概念はもともと人の寒暖の感覚に基づいて発生しましたが、それは物質の体積変化との関係性が見いだされたとき、一定量の水銀などのある物質の体積で表せる量として定義されました。

さて、科学史を見ると、こうして定義された概念は、よりすぐれた実験・観測法の出現に伴うこれまで考察されなかった新たな発見などによって「再定義」されてきていることが分かります。例として、「温度」について見てみますと、気体の温度と体積変化の法則（シャルルの法則）の発見から絶対温度が導入され、さらに分子の運動エネルギーとの関係が見いだされた現在、「温度」とは分子の持つ運動エネルギーであると理解されています。

こうした概念の定義・再定義の過程で、概念はより包括的な概念へと変容してきていると言えます。逆に言うと、この過程の途中での概念は、最終的に見いだされた概念に基づくと誤ったあるいは不十分な内容を含むものでもあります。しかし、こうした段階は次の段階の概念を見いだしていくために通らなければならないものであると考えられます。また、この過程は、出発点が感覚であることから、決して人の感覚に基づいた感性的認識を取り除いていくものではなく、むしろ、ずっとつないでいくものであると考えます。

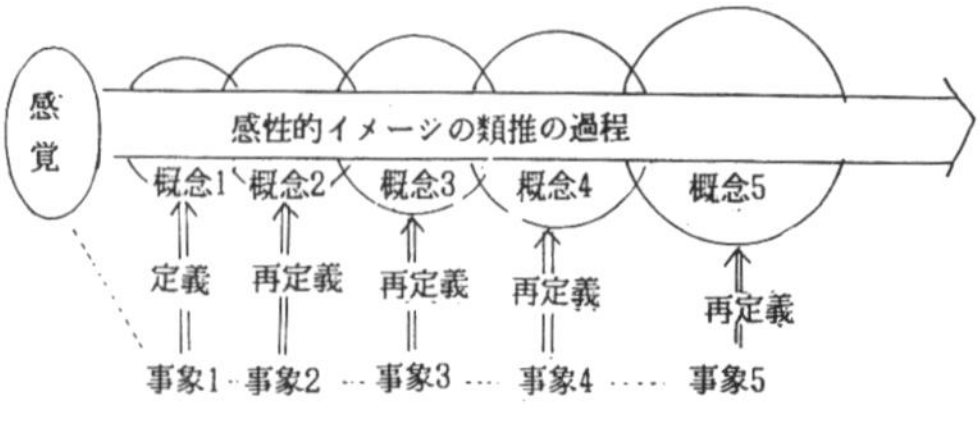

10 非決定論的自然観と人間の意識

～放送大学院出願時の研究の動機～

自然界の現象の因果関係を追究し、普遍的な物理法則を見いだそうとする過程を考えるとき、客観的な物理学とは一見相いれないように見える人間の「意識」の存在がどうしても気がかりとなります。

自然界の現象はすべて、その底に流れる普遍的な法則・原理によって引き起こされるものと考えます。一つの原因に対する結果は、その法則の下、一意的に決定されるはずであります。したがって、もし仮に、この世界のすべての事物について、初期状態が把握できるとするなら、その後に起こるであろう現象、その結果としての状態は予測可能ということになります。

しかし、このような決定論的な思考を深めていくとき、どうしても明快に納得できない「内部矛盾」といった思いにかられます。それは、原因に対する結果の予測を試みようとする人間の存在そのものが、対象とする自然界の事物の一部になっているという事実であります（もちろん、人間あるいは生命活動の中に見られる複雑な諸現象の物理学的な解明には多くの困難な部分があると思われますが、自然科学の対象の一部であり因果関係の連鎖の中にあることは間違いありません）。思考を進める人間の存在が、因果関係の道筋の中にあるため、厳密な自然界の現象・状態の予測は不可能に思われるのです。

このことは、現実にはほとんど問題にされることはないことと思います。しかし、決定論的な見方を究極まで追究していく過程で、浮かび上がってくるのではないかと考えます。

それが現れた一つの場面が、ミクロの世界を対象とした「量子力学」ではないかと思われます。不確定性原理に対する見方・解釈は諸説ありましょうが、人間の観測によって初めて、確率的にしか把握できなかった状態がある一つの状態に収束する（波動関数の収縮）という事実は、人を、人間の意識が何らかの形で物理法則の解釈に関与しているのではないかという思いに駆り立てます。

「科学概念は、人間の自由な創作であり、外界によって一義的に定められているように見えても実はそうではない」とは、アインシュタインとインフェルトの共著「The Evolution of Physics」の中の一節です。自然現象の理解を考えますと、まずは人間の五感を通して捉えられ、そこから人間の内に備わった思考活動により理解されるものです。つまり、人間というフィルターを通して初めて自然の姿が浮かび上がってくるのです。したがって、自然科学の概念は人間の意識と全く無縁のものではないはずです。もちろん、自然が人間の主観的なものに左右されるはずはなく、絶対普遍のものが自然の中には流れていることは間違いありませんが、その秩序をどのような枠組みで捉えるかは、人間の特性が大きく関与していると考えられます。

古典物理学さらには現代物理学における様々な物理概念や法則が人間の意識とどう関与しているのかについて、物理学の発展の歴史や関連する研究の分析を通して、整理し考察を試みたいと考えます。

11 「力の概念」の感覚的経験との関係性への一考察

2013（平成25）年4月～2015（平成27）年2月

（1）「『力の概念』の感覚的経験との関係性への一考察」研究の動機

～放送大学院自然環境プログラム研究開始に当たって～

科学概念は、一見混沌とした多様な自然現象の中に、法則性を見いだし論理的に矛盾のない思考体系を構築しようとする自然科学探究の道具として定義され、形成されてきたものであると考えます。そしてそれは、長い科学の発展の歴史を眺めたとき、決して固定的なものではなく、少しずつ変遷してきています。より進んだ実験や観測の出現により、これまで考慮されなかった当該概念と関係性のある新たな結果が見いだされたとき、概念構成の改訂、つまり概念の再定義がなされ、それが繰り返されてきていると言えます。

例えば、「温度」の概念は、始め、物質の体積変化との関係性が見いだされたとき、水銀温度計の目盛りの読みによって測られる物質の状態として定義され、定量的な概念となりました。その後、シャルルの法則の発見から「絶対」目盛りの導入により温度の再定義がなされ、さらに分子の運動との関係が見いだされた現在、「温度」は分子の運動エネルギーとして理解されています。

こうした概念の定義・再定義の過程で、概念はより包括的で、基本的なものへと変容してきています。と、同時に、逆に実感的な印象が希薄になってきているとも言えます。こうしたことから、ややもすると、人の不確かであいまいな感覚的経験とは無縁なもの、あるいは切り離して捉えるべきものという認識を生みがちです。

しかし、この概念の変遷過程を逆にさかのぼっていくと、「温度」の概念が、温感の感覚に行き着くように、結局は人の感覚的経験に行き着くことは間違いありません。これは、すべての科学概念においていえるのではないかと考えます。科学概念の形成は、人の感覚的経験の所与を表現またはシンボル化する作業であると言えます。

もちろん、定義による定量化の過程で、不確かであいまいな要素は除去され、概念の対象とする範疇もより包括的なものへと変容してはいるわけで、出発点はさておき、もはや感覚的経験の印象は科学の客観性・論理性を損なうものとして排除されるべきものという考えは適切ではありません。概念形成の過程で感覚的経験は消滅するのではなく、関連する事柄への置き換えを通して、その印象からの類推が連続しているものと考えます。

人が、自然現象の法則や秩序を見いだしそれを理解することができるのは、無意識のうちに人の感覚的経験からの類推が働いているからこそであると考えます。もちろん、量子力学や相対性理論の世界など、感覚的経験の印象を直接当てはめてもとうてい理解できない、むしろその印象を否定しなければならない場面も考えられます。しかし、そのことも感覚的経験の印象をよりどころにしていることに他なりません。

ところで、時間、空間、質量、運動量、エネルギー等々、様々な物理概念の中で、「力」の概念は特別な地位を占めているように感じられます。その出発点となる感覚的経験は、人が物を押したり引いたりしたときの筋肉の緊張感といって間違いないと思います。この感覚が、視覚、聴覚、触覚等々の感覚的経験と大きく異なるのは、人の能動的作用によって生じる感覚であるということです。このことの類推から形成された「力」の概念は「ある物体が他の物体に作用を及ぼす」といった能動性を包含していると考えられます（それは、現象の因果関係の概念とも深く関わるものと考えます）。したがって、力の概念の形成過程を追究することで、物理法則解明における人の感覚と同時に意識（自由意志）の関与性について何らかの理解が得られるのではないだろうかと考えられるのです。

さて、人の感覚的経験と科学概念との関係性について考察を進めることは、哲学的な解釈の意義しか持ち得ないと捉えられるかもしれません。しかし、現代物理学の未解決の部分（量子力学における観測問題等）の解明に何らかの示唆を与えてくれる可能性は皆無と断定することはできないのではないかと考えています。

その追究のためには、おそらく人間の感覚や認知についての心理学的分析、脳神経学的な研究が、さらに、その結果と見いだされている物理法則との関連性の追究が必要になってくると考えられます。しかし、このような研究は自己の能力を遥かに超えたとてつもない作業であることは十分理解できます。自分にできる現実的な課題としては、まずは物理法則のより正しい深い理解を得る学習の中で、力の概念の変遷過程の分析を行い、その結果として、人の感覚的経験との関連性についてなにがしかの考察を行うことであると考え、本主題を設定しました。

（2）「力の概念」の変遷と力の認識傾向

～放送大学院自然環境プログラム研究論文　その１～

一　研究のねらい

感覚的経験の直接的適用が原因と思われる、人の力の誤認識傾向と科学史における力の概念変遷の過程との関連性の考察から、力の概念形成における感覚的経験との密接な繋がりについて明らかにします。

二　科学的な力についての一般人の誤認識傾向

「力」の用語は、科学的な概念として取り上げられる以前に、日常生活において様々な場面で使われています。その際の理解のもとにしているのは、物を押したり引いたりしたときの筋肉の緊張感の体験であり、またその体験の外界の事象への置き換えによる類推であると考えられます。一方で、科学的な概念としての力を考えるとき、日常使われる力とは明らかに異なります。しかしながら、力学に専門的に関わりのない一般人にとっては、科学的な力に限定された状況においても、力に関する誤認識の傾向が見られます。

ここで、科学的な力について定量的な学習をした中学生を対象に、特に力の概念として本質的な内容と思われる「相互作用」を中心に、認識傾向を調べた結果をまとめてみました（力学に専門的に関わりのない一般人の認識傾向と大きく差はないと考えられます）。

（二）調査の内容と考察

vii 弾性体と力の認識（他の設問については、省略）

> 力を及ぼされた物体が逆に及ぼす力（反作用）の認識が、物体の弾性によってどのように異なるかを調べた（設問と回答結果は次頁）。

【考察】

イの回答率が最も高くなっています。このことより、はねかえりの大きい物（弾性率小）ほど、反作用を認識しやすい傾向があることが分かります。しかし、一方で選択肢ア、オのように、BよりAの方に反作用を認識している生徒の存在も無視できません。つまり、歪みが大きいほど、人を引き返す力より人に引かれる力を大きく捉えやすいという逆の認識もあることが分かります。この図①のように異なる種類のA，Bのくいを人が，同じ大きさの力で引っぱっています。

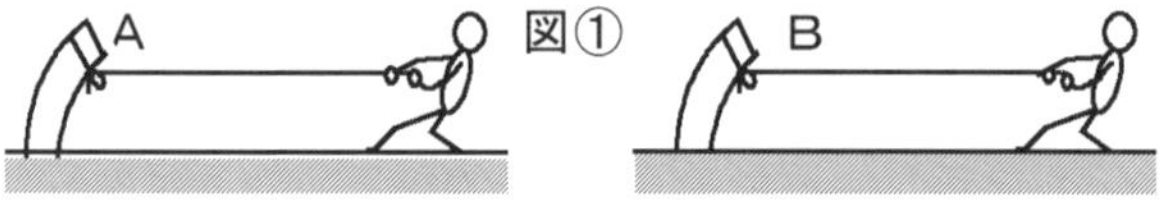

突然，ひもが切れてしまいました。A，Bのくいは，図②のようになりました。

さて，図①の状態のとき，くいA，Bは人を引っぱり返していたでしょうか。あなたの感じ方に近いものを下のア～キより選んで○をつけなさい。

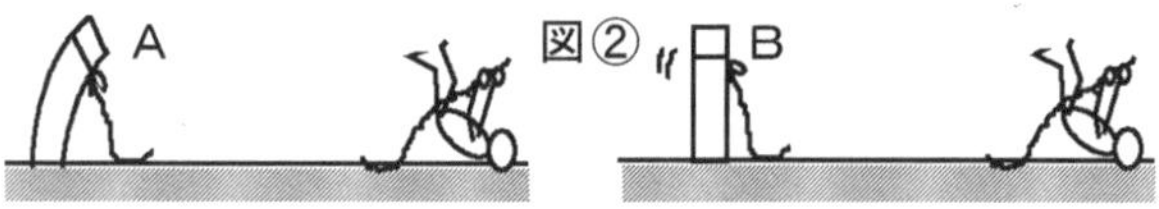

ア　Aは人を引っぱっていたが，Bは引っぱっていなかった。
イ　Bは人を引っぱっていたが，Aは引っぱっていなかった。
ウ　AもBも人を引っぱっていなかった。
㊟　AもBも同じ力で人を引っぱっていた。
オ　AもBも人を引っぱっていたが，AのほうがBよりも引く力が大きい。
カ　AもBも人を引っぱっていたが，BのほうがAよりも引く力が大きい。
キ　その他〔　　　　　　　　　　　　　　　　　　　　　　　　〕

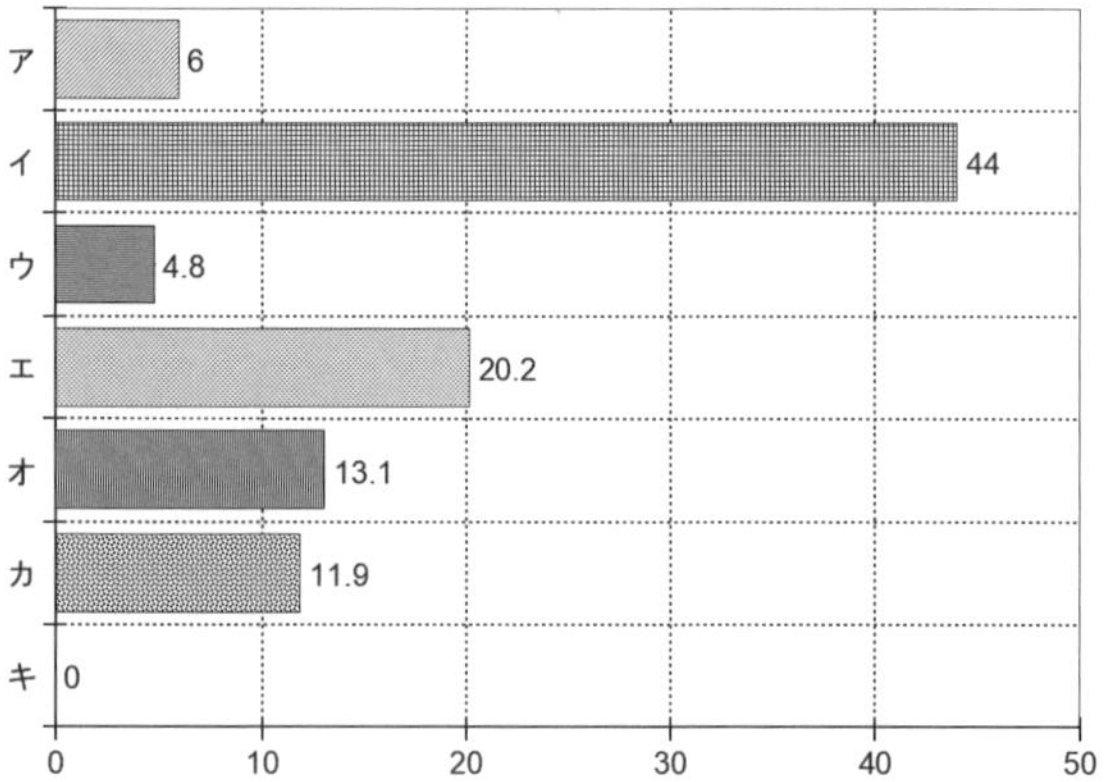

認識の相違は、弾性の度合（弾性率）の捉え方の違いからくるのではないでしょうか。

また、選択肢エを選んだ生徒は、相互作用の正しい理解から、逆にウを選んだ生徒は、「引っ張る」という意志を表す言葉を物へ適用することの抵抗からの回答と思われます。

（二）認識傾向のまとめ

調査結果の考察をもとに、生徒の力の概念についての誤認識の傾向をまとめました。

ア　生徒が、科学の学習における「力」の用語をさまざまな意味で捉えている実態が分かりました。その中には、科学概念としては捉えられているがエネルギーや仕事率といった他の概念と混同していると思われるもの、あるいは科学概念とは明らかに異なる精神面の比喩的な用法を科学概念と混同していると思われる生徒も見られます。こうした用語の概念の未分化が、力概念の形成上の大きな妨げとなっていると考えられます。

イ　科学の学習と日常生活での力の捉え方に大きな断絶があることが分かりました。力学の原理・法則についてよく分かっているようでも生徒はそれが身近な自然の中に成り立っている普遍的法則として捉えられていないと考えられます。

ウ　物にはたらく力以上に、人の体にはたらく力や人の活動に伴う力に関しては多くの誤認識が見られます。それは、こうした場面では人の「力を及ぼす意志」や「筋肉の緊張感」の有無や程度から、力の存在を捉える傾向があるからと言えます。

エ　力を人や物の中に内在する何か物質的なもの、あるいはエネルギーのようなものとして捉える傾向が非常に強いことが分かりました。「踏ん張ったり、力んだりするときに消費されるエネルギーが物を押したり引いたりする力として外に現れる」という考え方が予想されます。

オ　生徒の中には、「気力」「懸命さ」「迫力感」といったような精神的な感じを科学的な力と混同していると思われる者も見られます。

カ　力の相互作用についての捉え方は十分なされていません。特に直接接してはたらく力に対する反作用の力は、実感的なイメージとしては捉えられていないようです。

キ　ばねのような弾性体に力を及ぼした場合ほど、物体が及ぼし返す反作用の力を認識しやすいことが分かりました。

ク　摩擦のある現実世界の生活経験と関連して、「物体の運動を持続させるためには、速さに比例した力が必要である」といった捉え方が根強く、容易に払拭されない傾向があります。また、それは力と運動エネルギーや運動量の概念との混同・未分化とも考えられます。

三　「力の概念」の変遷の歴史と人の力に関する誤認識傾向との対比

ニュートンにより古典力学が構築されるまでの力の概念の変遷の歴史をまとめてみると、その過程には人の力の誤認識傾向との類似性が見られることが分かりました。ここで、変遷過程の各段階での力の概念と関連があると思われる中学生の認識傾向とを対比させてみたのが次頁表1です（表の「中学生の認識傾向」の欄は、前節（二）の認識傾向のまとめの項目を表します）。

表１　「力の概念」の変遷過程と力の誤認識傾向との対比

時代	力の概念の変遷過程	中学生の認識傾向
古代思想の時代	手足を動かすという直接経験など意識的活動に払われた努力を意識することから，あるいは重い物体を地面から持ち上げ，それをある場所から他の場所へ運ぶ際に克服しなければならない抵抗感を意識することから力を認識したと考えられる。	ウ
	樹木・河川・雲及び石等，動きのあるあらゆる自然の事物・現象の中に，人間が自己のうちに認める力と同種の力能を有すると考えられ，同時にそれらは畏怖と崇拝の対象となった。こうした「力」は，古代エジプトでは神の力「nht」，古代メソポタミアでは嵐の神「Enlil」（エンリル）と呼ばれ，神的擬人化され，宗教的観念と密接に関係したものであった。	ア オ
ギリシア時代	アナクサゴラスは物の運動や変化の原因としての力を「ヌース」（精神）と名付け，精神的であると同時に物質的なものと考えている。	ウ エ
	プラトンは変化や運動を引き起こす力は物質に内在する霊魂のようなものにより，同種のものどうしが結合しようとする傾向（「類をもって集まる」）から生じると考えている。	ウ エ オ
	アリストテレスは直接物を「押したり」「引いたり」するときの作用のみを力（強制運動の原因）とし，落下運動や軽い物の上昇運動は物体自身の中にある内的傾向によるものとした（自然運動）。また，この作用を及ぼす物に内在し，作用を及ぼす物から流出するもの（デュナミス）と考えている。	ウ オ カ
	アリストテレスは，「強制された運動には原因がなければならず，原因がなくなれば運動は終わる。速さは駆動力に比例し抵抗力に反比例する。」とし，「放たれた矢が弓を離れても飛び続けるのは駆動力者の力が媒質を伝わって矢に働くからである」と考えた。	ク
	ストア学派は，潮汐と太陽ならびに月の運動との関係の説明から，力を２物体を結びつけ，作用の相互的なやり取りとなる「共感」の概念としてとらえた。	オ

古典力学以前の時代	アラブの哲学者アル＝キンディー（Al-Kindi）は，自分の光学研究からの影響を受け，力を射線（ray）によって伝搬される実在物と考えた。それぞれの星は，特有な力を空間を通して送っており，同時に占星術的影響も運んでいると考えている。	オエ
	6 世紀頃，アリストテレスの考えに反論して，投げられた物体の運動の原因として，運動源から「運動力」が付与され，それが運動を持続するという考えが現れた。	オク
	14 世紀頃，ビューリダン（Buridan）は，天球の運動の原因として，神が宇宙創造に当たり，最初の一撃（インペトウス）を天球に与えたという説（インペトウス理論）を提唱した。	オ
	重力についての多くの議論がなされたが，自由落下する物体の運動は，物体の内に本来具わっているとみられる「運動力」によるという考えが主流を占めるようになる。	オカ
古典力学興隆の時代	ケプラーは惑星の楕円運動の分析による惑星の速度の距離への依存性の発展から，重力は天体（地球）に引かれる受動的な力と理解し，逆に物体は天体（地球）を引いていると考えた。しかし，こうした力の相互作用の理解に至る以前は，重力を物体に具わった能動性（霊的なもの）と認識している。	オカキ
	ガリレオは，自由落下の研究から，重力は物体の加速度を生じさせるものであるということと，慣性の原理を見いだした。しかし，それ以前においては，外からの作用（力）と運動する物体が持つ勢い（インペトウス）を区別せずに論じている。	アイオク
	ニュートンによって，古典力学の力の概念が確立されたが，プリンキピアでは物体に加速を生ずる力の他に，これとは明確に区別はしているものの物体の慣性にも力の用語を使って，それを「物質固有の力」と呼んでいる。	アイク
	物体の衝突の研究から，運動体が持つ力（ニュートンの言う固有の力）の大きさを表すのに，デカルト派はその測度として質量×速さ（現在の運動量）を考え，ライプニッツ派は質量×（速さ）の 2 乗を考えた。両者の間には多くの論争が見られる。	アイオ

このような、力の概念の変遷過程と人の誤認識傾向との関連性は、科学的な力の概念が人の感覚的な経験と密接に関係して成立したことをうかがわせます。

四　力の誤認識の要因

力の認識傾向調査や科学史の研究から、人の力についての誤認識の要因について考察を試みた結果、十分には明確にできませんが4つのことが挙げられます。

(一) 感覚のあいまいさ

力を物質やエネルギーと混同する傾向は認識傾向調査の結果にもよく表れており、諸文献でも共通して指摘されていることなどから、人の陥りやすい一般的誤認識の傾向といえます。

このように力をエネルギーと混同する要因の一つに、人の感覚のあいまいさがあると考えられます。人は物を押したり引いたりしたときの筋肉の緊張感をまず力として認識します。一方、エネルギーという概念は、力を継続してはたらかせたときの疲労感から体内の何物かが失われたという認識が基になっていると考えられます。

しかし、この緊張感と疲労感といった感覚は厳密には区別することができません。筋肉の緊張感の継続が同時に疲労感を徐々に増していくものだからです。また、筋肉の緊張感を伴わない(意識的な作用でない)力は疲労感を伴いませんが、この場合は日常的には力として認識されにくいと思われます。

(二) 用語の概念の未分化

日常生活において「力」の用語は多様な使われ方をしています。広辞苑でその意味を調べてみると、ア．自らの体や他の物を動かし得る筋肉のはたらき、といった感覚からの直接的な使われ方の他に、イ．気力、精神力、根気、イ．はたらき、能力、力量、実力、ウ．ほねおり、労力、エ．たよりとするもの、よりどころ、オ．しるし、ききめ、効能、カ．権力、暴力、といったようなさまざまな精神面等の比喩的な用法があります。このように、日常用語が科学概念を表す用語として使われる場合、科学概念としての用語の持つ意味を特に明確にしなければ概念形成を困難にすると思われます。認識傾向調査の結果から人や物が「持つもの」「出すもの」といった所有量とする誤認識のほか精神面の比喩的な使い方とも混同している者も少数ながら見られました。

こうした用語のあいまいさの要因は、力の多様な意味を、日常生活においては特に明確にせず未分化のまま使っているといった状況に限らず、科学教育や科学的な議論の場でも力の用語がその意味を明確にしないまま使われていることが多いこともその一つではないかと考えられます。さらに、言語の特質でもあるでしょうが、科学用語として使われている用語の中にも「電力」「馬力」や「原子力」など仕事率やエネルギーの意味で使われているものがあることも混乱の基かもしれません。

（三）無意識の直感的類推

中学生の間違った回答の中には、理由はよく分からないが直感的に「〇〇となりそうだ」と判断したと思われるものも多数あります。この場合、生徒は意識していませんが既存の体験や事象が推測の基になっていると思われます。つまり、条件が異なっていることに気付かずに外観的なものから過去の体験や事象との類似性を無意識のうちに感じ取り、それを適用したものと考えられます。例えば、認識傾向調査の設問において（記載は省略）、車の上に乗って車を押しても、車は動くと考える生徒の認識は、車の外から押す経験を、その違いに気付かずに無意識に適用したものと考えられます。

また、図1のように滑車に通した糸の両端に同じおもりをつり下げて、おもりの高さをずらしたとき、高い方の物体が下がってくると答えたり、逆に低い方の物体が下がってくると答えたりする誤回答がよく見られます。こうした誤答の要因として一般的に言われることは、「同じ質量の物体でも高さが異なることによって重さが変わる、といった誤認識がある」ということです。しかし、この誤回答は、重さの意識とは無関係に、どちらも直感的な想像から得られたものだと筆者は考えます。

つまり、「高い方が下がってくる」とする回答は、おそらく図2のような天秤のつり合いを連想したものと考えられます。一般に天秤は左右のゆれに対して安定した状態が保てるように支点を重心より上に

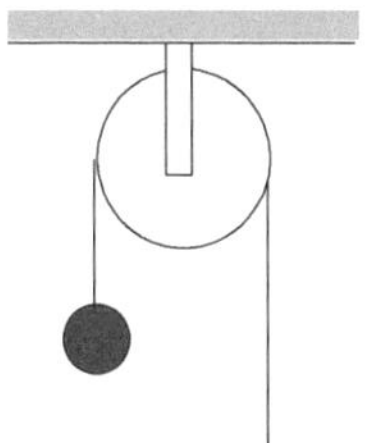

図1　滑車

ずらしてあり、支点と重心が一致している滑車とは異なるわけですが、外見上の類似性により天秤を使った体験からの類推が無意識にはたらいて、このような感じ方を生じさせたと考えます。

「低い方が下がってくる」とする回答は、一つには左右の糸の重さを考慮したとも考えられますが、これ以外にも、人が糸を付けた荷物を持つ体験からの直感的な判断とも考えられます（一般に図3のように人が糸を付けたものを持ち上げるとき、糸が長いときの方が短いときより持ち上げにくい。このことから、無意識に物体が長い糸を付けた物体の方へ引っぱられるという捉え方が考えられます）。

（四）自然現象の複雑さ・多様さ

物理学の領域において、取り扱う「力の概念」というものは、自然のあらゆる力学現象の中にひそむ普遍的な原理・法則としての概念です。つまり、それは多くの条件を単純化した理想状態を想定することで理解できることです。しかし、地球上で日常見られる力学現象は摩擦力や空気の抵抗など様々な要素がからんだ複雑で多様な姿を見せることが多くあります。したがって、その中から普遍的な法則を見いだすことは容易なことではないと考えられます。長い科学の歴史を見ても自然界の事象を統一的に捉えようとする多くの科学者らの研究の蓄積の上にようや

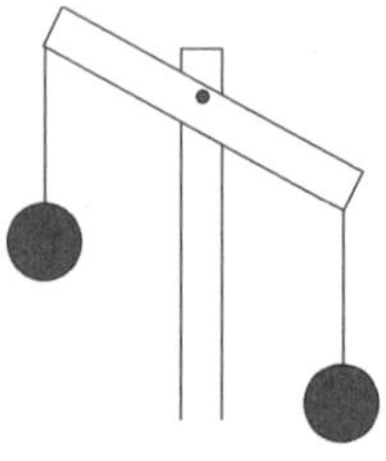

図2　天秤の連想

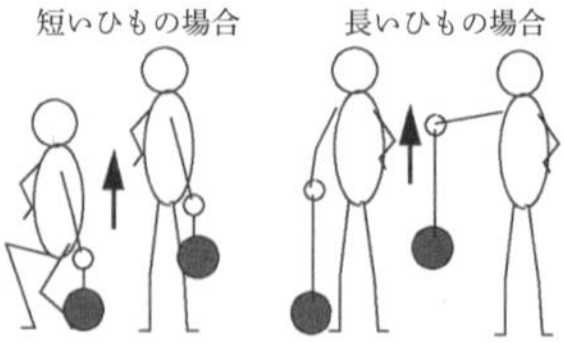

図3　物を持つ体験の連想

く見いだされています。人は自然の外見上の姿としての多様なものを、感覚の限界とも関係して、初めはつながりのないばらばらのものとして捉えると思われます。例えば、物質の捉え方でも、初めは、硬い物、軟らかい物、弾力のある物といった別々の物として分けて捉えていますので、物の共通した性質の量的違いまで感じ取れないのが普通であると思われます。

(3) 人の「力の概念」形成過程の分析

~放送大学院自然環境プログラム研究論文　その2~

一　研究のねらい

人の力に関する誤認識傾向の要因分析を基に、科学的な力の概念を形成していく小ステップの過程の検討を行いました。それにより、科学的な力の概念と人の感覚的な経験との関係性、及び力の概念の発展過程における感覚的経験からの類推の連続性を明確にすることを試みました。

二　人の力に関する誤認識傾向の解釈

力に関する中学生の調査結果に見られる多くの誤認識傾向から、科学的「力」の概念と感覚的に捉えた日常生活での力の認識との間の大きなずれが明確になりました。それは、科学史における力の概念の発展過程を見たとき類似した傾向があることからも分かるように、人が科学的な力の概念を形成していく上で必然的に通らなければならない過程ではないかと考えます。

しかし、力について一定の学習を終えた後の中学生に現存する力の誤認識の実態は、感覚的に捉えられる力と科学的な力との間の根本的な違いをしっかり押さえる必要性を意味しているのでしょうか？　否、そう捉えるのは間違っていると考えます。

他の様々な科学概念の発生・発展の過程の場合と同様に、「力」の概念についても、感覚的な経験を出発点にし、その経験に伴って生じる事象でもって定義がなされ、さらに新たな事象の発見によって再定義され直す、といった過程の繰り返しで発展してきたものと考えられます。そして、その過程を通して感覚的なイメージからの類推は継続して底に流れているはずです。

中学生の誤認識の要因として考えられるのは、一つには、学習の過程において、この感覚的経験からの類推の過程に飛躍・断絶があったためではないかと考えられます。

三　垂直抗力の理解をめぐる考察

具体的な事例として、「机上に置かれた物体にはたらく垂直抗力」について考えます。

調査結果からも分かりますように、人はこの力（B）をなかなか正しく認識できません。その理由を考察するために、この学習の過程をふり返ってみます。

この事象に対する指導においては、まず「物体を変形させる作用」としての力の定義を適用させせますが、変形が視覚的に捉えられない状況に対して、中学生はなかなか実感的なイメージを持つことができません。

結局、「及ぼす力があれば、必ず及ぼし返される力がある」といった「力の相互作用」の法則から、垂直抗力の力の存在を押さえるといったことで学習を終えてしまいます。ここに、科学的な力の概念と、日常における感覚的な力の認識との間の断絶を生む要因があると考えられます。

この区別を是とする考え方もあるかもしれませんが、それは決して正しいこととは思われません。理想は、視覚的には捉えられませんが、台の変形のイメージ、そしてそれが元に返ろうとするイメージから、垂直抗力（B）の存在を実感的に捉えるに至らせることであると考えます。

そのための指導上の課題として挙げられるのは、「力の定義のあり方が中学生が納得しうるもの、つまり、日常の感覚的経験からの類推が可能なものであったか、その点で飛躍はなかったか」ということです。こうした反省から、力の概念形成過程を見直してみたいと思います。

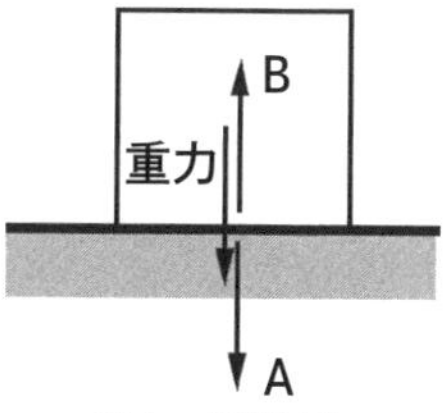

図4　垂直抗力

四　力の概念形成過程モデル

「力の相互作用」を中心に、力の概念形成過程のモデルを考えました。概念形成過程の基本的なあり方として、次の3点を挙げます。

① 筋肉の緊張感といった感覚で受け止めた「力」の直接的なイメージを、他の事物・現象の中に類推していく過程と捉えます。

② この過程の中において、それまでの「力」の定義の基になっていた事象と他の新たな事象との間に関係が見いだされたとき、その事象によって力を再定義する場面を作ります。

③ 途中での段階的な力の定義においては、必ずしも力の本質そのものを表したものではありません（不十分な内容である）が、本質的内容を包含したものであります。その時点における概念の変容、それに伴う認識のあり方を明確にします。

この基本的な考えの基で、力の概念形成過程モデルについて次頁表1のようにまとめました。〔概念形成の過程〕の欄の□はその段階での概念を表します。また、〔人の認識〕の欄の▢は自然認識として正しいもの、⬚は段階的な認識であって、学習によって変容させなければならないものです。

表１　力の概念形成過程モデル

力概念発生の起源　物を押したり引いたりする意識的行動に伴う筋肉の緊張感			
段階	［関連する事象］	［概念形成の過程］（段階的定義）	［生徒の認識］ （ 完全　不完全 ）
1	・自らの体験	力は，物を押したり引いたりする作用である	物がないと力は及ぼせない
2	・他人や動物の動きや表情	自分が押したり引いたりするときと同じような身体の動きや表情が他人や動物に見られるとき，その者が物に力を及ぼしていることを類推する。	・無意識に起こる認識 ・力の存在には確実性がない 意志あるものだけが持つもの
3	・物体の変形や破壊 ・物体の運動	人が押す，引く行動をするときに生じる物体の変化（変形や破壊，運動）が他人の体の動きとともに生じるときその者が物体に力を及ぼしていることを類推する。	・力を受けると変形する物もある。 ・力によって運動が生ずることもある。
4	・物体の変形や破壊 ・物体の運動	物体の変化が，接している物体の動きと同時に生じるとき，接していた物体が力を及ぼしていることを類推する。	意志のない物にも力を認識 ・力を認識する十分条件ではあるが，必要条件ではない。
5	・力を及ぼしている方の動き 	人が押したり引いたりするときに生じる自らの体の動きと同じような変化が物体に生じるとき，その物体が他の物体に力を及ぼしていることを類推する。 隣接する２つの物体のうち，１つの物体を取り除いたとき，残りの物体がいずれかの方向に動けば，その動いた物体は取り除いた物体に対して動いた方向に力を及ぼしていた。	・力の認識の十分条件 ・所有量としての力の認識（物が他の物に一方的へ及ぼす作用） ・物の重さを力として再認識 ・ばねは力を受けると変形し，変形しているばねは他に力を及ぼす。

6	・物体の落下 ・物を持つ体験 ・天秤による物体のつり合い	物体そのものの重さが，物体と接している物を下方に及ぼす力となっていることを類推する。（段階5の定義の適用から） 力の大きさを，天秤で量られた量（質量）に比例する量とする。	・定性的→定量的 ・力の大きさを感覚により捉えることからの脱却
7	・おもりの重さとばねの伸びの関係	力の大きさを弾性体の歪みの大きさで置き換えて捉え，弾性体の変形量から力の大きさを測定できる。	・弾性体の歪みの大きさは加える力の大きさに比例する。（フックの法則）
8	・2つのばねをつないで引く 	弾性体は他から及ぼされた力と同じ大きさの力を他に及ぼす。	・弾性体どうしの間では力は相互に及ぼし合う。
9	・①と②のばねの伸びの比較 ① ② 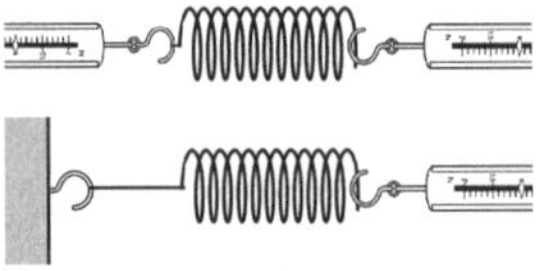	すべての物体が弾性の性質を持つことを捉える。 力は物体に変形を生じさせる作用である。	・力を物の変形と結びつける ・物の変形は力の存在の必要十分条件である。
10	・壁を押す ・床を蹴る ・磁石どうしの引き合い・反発 ・物の落下	力を物に及ぼしたら必ず同じ大きさの力を物から受けることを捉える。 力とは物と物の間で相互に及ぼし合う作用である。	・力：物と物との相互作用（力は単独では生じない） ・所有量としてのとらえ方からの脱却 ・重力を地球が物を引く力として認識

五　段階的な力の定義の学習過程

感覚的経験に基づいた力の定義の過程として、前頁表1の概念形成過程モデルの段階5に至る場面の学習過程を以下のように考えました。

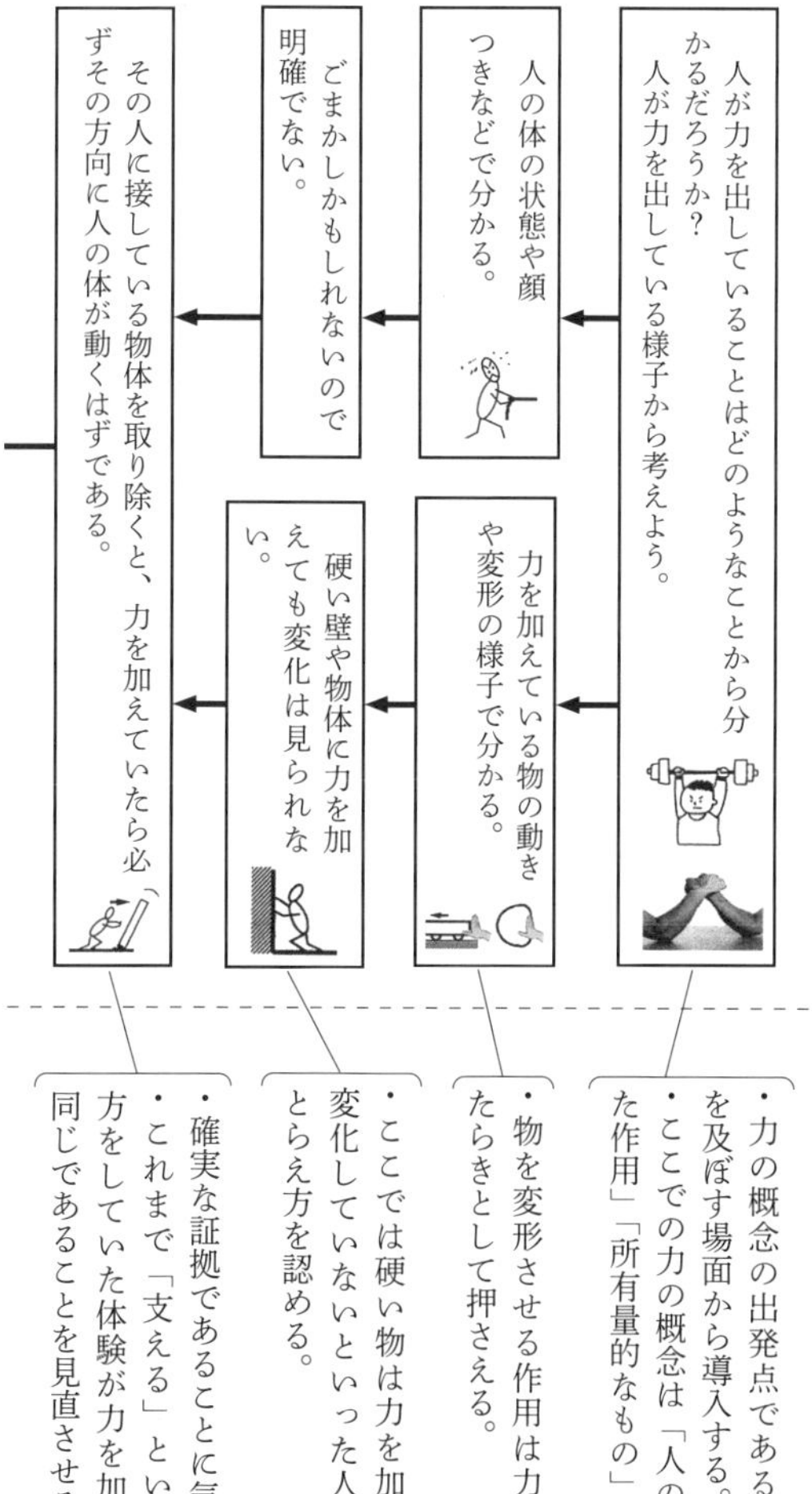
人が力を出していることはどのようなことから分かるだろうか？

人が力を出している様子から考えよう。

人の体の状態や顔つきなどで分かる。

ごまかしかもしれないので明確でない。

力を加えている物の動きや変形の様子で分かる。

硬い壁や物体に力を加えても変化は見られない。

その人に接している物体を取り除くと、力を加えていたら必ずその方向に人の体が動くはずである。
・力の概念の出発点である人が物に力を及ぼす場面から導入する。
・ここでの力の概念は「人の意志に伴った作用」「所有量的なもの」
・物を変形させる作用は力の1つのはたらきとして押さえる。
・ここでは硬い物は力を加えても何も変化していないといった人の一般的なとらえ方を認める。
・確実な証拠であることに気付かせる。
・これまで「支える」といったとらえ方をしていた体験が力を加えることと同じであることを見直させる。

こうした考えから、人ではなく物が他の物に及ぼしていると言える現象はないか。

天井からぶら下げられた物体
←
糸を切ると下に動く
←
天井を下に引っ張る力がはたらいている

人（左）が及ぼす力と比べてみよう。

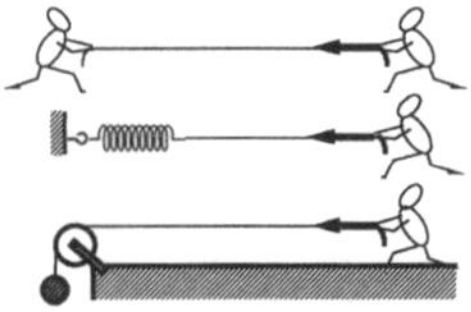

引き伸ばされたばね
←
杭につないだ糸を切ると動く
←
杭を引っ張っている力がはたらいている

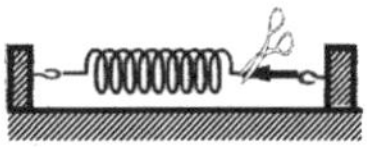

隣接している物体A、Bがある。物体Bを取り除いたとき、物体Aが動くならば、物体AはBに対して動いた方向に力を及ぼしていたとしよう。

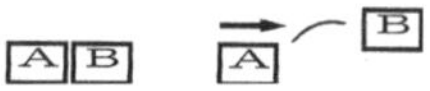

・意志とは無関係の事物への同じ現象から力を類推させる。

・人が押す・引くときの人の体と同じ動きが見られる。
・無意識に静止場面に力が類推できるが、それは過去の経験から、伸びたばねやおもりをつなぐ糸を切ったときの動きが推測されるからである。
・ばねは力を受けると変形し、変形すると他に力を及ぼすことが分かる。

・引かれる側の人（右）の体感を通して、人（左）が引く場合との類似性に気付かせる。（人（右）が力をゆるめると、いずれの場合も左側に動く）
・物の重さを力として再認識させる。

・人や生き物に限らず物が及ぼす作用も力であることを押さえる。
・ここではまだ一方向だけからの力の認識である。

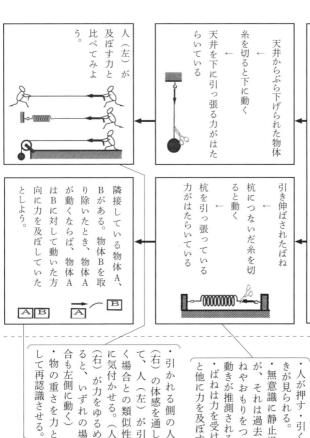

六　段階的な力の定義が持つ本質的内容

人の感覚的経験からの類推で設定した前述の段階５の定義が、ニュートンの力学法則に照らし合わせて本質的内容を含むことを証明します。

まず、前提とする力学法則及び仮定を以下の３点挙げました。

① 力は必ず物と物の間で生じ、互いに逆向きの同じ大きさの力を及ぼし合う。[1]
（作用・反作用の法則）

② 物体は力を受けなければ、静止または等速直線運動を続け、力を受けるとその力と同じ方向の加速度を得る。
（慣性の法則、運動の法則）

③ 力はベクトル量であり、合成・分解することができる。（力の合成法則）

尚、厳密な議論のために、ここで扱う「物体」は全て、「質点」と考えるものとします。

初めに、２つの物体が互いに力を及ぼし合って静止している状態が生ずるには、もう１つの物体を考える必要があります。[2] なぜなら、法則②により、物体は動き出すことになるからです。そこで図２のような３つ目の物体Cを考えます。

今、この３つの物体は互いに静止しており、それらの間にどのような力がはたら

図１　静止している３つの物体

いているのか、あるいは何もはたらいていないのか全く分からないものとします。

ここで、物体Bを取り除いたとき、Aが右方向に動いたとします。このとき、AがBに力を及ぼしていたことを示せばよいことになります。

このことを次の手順で考えました。（〇）は適用した法則です。

（1）Aは右方向に動き出したことから、Aには右方向への力がはたらいていたことになります（②）。

（2）Aに右方向の力を及ぼしている物はCであることになり、逆にCはAから左方向に同じ大きさの力を受けているはずです（①）。

（3）AはBが取り除かれる前は静止していたことから、左方向へ右方向と同じ大きさの力を受けていたことになります（③、②）。

（4）結局、BはAから（3）の反作用としての力を右方向に受けていたことになります（①）。

さらに、物体C、Bも始め静止していたことは、次のように考えなければなりません。

（5）BにはAから及ぼされる力とつり合う左方向の力が存在するはずです（③、②）。

（6）（5）の力を及ぼしているのは、Aではないから、C以外にはあり得ません。

（7）結局、CはBより右方向に力を及ぼされます（①）。この力は論理の過程からCがAから受

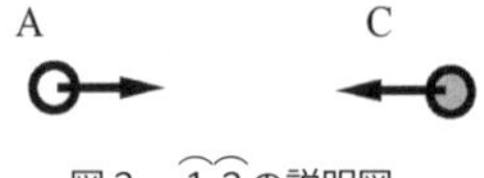

図2　①②の説明図

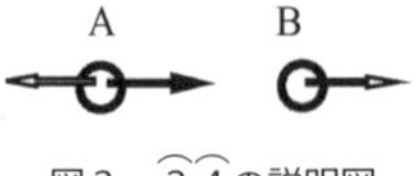

図3　③④の説明図

ける力と大きさが等しく、Cも静止の状態になります（③）。

こうして、物体Aの動きからAがBに及ぼしていた力を見いだすことが正しいことが分かります。また、物体間にどのような力を及ぼし合う場が存在するか分からないとき、Aの動きを観察すること以外にAがBに及ぼす力は決して分からないと言えます。

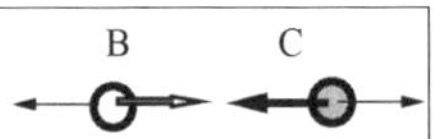

図4　⑤〜⑦の説明図

七　段階的な力の定義が持つ問題点（不十分さ）

概念形成過程の途中の段階での定義は後で見いだされる定義から見るといくつかの問題点や不十分さを持ったものであり、それが人の誤認識ともなっています。

前述の段階5の定義の場合、次のような不十分さと□のような関係する誤認識とが考えられます。

① 物体A、B以外にA、Bに作用を及ぼす物体が存在するという条件が忘れられています。

AがBに及ぼす力の基はAの中に内在するもので、他の物との相互作用で生じたものではない。（所有量としての認識）

② 物体の動きは視覚的に観察可能なものに限られます。

Bからの反作用の力は動きが見られなければ捉えられません。（ある物から他の物への一方的な作用）

こうした問題点は、この定義の基となる事象と関係のある他の新たな事象が見いだされ、それによって力が定義され直すことによって取り除かれていくものです。

（註1）ここでは、3個の物体間に働く3体力等、「多体力」の存在については考えないものとします。
（註2）2物体間に複数の力がはたらいていて動かない状況も想定されるますが、この場合、合力が0となり、「力がはたらいていない」と判断されます。

（4）「力の概念」未使用での物理現象の解釈の試み
～放送大学院自然環境プログラム研究論文　その3～

一　主題設定のねらい

「力の概念」は物理世界の現象を解明していくうえで、どのような位置付けのある概念なのでしょうか。必然的になくてはならない概念なのでしょうか、あるいは、理解を助けるための一つの道具的概念なのでしょうか、考察したいと思います。

そこで、「力の概念」未使用での物理現象の解釈について検討を試みます。具体例として、「質点の投げ上げ」の運動を取り上げ、ニュートン力学による一般的な解法を示して物理現象解釈における「力の概念」の意味づけを確認した後に、「力の概念」を中心概念としない解析力学の手法による解法を考えます。この操作を通して、「力の概念」の物理学上の位置付けについて考察します。

二　ニュートン力学による質点の運動の解法

質量mの質点を真上に投げ上げたときの運動の軌跡について考えます。

運動を規定するのは「力」であり、質点にはニュートンの運動方程式

$F = ma$　（a：加速度）

から導かれる力がはたらいています。

Z軸上の時刻tでの質点の位置をZ（t）としますと、速度は、$\frac{dZ}{dt}$（$\equiv \dot{Z}$）、Z方向の加速度aは、$\frac{d^2Z}{dt^2}$（$\equiv \ddot{Z}$）です。

また、Z方向の力は、重力加速度をgとすると$F = -mg$ です。これらを、運動方程式に代入して、

$$m\ddot{Z} = -mg$$

を得ます。この微分方程式を解いて、

$$Z(t) = -\frac{1}{2}gt^2 + C_1t + C_2$$

（C_1：初速度$\dot{Z}$（0）、C_2：投げ上げ時の位置Z（0））

が求められます。

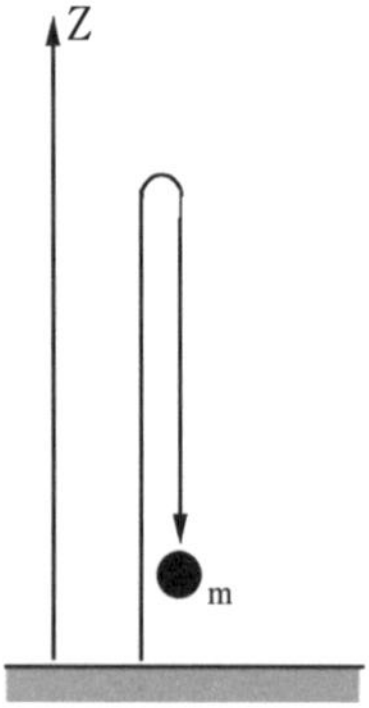

この解の導出の過程から分かることは、ある瞬間の力学の系の状態（位置、速度）に対して、そこにはたらく力が、これから来る未来の系の状態を規定しているという解釈がなされるということです。

三　解析力学による質点の運動の解法

「質点の投げ上げ」という同様の問題を、解析力学の手法で解いてみます。

解析力学において、基本とする考え方は、力の概念ではなく、「最小作用の原理」というものです。

はじめに、位置座標Zと速度$\dot{Z}$の関数として与えられるラグランジアンLという量を考えます。これは、運動エネルギーTとポテンシャルエネルギーVを用いて、

$$L \equiv T - V$$

と表されます。

ここで、このLを時間tで積分した値Sとして、

$$S \equiv \int_{t_0}^{t_1} L(Z,\dot{Z})dt$$

を考え、これを作用と呼びます（t_0、t_1は、質点の始めと終わりの時刻）。

「物体の運動は、この作用Sが最小値（極小値）をとるような経路をたどる」というのが、「最小作用の原理」です。つまり、位置座標Zの微小変化に対して、作用の変化が0となることを意味します。この考えにしたがって「投げ上げ」の問題を解いてみます。

まず、ラグランジアンLは、この場合、運動エネルギーTが$\frac{m}{2}\dot{Z}^2$、ポテンシャルエネルギーVがmgZと表せますので、

$$L(Z,\dot{Z}) = \frac{m}{2}\dot{Z}^2 - mgZ \quad \cdots\cdots \ (*)$$

となります。

ここで、投げ上げの始めの時刻をt_0、終わりの時刻をt_1として、作用の最小値δSを計算しますと、（ただし、ここで時刻t_0、t_1での位置は固定して考えます。つまり、$\delta Z(t_0) = \delta Z(t_0) = 0$）

$$\delta S = \delta \int_{t_0}^{t_1} L(Z,\dot{Z})dt$$

$$= \int_{t_0}^{t_1} dt \left\{ \frac{\partial L}{\partial Z}\delta Z(t) + \frac{\partial L}{\partial \dot{Z}}\delta \dot{Z}(t) \right\}$$

$$= \int_{t_0}^{t_1} dt \left\{ \frac{\partial L}{\partial Z}\delta Z(t) \right\} + \left[\frac{\partial L}{\partial \dot{Z}}\delta Z(t) \right]_{t_0}^{t_1} - \int_{t_0}^{t_1} dt \left\{ \frac{d}{dt}\left[\frac{\partial L}{\partial \dot{Z}}\right]\delta Z(t) \right\}$$

条件より、$\delta Z(t_0) = \delta Z(t_0) = 0$ですから、上式の2項目は消去され、

$$\delta S = \int_{t_0}^{t_1} dt \left\{ \frac{\partial L}{\partial Z}\delta Z(t) - \frac{d}{dt}\left[\frac{\partial L}{\partial \dot{Z}}\right]\delta Z(t) \right\}$$

$$= \int_{t_0}^{t_1} dt \left\{ \frac{\partial L}{\partial Z} - \frac{d}{dt}\left[\frac{\partial L}{\partial \dot{Z}}\right] \right\} \delta Z(t)$$

という結果が得られました。ここで、どんな$\delta Z(t)$に対しても=0となるためには、上式の｛　｝

内が０とならなければなりません。したがって、

$$\frac{\partial L}{\partial Z} - \frac{d}{dt}\left[\frac{\partial L}{\partial \dot{Z}}\right] = 0$$ （ラグランジェ方程式）

この式のＬに前述の式（＊）を代入すると、

$$\frac{\partial}{\partial Z}\left[\frac{m}{2}\dot{Z}^2 - mgZ\right] - \frac{d}{dt}\left\{\frac{\partial}{\partial \dot{Z}}\left[\frac{m}{2}\dot{Z}^2 - mgZ\right]\right\} = 0$$

$$-mg - \frac{d}{dt}(m\dot{Z}) = 0$$

$$-mg - m\ddot{Z} = 0$$

となり、結局、

$$m\ddot{Z} = -mg$$

が得られます。

これは、前項二で得られた微分方程式と一致します。こうして、力の概念を使用せずに、ニュートンの運動方程式と同じように、物理現象を解くことが可能であることが示されました。

四　物理現象解釈における「力の概念」の位置付け

①「力の概念」の因果律との関係性

力の概念を使用せずに解を導いた解析力学による手法の過程を見直してみますとき、何か時空を超越した存在の視点から運動の軌跡が見いだされたかのような不思議な印象を受けます。そうした印象の根源は、「最小作用の原理」という基本原理にあると考えられます。

普通、人を理解の境地に至らせる考え方は、「ある瞬間の力学の系の状態が、これから来る未来の状態を規定している」というものです。こうした捉え方は、ある時点の物理状態が「原因」となって、次の瞬間の物理状態（「結果」）を作り出すということで、「因果関係」の認識と関係しているといえます。

従って、解析力学による解法を通して改めて感じられることは、因果律の認識の基になっているのが「力の概念」であるということです。

② 解析力学による運動解釈の根底に見られる「力の概念」

解析力学による質点の運動の解釈は、果たして、「力の概念」とは全く無関係なのでしょうか。解法の過程を詳細に分析してみたいと思います。

まず、ラグランジアンLの要素である運動エネルギーT、ポテンシャルエネルギーVですが、エネルギーの概念自体が、もともと「力」との関係で導き出された概念ではないかということです。

次に、最小作用の原理が自然界（物理現象）の底に流れる普遍的原理として認められるに至った理由を考えたとき、そこから導き出された結果が、ニュートンの運動方程式と、あるいはニュートンの運動の法則から見いだされた結果と一致したということが挙げられないでしょうか（ラグランジアンLとして、運動エネルギーとポテンシャルエネルギーの差をとっていることがなかなか理解できませんが、これもニュートンの運動方程式との一致を考慮して、逆に定義されたものではないかと考えます）。

従って、ニュートンの運動の法則なしでは、この原理も見いだされなかったであろうし、ニュートンの運動の法則よりも先にこの原理が見いだされることはなかったのではないかと考えられます。

こうしたことを考えますと、一見「力の概念」との関係が全くないかのように感じられる解析力学ですが、その根底にはあるいは起源には、「力の概念」が明らかに存在していることが分かります。

（もちろん、解析力学は、座標変換の利便性などから、ニュートン力学では解くことの困難な物理現象の解明に大きな力を発揮し、より汎用性のある有効で重要な物理学上の手法として位置付けられていることは間違いありません）

（5）現代物理学における「力の概念」の理解

〜放送大学院自然環境プログラム研究論文　その4〜

一　研究のねらい

現代物理学（量子力学、相対性理論）における「力の概念」の理解と感覚的経験との繋がりについて推論します。

二　現代物理学における「力の概念」の理解

（一）場の理論を通した「力」の本質的理解

ニュートンにより、「力」は、運動との関係の明確化から、普遍的法則をもつ科学概念として確立されましたが、力（重力）の原因として捉えられていた遠隔作用の考え方は、科学者の間に確実に受け入れられてはおらず科学概念として不十分さを抱えていました。

その後、力の原因に近接作用の考えを取り入れ、その定式化を初めて成し遂げるに至ったのは、電気磁気の力においてでありました。18世紀頃から19世紀始めまでの間、フランクリンによる電気の引力・斥力の研究、電極間、磁極間の力に関するクーロンの法則の確認等、電気磁気に関する研究が続きました。

その後、19世紀中頃に、ファラデーが、電流による磁気の発生、磁気の変動による電流の誘導（電磁誘導）の発見から、電気と磁気の間の力学的な関係を探究するために、「電場」、「磁場」という「場」の考え方を初めて導入しました。ファラデーのこの発想を引き継いで、発展的に整理し探究を進めたのがマックスウェルで、電磁場の基本法則を形としてまとめ上げようとした彼の研究は、最終的には後継者等によって「マックスウェルの方程式」という美しい数学的な方程式として完成されました。

この「場の理論」により、力が生じる原因についてまとめますと、「ある位置にある電荷や電流が周囲の真空の空間に場を作り出し、別の位置にある電荷や磁石、電流に対して、その位置で決まっている場が作用することによって相互作用が起こる……源によって場がどう生成され、その場が別の源にどう作用するかを支配する法則によって力が決まる」[1]ということになります。現代物理学では、電磁気力以外の基本的な力の理解も、すべてこの場の考え方によっています。

(二) 量子力学における「力の概念」の感覚的経験との関連性

さて、物質や現象の究極の姿を探る量子力学において力の本質はどのように理解されているのでしょうか。一般に、2つの物質（電荷などの粒子）間にはたらく力は、前節で記したように、それぞれの物質がその回りの空間に作り出す「場」同士の相互作用と捉えられます。

ところで、「場の量子論」においては、この「場」に対して、量子力学と同様の量子化の操作が実行されます。その結果、広がりを持っていた場（確率場）に代わって、不連続の素粒子が表出してきて、２つの物質間を飛び交う素粒子の姿が浮かび上がってきます。結局、量子力学においては、離れて存在する物質同士が、力を伝え合う仕組みについて、物質間を行き交う素粒子が仲立ちとなっているとする見方（交換力）が導入され、説明されるに至りました。

　生活で身近な物体同士の接触で及ぼし合う力について考えますと、物体の接触部分では、原子同士が接近する場面において相互の原子を取り巻く電子から光子が照射され、他方の電子に吸収されるということが起こっています（電磁相互作用）。

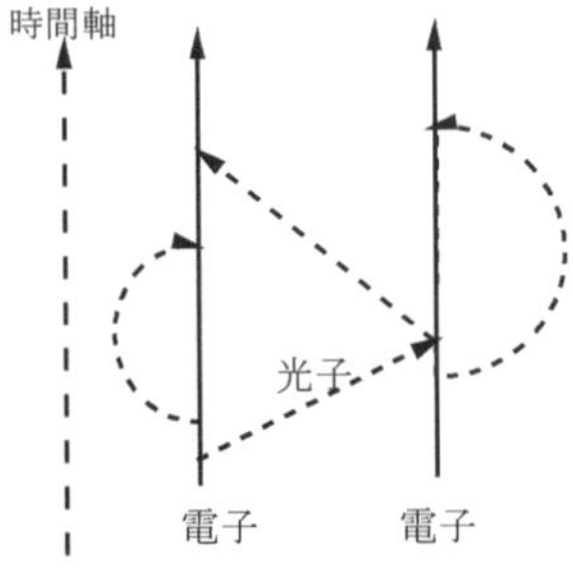

図１　電子と光子の相互作用

　離れた空間を照射された粒子が飛び交うイメージは、日常経験する物体の押し・引きから捉えられる力の概念とはずいぶんかけ離れた感があります。当然、日常経験を直接置き換えて考えることなど、到底不可能なことです。しかしながら、離れてはたらく力に対する遠隔作用の捉え方に不可思議感が残るのに対して、このような近接作用の捉え方が実感的に理解できるように感じるのはなぜでしょうか。それは、この粒子を直接やりとりして力を伝えるという捉え方が、物同士の直接的なつながりがあるという点で、日常経験において、物と直接接触して力を及ぼす感覚的経験（磁石同士のような離れてはたらく力の体感についても物と接触しているときと同じ感覚が生じるものと思われます）との類似性が認められ、それからの類推が可能であるからではないかと思われます。

(三) 一般相対性理論における「力の概念」の感覚的経験との関連性

一般相対性理論における重力の捉え方について考えます。アインシュタインは、相互に等速直線運動をする慣性系同士を相対的に見て、統一した物理法則を適用しようとする観点から、特殊相対性理論を生み出しました。さらに、重力のはたらく空間とそうでない空間をも統一的に見ようとする観点から一般相対性理論を提唱しました。その出発点は、慣性質量と重力質量の比例関係に基づいた等価原理の発見により、重力を慣性力と同等のもの――区別のできないもの――という捉え方をしたことです。具体的には、重力場――例えば地球上――で、静止していることは、無重力場で加速していることと全く変わらないとする捉え方です。アインシュタインはこの考えを突きつめていって、最終的には重力の問題を、四次元空間の曲がりの問題に置き換えるに至ったといえます。つまり、例えば地球上で投げ上げられた物体の運動は、重力により曲げられて放物線を描くとする古典力学的な解釈から、曲がった時空の中を測地線に沿ってまっすぐに(その時空において最も短い経路をたどって)運動しているとする解釈への変更がなされたといえます。このような捉え方の中に、もはや力の概念の入り込む余地はなくなったと考えられます。科学史の変遷の立場からは、「古典力学の現代的取扱いでは、いわゆる力の概念は、方法論的媒介物として寛容にも認められているけれども、現代の場の理論では、力の概念は、このつつましい控えめな地位からさえも負われる運命にある」(2)といえるのかもしれません。

しかし、感覚的経験からの類推の観点から見たらどうでしょうか。

ここで、曲がった四次元空間を正しくイメージすることは不可能ですので、三次元空間の曲がりから類推することになります。例えば、地球が太陽の周りを公転する運動を空間の曲がりでイメージする場合、お椀状の器の内側を円運動する球をイメージすることになると思われます。理論的には、球が曲がった空間（お椀の内側）に沿って逆らわずに自然な運動をしているとなると思われます。しかし、心象的には無意識に感じる球の重力の傾斜方向の分力のイメージから円運動を実感的に理解するといったことになると思われます。したがって、**空間の曲がりの捉え方の中に、感覚的経験からの力の概念が潜んでいる**と考えられます。

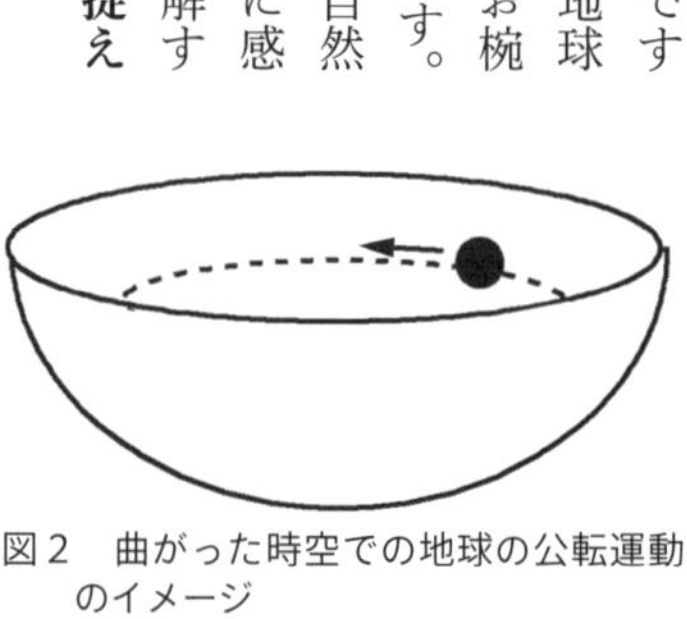

図２　曲がった時空での地球の公転運動のイメージ

（注１）米谷民明、岸根順一郎著「場と時間空間の物理――電気、磁気、重力と相対性理論――」放送大学教育振興会、ｐ12

（注２）マックス・ヤンマー著「力の概念」講談社、ｐ２５８

【補足】科学が究極の普遍性を追究する中で、どれほど数式化・抽象化が進んだとしても、その世界像を人間が理解しようとするとき、たとえ無意識的であったとしても、これまでの感覚的経験を起源とした概念（力の概念など）に頼らざるを得ないことが想像できます。人は、感覚的経験を通して身につけてきた認識の枠組みの中でしか、自然界を把握することは決してできないのですから。

〈付録〉赴任地の足跡

「県内10カ所の赴任地での、多様な自然、多くの人々との出会いは、科学する心に多大な刺激を与えてくれました。ただただ、貴重な出会いには、感謝の一言があるのみです」

②南洲翁開墾地の碑（吉野東中）

③ナガラメ（榕城中）

④甲突川（伊敷中）

①長目の浜（里中）

⑤清純の滝（川上中）

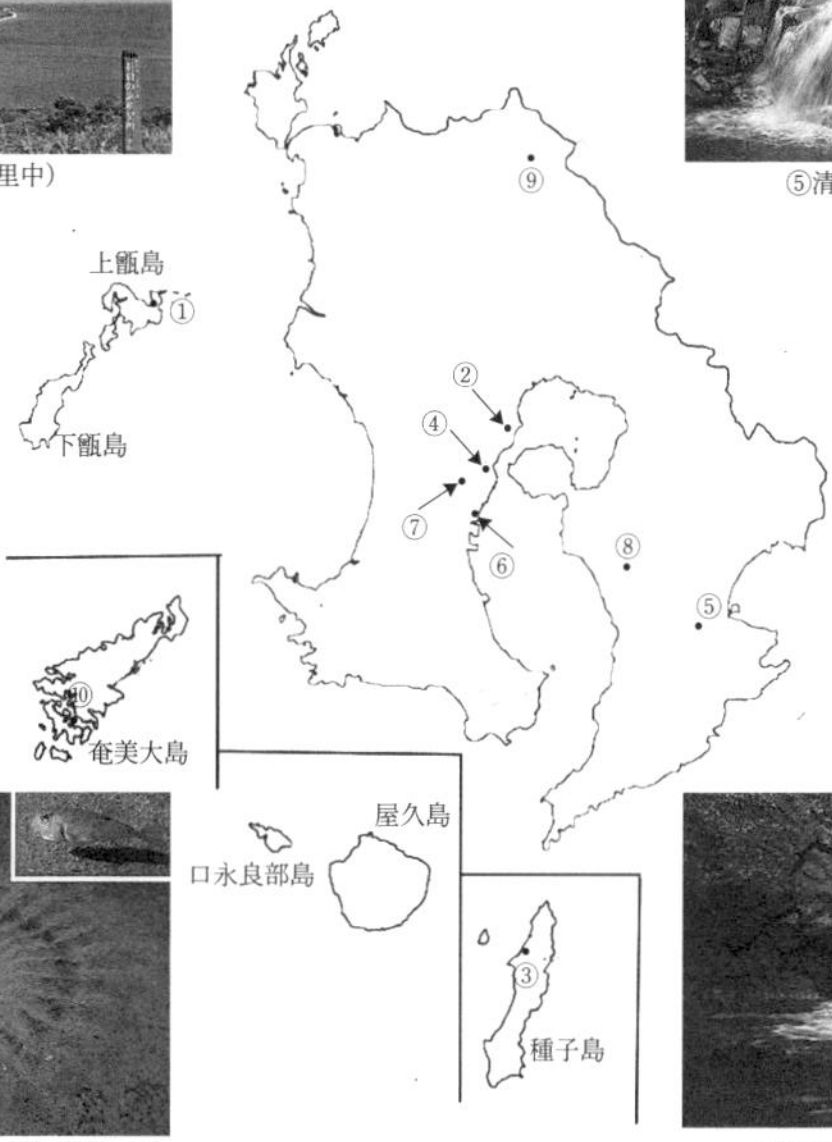

⑩アマミホシゾラフグの巣（嘉鉄小）

⑥木之下川の滝（和田中）

⑨霧の中の伊佐盆地（大口中央中）

⑧鹿屋中校舎（鹿屋中）

⑦ブルーベリー（皇徳寺中）

榕城中学校	吉野東中学校	里中学校
H4 ～ H8	S60 ～ H3	S57 ～ S59
「禁漁中　こっそりいただく　ナガラメの　特別の味に　子を託す親心」	「西郷どんに　思いをはせる　農学習」	「沿岸流　玉石積んで　湖（いけ）普請」
種子島は海の幸の宝庫でした。中でも、ナガラメはアワビに負けず劣らず最高級の食材。家庭訪問の時期になると、ある生徒の保護者から、「うちは一番最後にして。」とのお願いがあります。自宅に伺って、子どもの話が一段落したとき、おとうさんが急に立ち上がり入り口のふすまをそおっと閉めるやいなや、小声で「先生、ないしょな。」と言ったと思うと、おかあさんが台所からナガラメ料理を持って現れる、ってなことがよくありました。	吉野台地は、かつて西郷隆盛が開墾をして農作業に汗を流した地。そのことにちなんで、吉野東中は初代校長 佐藤文男 先生の発案で勤労生産学習に力を入れていました。その一環で、サツマイモ栽培、茶摘みなど子供たちとよく取り組みました。理科の授業で落花生の乾溜実験を取り上げたことがあります。植物の炭酸同化作用を自分たちで作った作物をもとに実感してもらおうとしたねらいはよかったのですが、うまくいかず、苦い思い出です。	江戸時代に貝原益軒が、もしここを訪れる機会があったなら、天橋立に代わって、日本三景の一つに挙がっていたかもと思うほど、美しい景観でした。行き詰まったとき、癒やされるために展望台まで行ったものです。海の不思議と言ったら、もう一つ。漁師の網にかかった多くの魚が四方に逃げ惑う中、左回りにのみ泳ぎ続ける「とりかじまい」という面白い魚がいることを聞きました。コリオリの力を感じ取る感覚器なるもののなせる技でしょうか？

伊敷中学校	川上中学校	和田中学校
H9 ～ H14	H15 ～ H18	H19 ～ H21
「目立たない 生き物博士に 出番あり」	「かえっておいでよ わかばが萌え かじかが鳴く みずとみどりの 古里」	「美しき 自然に潜む 悪魔の手」
在任中、本格的に始まった総合的な学習の時間の取組「ＳＥＬＦ」(伊敷中の固有名)。私は、自然環境コースを担当。甲突川に生徒らを連れて行き、生き物探索を何度か行いました。中に、日頃の授業では目立たないものの、川の生物のことになると教師も顔負けの男子生徒がおりました。その子の活動意欲は旺盛で、文化祭では観察した結果を堂々と発表しました。子どもの秘める意欲を引き出すことこそ教師の務めであることを実感した次第です。	旧高山町の町中から南に、うっそうとした林の中の一本道をいくつも曲がりながら20分ほど上っていくと、突然、のどかな農村風景が姿を現します。そこがユートピア川上でした。山には野鳥がさえずり、あぜ道には山菜のワラビやタラの芽、川には手長エビや山太郎ガニ。中でも忘れられないのは、夏、「フィー、フィ、フィ、フィ、フィ」と涼しげに鳴く「カジカガエル」の声。村の一番の課題は学校の存続。熱心な校区の皆さんと広報・啓発に懸命に取り組みました。	本校２年生男子生徒が木之下川中流の滝壺で水難事故との知らせが飛び込んできたのは、夏のある休日、職員室でのグループ教頭会協議中のことでした。直ちに搬送先の病院に駆けつけ、数時間、待合室で必死に無事を祈り続けましたが、無念にも二度と返らぬ命となってしまいました。美しい自然の底に潜む恐ろしい悪魔の存在をまざまざと見せつけられました。これを機に、子どもの命を守ることを念じて、安全マップの見直し新規作成を行いました。

大口中央中学校	鹿屋中学校	皇徳寺中学校
H28 ～ H29	H25 ～ H27	H22 ～ H24
「伊佐盆地 希望の初日 霧一掃 心の迷い 晴らすが如く」	「巣立ち行く 世代交代 巡るごと 思い深まる 母なる学舎」	「ブルーベリー 薄桃色に 母性愛」
東洋のナイアガラ曽木の滝、白銀の伊佐米に育つ金色の稲穂、伊佐は豊かな自然の景観や恵みが人の心を大きく刺激する所でした。3年後の定年退職を前に、早期退職がよぎったこともありましたが、早朝のジョギング中、目前に広がった濃霧が、日の出と同時にたちまちのうちに晴れ上がっていく様との出会いが、迷いを吹き飛ばしてくれたように思います。自分の使命は、理科学習の魅力を子供たちに伝え続けることであることを再確認しました。	第68回体育大会は、新校舎建設に続いて行われた校庭の改修工事が終了した直後だったことに加え、不運の長雨により、2日間の延期を余儀なくされました。最悪の田んぼ状態の中、方々から集まった保護者やＰＴＡのＯＢの方々の献身的な尽力により実現した3日目の開催は、まさに奇跡でした。校舎が生まれ変わっても、雄大な高隈山をバックにした景観は変わらず、卒業生の母校への愛情は世代が巡るごとに深まっていることを実感しました。	通用門から出て市道までの数百mの区間には道路沿いにブルーベリーがたくさん植えられ、ブルーベリーロードとして校歌にも歌われていました。まさに学校のシンボルツリーでした。初夏の頃には薄いピンク色のかわいい花を、その後には甘い実を付け、通る人の目や舌を楽しませてくれました。熟しかけの果実の、あのなまめかしい色からかきたてられる母性愛で、登下校の時や持久走大会の時など、子供たちをずっと見守り続けてくれました。

嘉鉄小学校
H30 ～ R元
「底知れぬ　神秘の海に　願かける」
定年退職を2年後に控えた公立学校教員最後の赴任地は、世界自然遺産登録を待ち望む奄美大島瀬戸内町でした。学校のすぐ近くに波が打ち寄せる嘉鉄湾の沖合では、２０１４年にミステリーサークルを作る新種のフグが発見。奄美の海は、まだまだはかり知れない営みを秘めていると思いました。そんな神秘の海が一望できるマネン崎にて、毎朝、奇跡を願って祈りました。 豊かな自然と芸能文化が息づく校区の宝 嘉鉄小の存続を。そして自分の……

【引用画像】

第一章

〈春編〉

・ＳＰ８　竹の花／「日本文化と笹を知る和webマガジン」https://sasa-japon.info/about-kumasasa/bamboo-blossom-seeds/)

・ＳＰ12　リュウキュウアカショウビン／「やんばるの生き物図鑑」https://zukan.com/yanbaru/leaf66707

・ＳＰ13　犬／『こころのものさし』――人として生きる上で大切なこと」https://ameblo.jp/renngyouji/entry-10705967558.html

〈夏編〉

・ＳＵ１　ホタル／「東京にそだつホタル」http://www.tokyo-hotaru.com/jiten/genjikeitai.html

・ＳＵ２　「ダイナモ理論」のイラスト／「『千葉』が地質時代の名前になる？『チバニアン』から考える地磁気の変化」https://news.yahoo.co.jp/articles/e9f8f32a53fac8c7842e87e2dd196dc0dac9c4d2/images/002

・ＳＵ３　古い時計／「写真素材」https://jp.123rf.com/photo_88418513_%E5%8F%A4%E3%81%84%E6%99%82%E8%A8%88%E3%81%AE%E3%82%A4%E3%83%A9%E3%82%B9%E3%83%88%E3%80%82.html

・ＳＵ４　韓国岳／「韓国岳（霧島山）登山　満開のミヤマキリシマ咲く大浪池コース」https://bluesky.rash.jp/blog/hiking/karakunidake.html

・ＳＵ５　ゾウ、ネズミ、時計／「パブリックドメインＱ　著作権フリー画像素材集」https://publicdomainq.net/elephant-animal-0011078/「illust image」https://illustimage.com/?id=10314「写真素材」https://jp.123rf.com/photo_88418513_%E5%8F%A4%E3%81%84%E6%99%82%E8%A8%88%E3%81%AE%E3%82%A4%E3%83%A9%

E3%82%B9%E3%83%88%E3%80%82.html

・ＳＵ７　カエル／「プリ画像　イラスト梅雨」https://prcm.jp/list/%E3%82%A4%E3%83%A9%E3%82%B9%E3%83%88%20%E6%A2%85%E9%9B%A8
・ＳＵ12　織姫と彦星／「無料のフリー素材イラストエイト」https://illust8.com/contents/3467
・ＳＵ14　太陽／「png tree」https://ja.pngtree.com/freepng/vector-cartoon-sun_3206775.html
・ＳＵ16　リバース装置／「【飛行機のエンジン】スラストリバーサー（逆噴射装置）について――飛行機パイロット」https://www.hikouki-pilot.com/thrust-reverser/
・ＳＵ18　日周運動／「写真ＡＣ」https://www.photo-ac.com/main/search?q=%E6%97%A5%E5%91%A8%E9%81%8B%E5%8B%95&srt=dlrank&pp=70&p=1&pt=C

〈秋編〉

・Ａ５　彼岸花／「フレームイラスト」https://frame-illust.com/?p=8648
・Ａ７　芝生広場・クレイ広場／「鹿児島ふれあいスポーツランド　ホームページ」https://www.furesupo.jp/ground.html

〈冬編〉

・Ｗ２　ニオウシメジ／「魚沼きのこの会　ホームページ」https://www3.hp-ez.com/hp/amandare/page3/bid-471119
・Ｗ４　あかつき／「『あかつき』データから作られた美しい金星画像――アストロアーツ」https://www.astroarts.co.jp/article/hl/a/9666_venus
・Ｗ５　妻と義母／「フリー百科事典『ウィキペディア（Wikipedia）』https://ja.wikipedia.org/wiki/%E5%A6%BB%E3%81%A8%E7%BE%A9%E6%AF%8D

・W7　ルビンの盃、球体、眼／「ルビンの盃から思うこと…ゲシュタルト療法――心理カウンセラー　うさ子の呟き」https://ameblo.jp/kuruhina39/entry-12374859970.html「DAVIDURRA」／https://davidurra.blogspot.com/2020/04/blog-post_852.html「吉村拓也【イラスト講座】」／https://twitter.com/hanari0716/status/1111580756495622149

・W9　鳥の羽の構造／「フクロウさんの『軽さ』のヒミツ!!――フクロウのみせblog」http://blog.livedoor.jp/owlfamily/archives/53720720.html「鳥はなぜ飛べるの？ もっと知りたい！羽のはたらきと飛び方のヒミツ――キヤノングローバル」／https://global.canon/ja/environment/bird-branch/bird-column/kids2/index.html／「飛ぶために進化した鳥達（前編）：飛び方・体・翼に至るまで、飛行を追い続けた生物――Stone Washer's Journal」https://stonewashersjournal.com/2014/09/20/flyingbirds/2/

・W11　「夢をかなえるゾウ」（水野敬也著）表紙

・W12　６０００万年前の日本列島、ビカリヤの化石／「日本海がどうしてできたか知っていますか？（海洋研究開発機構）」https://gendai.ismedia.jp/articles/-/56023「種子島の貝化石――鹿児島大学総合研究博物館」／http://kaum.cocolog-nifty.com/blog/2013/07/post-3816.html

・W13　ひろしまＷＥＢ博物館：２万年前の日本列島、ニホンムカシジカの角／http://www.mogurin.or.jp/museum/hwm/details/tenzi01/t01_1_japan.html「鹿児島大学総合研究博物館　News Letter No.36」https://www.museum.kagoshima-u.ac.jp/publications/pdf_images/newsletter/News%20Letter%20No36.pdf

・W17　マラソン／「シルエットＡＣ」https://www.silhouette-ac.com/detail.html?id=147201&sw=%E3%83%9E%E3%83%A9%E3%82%BD%E3%83%B3

・W18　山中伸弥氏、ｉＰＳ細胞／「まにあ道　ホームページ」http://www.maniado.jp/community/neta.php?NETA_ID=16352「再生医療～幹細胞のメリット・デメリット――グランプロクリニック銀座　ホーム

ページ」https://granpro-clinic.com/blog/merit/

・Ｗ28　四つ葉のクローバー／「grape　ホームページ」https://grapee.jp/456096

第二章

・ＥＸ２　車輪／戸田盛和著「コマの科学」岩波新書、１９８０年7月21日、第1刷発行、ｐ１５８

付録

①長目の浜（里中）https://satsumasendai.gr.jp/spotlist/2143/

②南洲翁開墾地の碑（吉野東中）https://www.kagoshima-kankou.com/guide/51928/

③ナガラメ（榕城中）http://www.furusato-tanegashima.net/meibutu/nagarame.html

④甲突川中流域（伊敷中）https://kagoshima-ikimonolabo.jp/kagoshima_selection/487.html

⑤清純の滝（川上中）https://www.osumi.or.jp/sakata/furusatokaze/furusatokaze2/hasi/subseizyun.html

⑥木之下川の滝（和田中）http://www5.synapse.ne.jp/yuilee/kagoshimacity.htm

⑦ブルーベリー（皇徳寺中）https://www.nerimakanko.jp/photo/detail.php?photo_id=P0000002682

⑩アマミホシゾラフグ https://search.yahoo.co.jp/image/search?rkf=2&ei=UTF-8&p=%E3%82%A2%E3%83%9E%E3%83%9F%E3%83%9B%E3%82%B7%E3%82%BE%E3%83%A9%E3%83%95%E3%82%B0#17a4b03ee0eff6c1282bdcec8b95198f32d060d4c4fe0497d7a2ca684f726d99

おわりに　～理科教育実践38年間を振り返って～

『オリオン座の写真飾ってます』。それは、38年の歳月への回想を喚起するかのように、絶妙なタイミングで届いた年賀状の片隅に添えられた一言でした。差出人は、教職1年目の赴任校で授業を受けもった当時中学2年生のKさん。言葉では言い表せない深い感慨とともに、理科教師として教師の道をスタートした頃の新鮮な気持ちが昨日のことのように蘇ってきます。

自然を探究する面白さを、その底にある巧妙で美しい営みを発見したときの感動を、子どもたちに味わわせたい。ただ、その一心で教材研究をし、授業に臨んできました。理想だけが先走りし、指導技術が追いつかないため、子どもたちの心に理科の魅力を届けられないもどかしさ・悔しさで、涙した日は数え切れません。演示実験の途中で、器具を放り出して、理科室を抜け出したこともありました。どうしてうまくいかないのか、その原因を授業を受ける子どものせいにだけは絶対にしたくない。そういう思いで、子どもたちの心理の探究や、興味を引く事象提示の工夫、子どもの思考過程に沿った授業設計に、必死で取り組んできました。そんな努力の末に、子どもが授業中深くうなずく姿に出会ったり、「先生、よく分かった。理科って面白い」と駆け寄ってきたりしたときは、天にも昇る思いになったものです。

文頭の「オリオン座の写真」は、Kさんらの卒業式を間近に控えた冬のある日、学校の近くの海岸で一晩かけて追尾撮影したもので、小さな額縁に入れて卒業生一人ひとりにプレゼントしたものでした。指導力の未熟さで伝えきれなかった自然探究の魅力を、生の映像で少しでも感じ取ってもらえたらというお詫びの気持ちだったと思います。

１３００年もの長い旅の末に届いた光が硝酸銀を刺激し、印画紙上に像を結んだオリオン星雲。その悠久の時間への荘厳さに匹敵するくらい深い感慨を、「36年もの時を隔てて、当時心に刻んでくれたのであろう理科の魅力への思いを乗せた光が、今も彼女の目に届いている」という事実に、染み入る思いをもって受け止めた瞬間でした。

彼女は、育児をやり遂げた今も尚、看護師として、病気を患う人の看護――人の命と向き合う仕事――に立派に携わり続けています。彼女が着実に人生を切り開いているのは、あくまで彼女の持てる力の結果に相違ありません。しかし、彼女の人生に、自分の働きかけが、わずかなりでも影響を与えられているとしたら、これほど嬉しいことはありません。そしてこのことは、これまで、あまり振り返ることのなかった彼女と同じような教え子たちの存在にも思いをはせる機会となりました。教師冥利に尽きるとは、こういうことかと感じる次第です。38年間、続けてこれてよかったと、今、つくづく思います。

思い返せば、仕事が思うように回らなかったとき、子どもの指導に行き詰まって限界を感じたとき、退職や転職を考えたことも幾度もありました。それを思い留まらせてくれたのは、理解ある上司や先輩教師の声かけだったと感謝しています。それは、ときに自分の良さを認めてもらった褒め言葉であったり、またあるときは、自分の失敗を指摘する厳しい叱責でもありました。いずれも、教師として自分にできること、自分がなすべきことは何か気付かせてくれました。

そして、迷ったとき、悩んだときは、自分が教師を志したときの原点の思いに返るようにしてきました。それは、「理科指導を通した人間教育」です。その点で、最大の支援者は、妻だったと心からそう思っています。彼女は、ときに自分の理科指導の在り方に子どもの立場で率直で厳しい意見を浴びせたり、ときに専門的な話や熱い思いの語りに気長に付き合ってくれたりしました。自分の理科教師としてのこだわりを誰よりも理解し、応援してくれたと思っています。自分が理科教育への信念を貫いてこれたのは彼女のお陰と感謝しています。

最後の赴任地となった嘉鉄小学校でも、理科教育への思いは変わりませんでした。校長講話で理科に関する話を取り上げたり、ときに全校児童八名を校長室に呼んで、理科実験を楽しませたりしてきました。子どもの心を揺さぶり、生き方を考えさせる理科指導にこだわって。

そして、離任式の日、奄美の夜の海岸にて36年ぶりに、格闘の末、撮影した「オリオン座」の写真を、最後の教え子となる子どもたち一人ひとりに手渡しました。「理科の魅力を心に留め、将来に役立ててもらいたい」という深甚なる思いを託して。

＊　＊　＊

この文章は、定年退職時に、長年の理科教師としての生活を回想して書き綴ったものです。思い返せば、試行錯誤だらけの効率の悪い実践、学習能力の悪さゆえ繰り返された数々の失敗、一向に身につかない指導技術、そんな中で過ごしてきた38年間でした。

ただ、唯一自信を持って言えるのは、理科教育への一貫したこだわりでした。そのこだわりを、定年退職を節目に、「科学と心」という格好を付けたタイトルにはそぐわない稚拙な内容かも知れませんが、自己満足ながら形あるものにまとめられたのは、望外の喜びです。ここまで到達できたのも、右に記した通り、教え子をはじめ多くの方々との出会いのお陰と心から感謝しています。

そして、本の執筆を終えた今、やり残した未解決の課題が一層明確に見えてきて、人生の第二段階における追究の意欲がふつふつと沸いてきた次第です。

2021（令和3）年7月22日　筆者

■著者プロフィール

天仁真一（あまと・しんいち）本名　桑鶴明人

大口明光学園中学校・高等学校教諭
1959年、鹿児島県指宿市生まれ
鹿児島大学教育学部卒業、玉川大学通信教育部修了
放送大学院文化科学研究科・自然環境プログラム修了
1982年４月～2020年３月　鹿児島県公立小・中学校勤務

※ペンネーム「天仁真一」に込めた理念
天（自然界の法則）と仁（人の心）の真理は別物ではなく、一体のものである。

科学と心

二〇二一年十月二十日　第一刷発行

著　者　天仁真一（本名／桑鶴明人）
発行者　向原祥隆
発行所　株式会社　南方新社
〒八九二―〇八七三
鹿児島市下田町二九二―一
電話　〇九九―二四八―五四五五
振替口座　〇二〇七〇―三―二七九二九
URL http://www.nanpou.com/
e-mail info@nanpou.com

印刷・製本　株式会社イースト朝日
定価はカバーに表示しています
乱丁・落丁はお取り替えします
ISBN978-4-86124-989-1　C0037